U0747193

安徒生评传

贾晓婷　编著

中华工商联合出版社

图书在版编目（CIP）数据

安徒生评传 / 贾晓婷编著 . -- 2 版 . -- 北京：中华工商联合出版社，2018.7（2021.7 重印）

ISBN 978-7-5158-2309-6

Ⅰ . ①安… Ⅱ . ①贾… Ⅲ . ①安徒生（Andersen, Hans Christian 1805-1875）—评传 Ⅳ . ① K835.345.6

中国版本图书馆 CIP 数据核字（2018）第 099627 号

安徒生评传

编　　著：贾晓婷

责任编辑：林　立　崔红亮

装帧设计：北京东方视点数据技术有限公司

责任审读：魏鸿鸣

责任印制：迈致红

出版发行：中华工商联合出版社有限责任公司

印　　刷：唐山富达印务有限公司

版　　次：2018 年 8 月第 1 版

印　　次：2021 年 7 月第 3 次印刷

开　　本：710mm×1020mm　1/16

字　　数：200 千字

印　　张：16

书　　号：ISBN 978-7-5158-2309-6

定　　价：78.00 元

服务热线：010-58301130

销售热线：010-58302813

地址邮编：北京市西城区西环广场 A 座
　　　　　19-20 层，100044

http://www.chgslcbs.cn

E-mail: cicap1202@sina.com（营销中心）

E-mail: gslzbs@sina.com（总编室）

序

  这套励志书由两部分内容组成，一是大师传记，二是名家文集。前者记述大师的人生事迹，评点他们的精彩瞬间；后者辑录名人的文章言论，展示他们的才华睿智。所选者，无不是成功的人生，无不是为后人所推崇和敬仰的人。对于我们每一个人来说，他们都是后人追求的榜样，励志的灯塔。其实，古往今来，所有的成功者，他们的人生和他们所激赏的人生，不外是："有志者，事竟成。"

  励志是动宾结构的词，励是磨砺，志是志向，放在一起就是磨砺志向。所以说，励志不是简单的立志，是要像把刀放在石头上磨才能锋利一样，这个磨砺，也不是轻而易举地摩擦一下，而是要下力气的，对刀来说，不仅要把自身的锈磨掉，还要把多余的部分都要毫不留情地磨掉，这简直是一场磨难。所有绚丽的人生都是用艰难磨砺成的，砥砺生命放光华。可见，励志至少有三层意思：

  一是立志。国人都崇拜的一本书叫《易经》，那里面有一句话说："天行健，君子以自强不息。"这是一种天人合一的理念，它揭示了自然界和人类发展演化的基本规律，所以一切圣贤伟人无不遵循此道。当然,这里还有一个立什么样的志的问题,孔子说:"士不可以不弘毅,任重而道远。"古往今来,凡志士仁人立的都是天下家国之志。李白说:大丈夫必有四方之志,白居易有诗曰:丈夫贵兼济,岂独善一身,讲的都是这个道理。

二是励志。有了志向不一定就能成事,《礼记》里说:"玉不琢,不成器。"因为从理想到现实还有很大的距离。志向须在现实的困境中反复历练,不断考验才能变得坚韧弘毅,才能一步一个脚印地逐步实现。所以拿破仑说:真正之才智乃刚毅之志向。孟子则把天将降大任于斯人描述得如此艰难困苦。我们看看历代圣贤,从三大宗的创始人耶稣、默哈穆德、释迦牟尼到孔夫子、司马迁、孙中山,直至各行各业的精英,哪一个不是历经磨难终成大业,哪一个不是砥砺生命放射出人生的光芒。

三是守志。无论立志还是励志都不是一朝一夕、一蹴而就的,它贯穿了人的一生,无论生命之火是绚丽还是暗淡,都将到它熄灭的最后一刻。所以真正的有志者,一方面存矢志不渝之德,另一方面有不为穷变节、不为贱易志之气。像孟子说的那样:"富贵不能淫,贫贱不能移,威武不能屈。"明代有位首辅大臣叫刘吉,他说过:"有志者立长志,无志者常立志。"这话是很有道理的。

话说回来,励志并非粘贴在生命上的标签,而是融汇于人生中一点一滴的气蕴,最后成长为人的格调和气质,成就人生的梦想。不管你做哪一行,有志不论年少,无志空活百年。

希望你能喜爱这套励志书,让它点燃你的生命之火,让人生变得更加绚烂。

徐　潜

前　言

　　几乎每个孩子的童年都有一两本童话书为伴。在暖橘色的灯光下，父母温润的侧脸、轻柔诵读，这时，一扇一扇通往神奇国度的童话之窗被打开。在那里，有的孩子得到爱，有的孩子学会爱。因此，童话是父母给予孩子最初的礼物，也是最好的保护。

　　很多人都会被某个故事打动，有些画面留下了，便久久不会褪色，比如，雪夜里闪烁的火柴光芒、沼泽边盛开的玫瑰、展翅凌空的天鹅……这大概也是安徒生童话历久弥新的原因吧。

　　刚刚打开这本书的你是否同我一样，在此之前已熟知安徒生笔下的故事，却对他本人知之甚少？如果是的话，有必要在这里事先提醒，这里的安徒生不是一个童话大师，只是一个孩子——大自然的孩子。他天真、莽撞，有些神经质，也有些小聪明，但是敏感而善良。他的童年透着贫穷与腐朽的气息，很小的时候就有了戏剧梦想，从欧登塞到哥本哈根，从丹麦到欧洲，他追逐梦想的脚步不曾停歇，直至死亡。他热爱旅行，会为晴空万里秀丽河山而激动，会对一草一木倾诉衷肠。他喜欢剪纸，有些放在书里，有些放在故事里，大多却放在心里。天真、青春、纯洁是他一生都在追求的东西，直到衰老与死亡来临，他离开的时候有些

1

狼狈，身边没有亲人，也没有挚友，但人们对他的怀念却绵长。如今，他的故事仍然陪伴着无数的孩子。精灵在树林里、花丛间歌唱，它们欢乐嬉戏，播撒阳光与幸福——这是安徒生希望展现给小读者的画面，他总是充满无穷无尽的想象力，最擅长用文字掩盖每一道忧伤而后将光明与绚烂绽放。

天才的人生注定不会平凡，在安徒生的故事里一定会有一些令人咋舌的事情发生，但更多时候你会被他的才华和执着而折服，最终为他伟大的天真而喝彩。无论你是孩子还是自认世故的成人，他的故事都值得一读再读。

目　录

河畔，童年与戏剧 / 1

独闯哥本哈根 / 11

春天将至，初绽光芒 / 22

一瞬天堂一瞬地狱 / 32

诗歌狂人 / 45

做我的家人 / 56

与浪漫主义邂逅 / 63

爱上爱情 / 73

特殊友情 / 81

意大利，人鱼与诗人 / 91

婚礼与结束 / 102

童话世界 / 108

谢谢你，对手 / 120

荆棘与桂冠 / 128

行走在欧洲 / 141

吾爱詹妮 / 154

亲爱的丑小鸭，真实的我 / 158

身世的沼泽 / 164

再赴欧洲 / 174

生存与毁灭 / 186

朋友！朋友！/ 194

移情小乔纳斯 / 206

沙夫之憾 / 216

旅行的意义 / 219

天才在人间 / 229

你好，意大利 / 237

再见，安徒生 / 240

河畔，童年与戏剧

　　碧绿如绦的欧登塞河静谧流淌，记录着丹麦人的来来往往，见证着欧登塞的起起伏伏。小美人鱼曾在这里高歌，丑小鸭曾在这里流浪，小女孩曾在这里划亮最后一根火柴……欧登塞是丹麦最古老的城市，没有哥本哈根的繁华相拥，也没有大都市的车水马龙，它总是静静地、安详地伫立在河畔，隐没在没有街灯相伴的暗沉沉的夜色中，漫天的星星与缱绻的流云是头顶上唯一的美景，与哥本哈根相比，这个古老的小城大概要落后一个世纪那么远，可那里有安徒生的童年，是童话故事最初开始的地方。

　　1805 年 4 月 2 日，在欧登塞的一个贫穷的鞋匠家庭里，汉斯·克里斯蒂安·安徒生出生了。拥挤闭塞的小房间、由死去的伯爵的棺木架改装的木床、满满的书架与贴满图画的墙面……这就是安徒生的家，贫穷却不潦倒，狭小却很温暖。

　　在安徒生故居的牌子上写着这样一句话"自由鞋匠——安徒生"，而安徒生却认为"自由思想家"比"自由鞋匠"好。这个安

1

徒生并不是我们的作家安徒生，而是安徒生的鞋匠父亲汉斯·安徒生。在安徒生的许多作品，特别是晚期的作品里，常常提及自己儿时贫苦的境遇，他自称"鞋匠的儿子"，并说道如果父亲没有去世，并让其知道他如今的成就，他一定会为自己感到骄傲。安徒生的父亲的确不是一个普通的鞋匠，虽然他的身高不足 6 英尺，而且过着十分拮据的生活，但他博览群书，崇尚自由，并且与其他鞋匠不一样，他十分厌恶酒精与赌博。贫穷和现实扼杀了许多理想，但他仍然坚持自己所应坚持的，是个十分理智且有原则的人。安徒生常常提到发生在他童年的一个小故事：1810 年，安徒生的父亲要为特兰克尔城堡的女主人制作一双精美的舞鞋，为了方便工作，他被要求住在离城堡不远的小房子里，特兰克尔城堡的主人为他提供丝线，而他要自己准备鞋面。安徒生的父亲十分重视这份工作，非常认真地制作了柔软的鞋面。但是，当城堡的女主人看到这双鞋时仍然觉得不满意，甚至连试都不愿意试一下，还抱怨安徒生的父亲浪费了上好的丝线。安徒生的父亲感觉自己被侮辱了，反驳说："你觉得浪费了上好的丝线，可我却不惜浪费了我上好的皮革！"然后，拿出鞘刀抽出丝线，将鞋拿回了家。每次看到认真工作的父亲，安徒生心里总是充满敬意。在他看来，那个坐在昏暗的灯光下不厌其烦反复捶打皮革制作鞋面的父亲就像一个魔术师，这个魔术师总喜欢在夜幕降临时把玩手里的玻璃球，将它放在窗边或蜡烛下，看光影明灭。汉斯·安徒生对安徒生的影响绝不仅于此，他的才智和思想在安徒生心中埋下了智慧的火种，在日后成为安徒生许多作品的灵感之源。比如安徒生 1830 年发表的《关于旧鞋的思索》一文，在文中他直接引用了许多父亲的话，如"鞋或许会变破变旧，但正直心不会"。再如安徒生创作于 1847 年的《亚哈苏鲁》，主人公是一个不甘平庸的鞋匠，他拥有天赐的创作才华，也因此而摆脱童年的贫困，过上富足的生活。安徒生的父亲同亚哈苏鲁相比有着更远大的追求："有时候我反思自己觉得自己可以比现在更好，我完全可以做一份比鞋匠更受人尊敬的工作。每每听到利未人唱歌，我总是忍不住想同他们一起高歌，但每次一听到那些学者批评我学识不足时，我就万分痛苦。"

正是这种追求与现实的冲突让安徒生的父亲对自己的人生充满失望，继而将希望寄托在儿子身上。他用一种细腻无声的教育方式引导安徒生去思考，两个人相处时，大多时候也是安静无语的。每当到了周末，他带安徒生去林间小路散步。他让儿子随心所欲地玩耍，尽可能地贴近大自然，而他通常只是默坐在一旁，暗中观察安徒生的一举一动。只有两个人一起看书时，安徒生才能看到父亲的笑容，因为对于他来说，当一个籍籍无名的穷鞋匠实在无趣，只有在书中他才能找到短暂的快乐。因此，他教育安徒生一定要多读书。安徒生受父亲的影响，有着丰富的阅读经历，他的父亲也为他朗读过许多故事，比如，阿拉丁的故事、莎士比亚的戏剧，以及霍尔伯格的所有作品。据说，安徒生出生时，他的父亲就在产床旁为他朗读着霍尔伯格的作品，读书声越大，他的哭声就越大，这让他的父亲十分高兴。

安徒生的父亲是一个多才多艺且动手能力很强的人，他从军时当过鼓手，吹过长笛，还会写诗和剪纸。同时，他的木匠活也做得很好，为小安徒生做几件像样的玩具根本难不倒他，他为安徒生制作了许多会点头的玩具和木偶，只要加上发条就可以跳舞，这些手艺后来也被安徒生继承。但迫于生计，12 岁的安徒生也不可避免地走上了鞋匠学徒的道路，但这不是安徒生及父亲所希望看到的。安徒生本人也一直很痛苦没能上学。在一篇文章里他回忆道，曾经有一天，一个在拉丁学校就读的学生到安徒生家里来想定做一双鞋子，在等待过程中，他拿出自己的课本向安徒生炫耀自己在拉丁学校的一切。安徒生的父亲也看到了，他凝视着安徒生，最后在他颊上一吻，然后说："你原本该过这样的生活。"因此，在安徒生六七岁之前，他对安徒生的教育一直亲力亲为，并且认为安徒生完全继承了他的才智，十分欣慰。这样的教育陪伴安徒生走过重要的性格形成期，对他一生影响深远。但1812年，安徒生的父亲参加了拿破仑大军，从此背井离乡，对安徒生的教育也中断了。1814年退伍归来后，他疲惫不堪，觉得自己的所有梦想也一并远去了，短暂的军旅生涯摧毁了他的健康，幻想、癔症不断折磨着他，他时常陷在梦魇里，以为自己与拿破仑并肩而战。安徒生与母亲陷入深深的恐惧与惊慌之中，企图求助"神婆"来阻止父亲走向死亡，最后却没能成功。安徒生的父亲在夜色深沉时走了，蟋蟀叫了一夜，仿佛要唤醒沉睡的父亲，可到底是徒劳无功的。安徒生同母亲一起将父亲安葬在圣克努德教堂的陵园里，流年轮转，那里已经荒草丛生，而安徒生仍然将父亲的教诲铭记在心，"父亲教导我遇事要独立思考，他给了我全部的爱，为我做尽一切"，"我绝不会勉强自己去做任何事；就算每个人都认为我不可理喻，我也不会放弃自己的想法"。受到法国大革命及启蒙运动的影响，安徒生的父亲始终坚持以"自由"和"意愿"为核心的观点，他认为得体的衣着、良好的卫生，以及本性的保持都会让孩子受益终生。

在安徒生童年，对他影响最大的一本书是《无可置疑的怪异》，作者是德国的奥古斯特·H.J.拉封丹。安徒生父亲对他的教育原则多半来自这本书。这本书讲的是父亲路德维格·伯查德对儿子路德维格·约翰进行教育的故事，他对儿子的教育是独特的，因为他所有的教育都是按照依据他环球旅行的经验来进行的，而且最为特殊的一点是，母亲被排除在这种教育之外。安徒生的父亲也采用了这样的教育方式，他从不限制安徒生摆弄花草、桌椅、戏服，还鼓励安徒生自由地背诵、唱歌、跳舞、剪纸，而且目的非常明确——让安徒生学会在孤独中成长，充分释放个性和想象力。因此，安徒生很少跟一群孩子一起玩，即使有也多是跟女孩子。在安徒生的《诗集》中，他这样描述自己："一个9岁男孩从不跟朝气蓬勃的男孩儿玩耍，他总是一人默默地编着花环。"在《我的真实人生》中他也说道："我基本上从不跟男孩子一起玩闹，即使在学校，我也很少参与他们的活动，经常一个人在屋里待着。"在他1832年的自传里，安徒生解释了自己不喜欢同男孩子玩在一起的原因：他无法忍受男孩子玩闹时的暴力。如果没有其他人的冷嘲热讽的话，他的孤独是快乐的。

安徒生的这种特立独行引来了同龄人的歧视和嘲笑，这使得他的成长更加孤单。但这并不妨碍他希望一个人站上大舞台受万众瞩目的愿望。父亲带给他的教育方式在某种程度上促使了安徒生性格的养成，父亲去世后，安徒生变得更加孤独和自我，但同时也被各种嘲讽打击得敏感而脆弱。在他的自传里，讲述了一个发生在他童年的故事，那时他在欧登塞的一家纺织厂里打工，与他同龄的男孩子不少，看着他们总是玩成一片，安徒生却始终融不进去，因为那对他来说是一个野蛮而且过于吵闹的群体。后来，安徒生孤僻、敏感的一面被暴露出来，那些男孩子让他在众人面前唱歌，安徒生本来十分高兴，不仅唱了歌，还背了诗，但得到的并不是赞扬，而是那些男孩子的哄笑，他们学安徒生唱着粗俗的小调，嘲笑安徒生像个女孩，还几次脱掉他的衣服检查他到底是不是男孩，这对安徒生来说简直是一场噩梦。他哭着跑回家，向母亲哭诉。此后，他辞掉了纺织厂的工作。而这些拿他开玩笑的工人们的恶劣形象不止一次出现在他的自传里，但每次都被安徒生寥寥数语带过，因为他对那段记忆虽然印象深刻，却实在没什么好回忆的。

在安徒生看来，他的父亲是一个受过教育的人，有着睿智的头脑，以及强大的内心。有一次，他要安徒生和母亲同他一起朗读《圣经》，但之后又说，自己并不是一个虔诚的教徒，因为"基督也是人类，但他超凡脱俗、极其伟大"。他说自己的思想是自由的，《圣经》并非上帝所作，这世上也根本没有地狱。这些话给安徒生留下很深的印象，可安徒生的母亲却觉得这是大不敬，她战战兢兢在胸前画着十字，迅速把安徒生抱到别处，告诉他那并不是他父亲的本意，是魔鬼占领了他的灵魂。可安徒生的父亲则说，这个世界连魔鬼都是不存在的。安徒生其实在内心里更相信父亲。在他眼里，父亲与母亲是截然不同的两种人，父亲理智且思维清晰，而母亲迷信且极度情绪化。由此可见，安徒生受其父影响至深。

与身材矮小的汉斯·安徒生形成鲜明对比的是，安徒生的母亲安妮·玛丽·安德斯达特是一个人高马大、身体强壮的妇人，因此有人戏言，安徒生继承了父亲的才智，继承了母亲的身材。安妮·玛丽·安德斯达特是一个迷信的人，这一点被安徒生记录在一个关于彗星的小故事里："彗星出现了，拖着长长的尾巴，燃烧着、闪烁着。无论是站在华丽的宫殿、简陋的小屋、喧闹的街道还是寂寥的荒野，它都能出现在你的视野。'快来看啊，这是来自天堂的神奇景象！'人们摩肩接踵争相观看，每个人都受到不同的触动。在一个房子里，小男孩和他的母亲并没有跟大家一样冲出家门去看彗星。屋子里烛光点点，蜡烛一点点融化一点点变弯。这位母亲黯然神伤，这个小男孩可能很快就要永远离开这个世界了，因为木屑指向了他。虽然这只是一种迷信的说法，但她深信不疑。"安妮·玛丽·安德斯达特每年夏天都会回菲英岛参加宗教集会，传说那里有神奇的泉水，包治百病，还有大批的通灵者。安妮常常拜访麦特·摩根斯达特，并且十分信任她，因为她会看手相，还会通过咖啡粉占卜未来，不仅能给人看病，还能给动物治病。1816年，小安徒生随母亲拜访麦特·摩根斯达特，她告诉安徒生："如果你回家时在路上碰到了你父亲的灵魂，那他将在不久后离开人世。"事实上，安徒生的父亲确是在这一年去世了。在那个年代，丹麦人迷信鬼魂的存在。"从小到大，我都十分虔诚，甚至有时有些迷信"，安徒生在自传中写道。安徒生母亲的迷信影响了安徒生的宗教观，他从小就对菲英岛的宗教建立了难以割舍的联系，这种联系后来成为他的精神支柱。安徒生对原始农民文化充满好奇与喜爱，他认为每个人都是迷信的。在《我的童话人生》里有这样一句话："那时，我相信我生活中一切看起来有些迷信的事都是真的，对我来说，那是一种高尚的信仰。"这是一种万物有灵的思想，也正是安徒生从母亲安妮那里继承来的。

安妮目不识丁，因此对各种神秘力量充满敬畏，她向安徒生讲述的是一个与安徒生的父亲描述的截然不同的世界，那个世界充满了各种拥有神奇力量的生命，这使得安徒生对所有生命充满敬畏。安徒生对外界十分敏感，甚至能够感知一草一木的颤动。所有生灵中，安徒生最亲近的是河神，因为安徒生每天都要渡过欧登塞河很多次，偶尔会坐在河岸上研究水车，或是一个人在故乡的小河边旁若无人地演绎自己编写的短剧。他喜欢为玩偶娃娃缝制各种各样的衣裙，更喜欢坐在用母亲的围裙撑起的帐篷里看醋栗树的叶荣叶枯，那一刻的时光走得异常缓慢而真实，睁开眼睛，安徒生可以看到每一处叶子脉络的交错与蓬勃，闭上眼睛，就是他自己的世界，很大很精彩。

欧登塞是安徒生最初接受戏剧启蒙的地方。安徒生家的邻居——邦克弗洛德夫人钟爱戏剧，安徒生在拜访她时，第一次知道了什么是诗，什么是诗人，并且开始接触莎士比亚的戏剧。在戏剧的熏陶下，安徒生渐渐长大，他十分羡慕在舞台上活跃的演员，并开始渴望自己成为他们之中的一员。

作为丹麦当时的第二大城市，欧登塞也有剧院，但是这剧院与首都哥本哈根的皇家剧院是无法相提并论的，欧登塞只有那些流动剧团的演出，而且演出质量良莠不齐。安徒生有很多机会接触到戏剧。有时，他会同欧登塞当地的一个兼职演员一起参与演出。安徒生曾在一个来访欧登塞的剧团里担任临时演员，那时他还只有六七岁，连着两个晚上穿着夸张的戏服在舞台上跑来跑去，他自得其乐并且十分兴奋，甚至在演出结束后还不肯脱下戏服。

然而，做临时演员的机会并不多，想要进入剧院，还有一条捷径就是做海报邮递员。于是安徒生结交了当时欧登塞剧场里的邮递员皮特·君克尔，帮着他把当天没发完的海报分发掉。这对安徒生来说是一个很好的机会，那些海报成为他无法进入剧院观看演出时的补偿，仅是坐在家里看着海报上演员和剧目的名字，他就可以依靠想象力拼凑出一幅完整的故事蓝图，他完全沉浸在戏剧的世界里，任想象力勃发。这种创作天分在安徒生小时就展露无遗，在《我的童话人生》里，他不止一次提到自己对莎士比亚悲剧创作的仰慕与青睐，而他在儿时创作的第一个剧本——《阿波尔和爱尔薇拉》也是受到莎士比亚的启发，将《仲夏夜之梦》中的两个角色的故事进行了改编，加入自己的想象和演绎，写成了一部悲剧。安徒生非常兴奋，他恨不得把自己的处女作读给所有人听，但是，在读给他的女邻居听时，小安徒生的创作遭到了嘲讽，被女邻居评价为满纸荒唐。安徒生十分愤懑，他的母亲安慰他说，那个女人是在嫉妒，因为她的儿子不像你一样拥有创作才华。当然，也有人鼓励这个孩子的天分。在小安徒生构思一个关于皇室的故事时，曾请教邻居皇室贵族是怎么说话的，邻居们告诉他，国王、王后应该会说多门外语，于是，小安徒生找来一本满是德语、英语、法语词组的旧词典，以此为参考，为皇室人物构思对话。语言固然是华丽的，只是除去早安、问好之外再无实际内容，语法、标点、体裁等更不用说，小安徒生无法仅用想象力弥补自己文字功底的不足，但这样的创作过程对尚且年幼的小安徒生来说是弥足珍贵的，这开启了他对戏剧的探索之门，唤醒了他天真却无拘无束的想象力和创造力，让他对生活充满好奇和探索之心，对未来充满野心和理想，这是他日后成功的基础，也让他与大多数孩子不同，他不停地接收着来自四面八方的信息，组织创作着自己的故事，他把那些自己正在构思的故事名字都写

在父亲留下的账簿背面，足足有 20 多条。对戏剧的热爱让他立志
成为一名戏剧演员，他深信自己有特殊的才能，是为梦想而生，
生活也将因此而充满考验，而所有的考验都会因为他的坚信而不
堪一击。秉持着这样的信念，安徒生开始了他对戏剧的追寻之旅，
哥本哈根是他的第一站，因为那里有最大的皇家剧院、最多的戏
剧演员和学校，以及最多的观众。

独闯哥本哈根

　　1819 年 9 月，14 岁的安徒生带着几件简单的行李只身来到丹麦首都哥本哈根。哥本哈根距离欧登塞只有 96 公里，然而对于当时的安徒生来说可谓长途跋涉。在哥本哈根，他住在韦斯特盖德的一家旅馆里，过着犹如"偷渡者"一般穷困潦倒的生活，但他内心十分坚定，他深信上帝的庇护，决意像个英雄一样面对新的挑战。

　　当时的哥本哈根是一座充满矛盾的城市。它的四周是高耸的城墙，向东可以遥望蜿蜒的瑞典海岸，向北是风景旖旎的斯万尼莫尔湾、连绵起伏的农田、磨坊、庄园；而哥本哈根城里的景色却乏善可陈：10 万人口的城市聚集了 40 万的老鼠，遍地可见垃圾、排泄物，传染病盛行。哥本哈根作为丹麦的首都，聚集了大批的上层阶级和更多的下层阶级，赌博、卖淫、偷窃横行，毫无道德规范可言。即便如此，哥本哈根仍然是诸多怀揣艺术之梦的人趋之若鹜的地方，因为这里有丹麦最大的剧院，汇集了最多的有权有势者。剧院对于丹麦人来说既承载了他们对生活的所有幻想，又是一个无比真实的舞台。

漫长的冬夜，剧院里灯火通明，乐声嘈杂，短短几个小时的戏剧，演绎着别人的嬉笑怒骂，却足以让观众沉醉其中，忘记经济的萧条，忘记生活的艰辛，忘情地愉悦。皇家剧院是当时唯一的公立剧院，每年开放9个月，几乎每天都有剧团演出，最多可以容纳近1 400名观众。这样的哥本哈根，这样的时代，对安徒生的戏剧之梦来说无疑是充满能量、充满可能性的大舞台，而一个来自社会底层的鞋匠的儿子，在权贵当道、人才济济的大都市，想要站稳脚跟是十分不易的，纵使才华再突出，没有学习机会，接触不到上层社会，就意味着安徒生将永远只能被埋没。年幼的安徒生清醒地意识到了这一点，他迫切地寻求各种机会想挤入上层社会，改变自己的命运。

初到哥本哈根的那个秋天，安徒生率先拜访了布莱德加德的舞者安妮·玛格丽特·沙尔，继而拜访了诺基斯盖德的贝尔福夫人。安徒生带着书籍印刷商艾弗森先生的介绍信找到沙尔夫人，一见到她便立刻脱掉靴子，开始穿着长筒袜一边认真地跳舞一边唱歌，每一个舞步、每一句台词都分外用心。然而，对这个突然闯入家中的陌生男孩，沙尔夫人充满了戒备，觉得他像一个疯子，于是，随便找了个借口打发他离开，但安徒生却信以为真，他充满感激地承诺，不管沙尔夫人有任何需要他都可以帮忙。与此不同的是，安徒生在拜访贝尔福夫人时遇到了欣赏他的人——卡尔·奥托医生。卡尔·奥托是浪漫主义的拥趸，更是一个充满好奇心的收藏家。那时的安徒生瘦瘦高高却四肢笨拙，破旧的褐色外套捉襟见肘，面色苍白，眼窝深陷，一副穷困潦倒样，这样一个14岁小男孩在那些见惯锦衣华食和绅士淑女的上层阶级人士看来十分新奇，当然也是值得同情的，因此安徒生成功地引起了卡尔·奥托的注意。初来乍到的安徒生以最自然的姿态出现在贝尔福夫人的客人面前，孩子气地朗诵着戏剧、诗歌片段，旁若无人地陶醉其中，大家不约而同都被他吸引了，惊叹于这个乞丐一样的小男孩如此天赋异禀却又天真纯朴。

卡尔·奥托的好友作家贾斯特·马赛厄斯·蒂勒在遇到安徒生之后也有同样的感受。那时，他正在自己家中整理写作素材，突然有人敲门，一个瘦弱的小男孩进来了，看到蒂勒后突然摘下帽子，挥了挥手臂，问道："先生，我可以朗诵一首诗吗？"没等蒂勒回答，安徒生就开始朗诵了，结束时向蒂勒深鞠一躬，紧接着就开始表演亚当·奥伦施拉格的《海格巴特和西格纳》，他一人分饰多角，表演得浑然忘我。蒂勒震惊了，一动不动地坐在那里，欣赏着让人来不及喘息的快节奏表演，那个素不相识的小男孩表现得那么自然，最后以即兴表演收尾，圆满结束后又彬彬有礼地鞠了一躬，随后不等自我介绍就抓起帽子，消失在蒂勒家。这场偶遇令蒂勒印象深刻，虽然那个小男孩有点胡搅蛮缠，却不令人反感，因为他是那么天真无邪，一心扑在戏剧表演上的姿态让人动容，这令蒂勒产生了深深的共鸣，蒂勒同安徒生一样徜徉于乡野与都市之间，充满想象力且纯朴自然，这是他们深藏于骨血的品质，不事雕琢，无须赘言。

安徒生在上层阶级家中的频繁亮相让他收获了颇多赞誉，得到上层阶级的注意与讨论。其中，对他影响最大的一次当属拜访当时新上任的皇家剧院指挥及导演吉亚塞普·西伯尼。那天，西伯尼正在家中举办一场盛大的晚会，邀请了许多社会名流。当宾客入座准备进餐时，门铃响了，安徒生依旧穿得像个小乞丐站在门前，对管家讲述了自己的来历，以及渴望登上皇家剧院舞台的雄心。他的出身，以及他那与出身不相配的梦想让人深受鼓舞，管家被感动了，决定帮助这个"可怜"的小男孩，他趁着去餐厅整理餐桌的机会，向西伯尼介绍了安徒生，听罢，西伯尼及各位宾客同意见一见这个传奇的小男孩。这个机会对于小安徒生来说是至关重要的，他是带着遗憾离开哥本哈根返回家乡，还是借此一举成名从此改变生活，都在此一举，因此这次的演出他格外投入，表演了一段在欧登塞时学会的民歌戏剧中的独唱，几段路德维格·霍尔伯格的戏剧片段，以及自己创作的诗歌。那晚的观众对安徒生表现出了极大的善意，这对于当时走投无路而孤注一掷的安徒生来说无疑是十分重要的，因此，他情不自禁地哭了。直到大诗人詹森·巴格森激动地握住他的手，问他是否怯懦过、担心过自己会被嘲笑时，他仍然抽噎不止，他用力地摇头，回答得十分坚定。詹森·巴格森为他纯净的言行，以及那在成人世界里十分难得的纯粹动容了，他认为终有一天安徒生会实现梦想。西伯尼当即表示自己以后要栽培这个有着嘹亮嗓音的男孩儿，韦斯为他募集了一些资金资助他学习德语和基础教育课程，这是安徒生登上皇家剧院的基础。

此后，西伯尼开始免费教导安徒生歌唱技巧，并每周两次邀请他来家里吃饭。尽管安徒生还要帮西伯尼和他的下人干活，但起码他的温饱问题解决了。有一天，当安徒生送饭菜到餐厅时，西伯尼站了起来告诉所有人安徒生是客人而不是仆人，从此安徒生更频繁地出入西伯尼家，感念西伯尼的礼遇，安徒生与西伯尼家中的成员愈发熟识，并且得到允许可以出入客厅，这就意味着当皇家剧院的歌手们聚在西伯尼家彩排时，安徒生便有机会聆听西伯尼指挥的音乐。作曲家韦斯同西伯尼一样，也信守承诺，为安徒生安排了德语课程，德语教师布鲁恩同样被安徒生的故事感动，为他减免了所有学费。

14 岁的安徒生像一块未经雕琢的璞玉，看似其貌不扬，却散发着掩藏不住的光芒，这样一个小男孩出现在高雅的资产阶级中，向首都哥本哈根提出挑战。那是一个君主制占绝对领导地位的年代，也是君主制大受打击的年代。1807 年与英国的战争丹麦惨败，1813 年丹麦开始经济大萧条，哥本哈根成为一座金玉其外败絮其中的精神监狱。艺术家和科学家们对安徒生这块璞玉抱有极大的兴趣，因为他出身低贱却有着非凡才能，而他的自然不造作在当时的资产阶级看来是十分难得的，因此他赢得诸多欣赏与支持，这其中也包括教授兼诗人弗雷德里克·霍格－古尔德伯克。他的兄弟克里斯蒂安曾在安徒生尚在欧登塞时给予过他很大的资助，当安徒生来到哥本哈根后，弗雷德里克也曾为他募捐。为了感谢这些曾经帮助过自己的人，安徒生一一拜访，并为他们献上一段充满热情的表演。

这一系列的拜访最终将安徒生带入到"巴克胡斯"的世界。"巴克胡斯"是丹麦黄金时代的艺术家、知识分子汇集的场所，是文化的中心，它位于哥本哈根城外，依傍瓦尔比山，风景秀丽，空气新鲜，可谓乐园。每逢周末，哥本哈根半数以上的人汇集于此，观看皇室贵族游船，聆听宫殿内传来的袅袅乐声。在"巴克胡斯"每个人都可以畅所欲言，不受任何思想、行为的约束，他们崇尚自然，追求自由，每次相聚更像是沙龙，时代精神成为大家讨论的焦点，浪漫主义与理性主义并不一定就要对立，对大多"巴克胡斯"的成员而言，情感与理智拥有同等的地位。安徒生加入到这个堪称"丹麦黄金时代缩影"的文化团体之后，接触到更多名人，如创立了电磁学的物理学家 H.C. 奥斯特、诗人亚当·奥伦施拉格、法学家安德斯·桑多·奥斯特、作家约翰·路德维格·海博格、作曲家 C.E.F. 韦斯和公务员乔纳斯·科林。事实上，安徒生像极了在他晚期作品中出现的人物，他渴望改变现状，为自己争取一种全新的生活，前提是他那颇具传奇性的童年，虽然其中有许多塑造的成分，但哥本哈根的人信了，并且将他比作"自然之子"，因为他那"天然去雕饰"的自然本性。安徒生是非常有自知之明的，对时事也具有超越年龄的洞察力，他深知自己获得认可的本钱，也清楚如何才能在哥本哈根站稳脚跟，因此他毫不掩饰地利用了自己的优势："我就是自然之子。"由此，安徒生越来越多地与哥本哈根的上层阶级结识，并努力成为他们之中的名人。

哥本哈根的生活像一杯喝不完的苦茶，在最初的几年，安徒生过得十分辛苦，为了获得戏剧表演上的进步，他为自己设置了重重考验，努力的过程十分不易，有些梦想在现实中破灭了，有些梦想一如既往地扎根在心中。黑夜虽然漫长，却总有曙光乍现的一刻。

1821 年，安徒生遇到了自己的曙光。那时，王妃卡罗琳听说了他的故事，想在腓特烈城堡见他一面。安徒生觉得自己的希望来了，于是那天他非常兴奋，又是演讲，又是唱歌，王妃奖赏了他一些吃食和一卷裹着糖果和银币的纸张。他打开纸卷时，糖果不小心滚落在王妃脚下，他像在大街上一样，旁若无人地趴在地上捡起糖果，这样的恭敬和泰然取悦了王妃。安徒生带着自己的奖品手舞足蹈地离开城堡，一路轻跳，一路歌唱，路过花园时，情不自禁地抱着一棵树亲吻，对着花草倾吐自己的兴奋之情。"你疯了吗？"另一个路过的男孩打断了他的陶醉，安徒生尴尬得一句话都没说，飞快地跑回家。

王妃的召见并未像安徒生期望的那样给他的生活带来太大的改变，事实上，在1821—1822年这段时间里，安徒生几乎日日食不果腹。饥饿对安徒生来说并不算什么，从小贫穷的生活已经让他对这样的苦难习以为常，穷困、饥饿，甚至与妓女、罪犯为邻都不足以令他向哥本哈根认输。1819年他面临同样的困境时，曾接受为他提供食宿的赫尔曼森夫人的帮助，在一个工匠那找到了一份学徒工的工作。然而他的瘦弱与敏感，以及幼时在欧登塞木匠那里打工的糟糕回忆让他只做了很短的时间就放弃了。而如今，再次走投无路，找不到工作，也不愿做工匠学徒的安徒生只能依靠慈善机构，在哥本哈根贫贱的红灯区勉强度日。

后来，安徒生在布莱莫霍尔姆的索格森夫人那找到了住处——一条臭名昭著的街道尽头的四层小楼中的一间储藏室，只要不去剧院和戏剧学校，安徒生就坐在那个阴暗不透光的窄狭房间里阅读从图书馆里借来的书，或改写自己曾经的小作品，或用自己从高级商店里讨来的布头为木偶缝制新衣服。尽管居住环境脏乱不堪，周围邻居鱼龙混杂，安徒生却没受多大影响，他曾在自传里写道："我在梦想之路上快乐生活时，不曾注意到环境的糟糕……直到现在，作为一个成年人，回看曾经，我才意识到那是深渊。"索格森夫人是一个苛刻的小妇人，丈夫去世了，她的经济条件也并不理想，对待经常支付不起房租的安徒生她无法表现得慷慨，她要求安徒生每月必须支付20个银币的食宿费，安徒生竭尽所能地求她减免一些费用，她始终不肯让步，最后安徒生只能盯着客厅墙上画像里那个看起来慈眉善目的索格森先生祈祷，希望他能劝劝自己的妻子，安徒生甚至天真地将自己的眼泪抹到索格森先生的眼睛处，想让他感受一下他的伤心，然而那毕竟只是死去的人的一张画像，所有的祈求与哭诉都是徒劳无功的，安徒生在索格森夫人那儿只住了一年半，就搬去艇长夫人亨克尔夫人家，那时安徒生的生活正经历着前所未有的动荡。16 岁的安徒生正经历变声期，嘹亮的歌声不再，指挥家西伯尼也停止资助，他在芭蕾舞学校，以及宫廷剧院的学习也毫无进展。

1820 —1821 年安徒生在宫廷剧院学习芭蕾舞，尽管辛苦，他却甘之如饴，因为作为剧院的学生，他每周有三天晚上可以进入国王新广场剧院女舞蹈学生的闲谈室，坐在那群演员中，听她们聊着无关的话题，自己却置身事外，沉浸在进入剧院的喜悦中。1821 年 1 月 11 日，安徒生参演了芭蕾舞剧《尼娜》，扮演一名身穿紧身衣的音乐家，这是他的处女秀，因此分外重视，早早地穿上演出服，兴奋而谨慎。演出结束后，他连戏服都没来得及换就穿着芭蕾舞鞋和红色长筒袜兴奋地在新国王广场奔跑，然后兴高采烈地来到皇室制表师热根森家炫耀自己皇家剧院演员的身份。

舞蹈演员的生活虽然辛苦且不稳定，却给安徒生带来一些难得的机会，比如，见到大作家亚当·奥伦施拉格。那时，安徒生正在舞台上跳舞，台下皇室包厢里国王正看得津津有味，安徒生慢慢走到台前，旁若无人地注视着台下，这个怪异的举动吸引了国王的注意，而安徒生却浑然不知，因为他当时正沉浸在见到大作家亚当·奥伦施拉格的喜悦中。

而这样的喜悦并非时时都有，安徒生作为一个临时演员，登台的机会并不多，日常训练又十分辛苦。那时，哥本哈根皇家剧院的传统是小演员时常被限制在自己的住所，若随意嬉闹或荒废训练，随时可能被驱逐出去。安徒生显然不是一个墨守成规的孩子，他企图跳过枯燥的重复练习，超越高年级生直接成为一名专业演员，因此，他带着勃勃雄心找到芭蕾舞教师达伦和他的太太，达伦夫人是一个极富同情心的善良女人，当她了解到安徒生那恢宏的理想，以及单薄的现实时，对他倾注了许多同情，安徒生时常前来拜访，并与达伦的女儿成为朋友，达伦的女儿十分欣赏安徒生的木偶剧，尤其是《蓝胡子罗尔夫》。尽管有了达伦夫人及达伦女儿的欣赏，安徒生从未放松过对自己的要求，无数个早晨，他在练功房一遍又一遍地重复练习"巴特曼"动作，作为回报，他获得了在达伦的五幕剧《阿米达》中扮演一个侏儒男巫的机会。

1821年4月12日，《阿米达》正式上演，安徒生的名字第一次变成铅字被印在节目单上。这被安徒生形容为人生的里程碑，他拿着那张节目单爱不释手，兴奋得夜不能寐。然而，观众反响并不理想。

《阿米达》是一部以战争和爱情为题材的四幕剧，主角是叫阿米达和伊斯麦尼的两名女巫，她们住在一个由一群侏儒男巫守卫的小岛上，抓住了乌巴尔多的朋友纳尔多，乌巴尔多带领军队攻击小岛，驱逐了所有男巫，安徒生就是男巫中的一个，他同其他男巫成群结队地穿过舞台，假装逃进树林，最后巨石滚落，男巫倒地。安徒生过于投入，一头栽倒在石缝里，直到戏剧结束都没有起身。而观众反应平平，《阿米达》以失败告终，安徒生的首演就像投入泥沼的小石子，无声地被淹没，最后被遗忘。

后来，安徒生又接受了几个临时演员的工作，结果依然没有起色。当他进唱诗班做临时演员时，恰逢变声期，他唯一的任务就是站在台上充实合唱队伍，完全不用发声，只需随其他演员做几个整齐划一的动作。不得志只是唱诗班生活的一部分，让安徒生难过的是他人无端的嘲笑和戏弄。有一次表演时，安徒生嘴里被人塞满鼻烟，他除了向导演哭诉，别无他法。

在戏剧学院的日子，这样的嘲笑作弄如影随形。1820 年秋天的一场演出结束后，安徒生被赶出舞台，演员约翰·丹尼尔·鲍尔握住他的手，把他拉到舞台上高喊："先生，请允许我把你介绍给丹麦人民！"而那时台下空空如也，鲍尔的表情看似严肃，实则充满嘲讽，他看不起这个靠人资助的穷小子，作为一个小有名气的演员，他觉得安徒生的演员梦简直是痴心妄想。这样的遭遇并非只发生在安徒生身上，事实上，那时正式演员同剧院学生之间的关系普遍十分紧张，年长的演员理所当然地使唤学生为他们做事，言辞刻薄，充满嘲讽，甚至会在辅导训练时对学生实施体罚。

1821 年秋天，安徒生彻底离开了舞台，结束了学习舞蹈的日子。这不是最终的结局，安徒生的戏剧梦依然炙热地燃烧，旧的故事成为经历，新的故事正在发生。

安徒生从费迪南德·林德格伦那儿获得了上课机会。第一次上课时，安徒生坦言自己对成为演员的渴望，林德格伦却不认同，他劝安徒生不妨考虑一下其他出路，因为他认为安徒生并不适合成为一个演员。安徒生感到震惊和失望，不能成为演员，他还能做什么呢？林德格伦建议安徒生去学习拉丁文。霍格-古尔德伯格教授帮安徒生安排了拉丁课，可没上多久，安徒生就腻烦了，枯燥的语言课对好动的安徒生来说是一种折磨，不出意外地他逃课了，后来，安徒生逃课去剧院表演木偶剧和写剧本的事被

霍格 - 古尔德伯格得知，霍格 - 古尔德伯格十分恼火，安徒生可怜兮兮地去道歉，像他每一次向上层阶级讲述自己的故事时一样，企图再次获得霍格 - 古尔德伯格的同情，可他并没有买账，霍格 - 古尔德伯格严厉地批评了安徒生，让他分月拿走寄存的 30 枚银币，并表示以后不会再为他做任何事情。

1821 年的严冬，安徒生变得孤苦无依，只能依靠借债度日。祸不单行，1822 年春，皇家剧院学校将他拒之门外。至此，安徒生正经历着人生最寒冷的时期，寒风凛冽时，雨雪纷飞时，食不果腹时，他都从未如此伤心绝望，1822 年的第一天，他偷偷登上剧院的舞台，大声祷告，希望自己的春天快点到来。事实上，他的春天已经不远，只要继续坚持，隆冬将近尾声。坚持是安徒生独闯哥本哈根以来支撑他走过艰辛之路的力量，他对梦想始终充满热忱，面对困难不曾动摇信念，这将是他最重要的钥匙，为他寻到贵人，打开通往春天的大门。

春天将至，初绽光芒

安徒生的《雪女王》中有这样一句话："我们的上帝赐给了我们坚果，但没有把它们敲开。"从欧登塞到哥本哈根，近三年时光，风雪与阳光同行，他的天赋一再地被肯定，但不可否认的是他还无法将它善加利用，这对于聪明的安徒生来说只是时间问题。春天将至，安徒生将迎来崭新的一天，前提是要将上帝的坚果——打开。安徒生需要打开的坚果是亚当·奥伦施拉格、H.C. 奥斯特、克努德·林恩·拉贝克和乔纳斯·科林。

1821 年 1 月，乔纳斯·科林被任命为皇家剧院的新院长。安徒生在霍格－古尔德伯格的建议下拜访了新院长，短暂的会面并没有给安徒生机会表现自己，因为这位新院长表现得有点倨傲，这让安徒生略感反感，于是安徒生选择了并不那么直接的方式与他沟通——写信。安徒生在自己 16 岁生日那天将信件寄出，并附上一首自己写的小诗，信中透露了安徒生满满的决心：重回剧院。聪明的安徒生并没有把鸡蛋放在一个篮子里，他将信件同时寄给了格朗维格和 B.S. 英吉曼等，信中有意无意地制造了一些显而易见的小错误，这些小错误将安徒生重回剧院的迫切心情表达得淋漓尽致，也让他显得纯真简单，读信者或许可以从那首小诗中看到安徒生的才华，从小错误中推测出安徒生并未接受过正规教育，多么难得啊，一个不经雕琢却已然光芒闪耀的新星。

1821 年夏，安徒生将自己的作品《森林教堂》—— 一部曾于 1819 年发表在《信鸽》杂志上的素体诗喜剧送给住在腓特列城堡的卡玛和克努德·林恩·拉贝克，卡玛和拉贝克从这部并不成熟的作品里看出了安徒生的天分，将他称为"诗人"，如此赞誉对年少的安徒生来说实属难得。安徒生开始意识到，自己的确是有天赋的，但这种天赋更多的体现于创作而非表演，重回戏剧舞台，只有走写作这条迂回的路，于是，从这个夏天开始，安徒生开始创作并出版他的第一本书《年轻人的努力》。

1822 年初，安徒生尝试着匿名将自己创作的剧本投寄给剧院，希望凭借自己的作品敲开剧院大门。他投寄的第一部作品是一部爱国主义悲剧《法恩的维森堡强盗》。此时他的所作所为与霍格－古尔德伯格的建议背道而驰，霍格－古尔德伯格认为安徒生过于倔强和不安分，而安徒生则认为霍格－古尔德伯格忌惮于他的才华，于是两人渐行渐远。安徒生那时已找到新的赞助者，善良的劳拉·汤德－伦德。她同安徒生在欧登塞一起参加过坚信礼，在哥本哈根再次相遇，她欣赏安徒生的才华，不仅为他提供资助，还为他誊写剧本，以便漂漂亮亮地寄到剧院去。

《法恩的维森堡强盗》寄出后未待回复，安徒生就又寄出了新剧本《阿尔夫索尔》。《法恩的维森堡强盗》被剧院拒绝了，安徒生收到了一封回绝信，信中说，《法恩的维森堡强盗》与其说是一个剧本，不如说是语言繁复、结构松散的"大杂烩"，作者显然并未接受过教育，因此无法规范表达。剧院的拒绝之意显而易见，而含蓄的建议却值得深思，安徒生从中咂摸出另一层意思，自己确实是有天赋的，只是缺乏正规的教育。他从《法恩的维森堡强盗》里抽出一个片段，转投给《哈珀》杂志，杂志将他的文章放在头版位置，安徒生相信那些拒绝过他的剧院管理层一定看得到，如果看到，他们一定能够认出这是他们曾经拒绝过的东西，他想让那些管理层明白自己到底拒绝了多么出色的作品，当然，安徒生还有另外一个目的，向剧院管理层施压，让他们对尚未得到回复的《阿尔夫索尔》做出慎重考虑。另外，安徒生还做出新的决定，加速出版《年轻人的努力》，这既是他重回戏剧之路重要的敲门砖，也是他向剧院管理层的再次挑战。他一人承担起作者、出版商、宣传员、评论家和销售商的角色，表现出的冷静、睿智及毅力令人叹服。安徒生拜访了《每日要闻》的评论家亨里克·普罗夫特，向他讲述自己的故事，以及出版书的决定，并向他出示手稿，亨里克·普罗夫特决定出版这本前途未卜的书。因此 1822年 7 月 12 日，在收到剧院拒绝信不到一个月的时候，《每日要闻》报上刊登了一篇报道，大致内容是一个年轻人将要出版一本书，名字叫《年轻人的努力》，但是他还没有找到印刷商要求的一定数量的订户，也没有钱可以支付出版费用，安徒生的名字虽然没有被提及，但许多哥本哈根人都了解到《年轻人的努力》及那个年轻的作者，这对剧院管理层来说又是一次不大不小的敲打，安徒生正试着通过这些努力迫使剧院承认他的才华，并接受《阿尔夫索尔》。

事实上，《阿尔夫索尔》同《法恩的维森堡强盗》一样，被剧院管理层认为是无情节、结构可言的词语堆砌，冰岛语混杂着德语，韵律混乱，没什么特殊之处。事实上，安徒生的创作几乎都是兴之所至便一挥而就的，行文仓促且毫无"规矩"。这就决定了安徒生的创作既有即兴的精彩，也有结构松散的风险。剧院有心拒绝《阿尔夫索尔》，却多少受到安徒生施压的影响，对这个戏剧的狂热分子有点束手无策，在剧院每周一次的理事会上，剧院管理者们对安徒生的剧本进行了讨论，拉贝克力排众议对《阿尔夫索尔》做出客观且准确的评价："这部戏剧的作者几乎不会任何语法，甚至连拼写都会出错，他的作品好坏掺杂，像个大杂烩，但在他的作品中，还是可以发现他的创作天赋……相信大家同我一样都想看看如此一个天赋异禀的孩子接受教育之后会成长为一个什么样的人。"因此，剧院管理层做出如下决定：为安徒生提供深造机会，费用由皇家基金会提供。因此，剧院管理人乔纳斯·科林向国王腓特烈六世提出了申请，请求国家提供资助培养人才。科林向国王请求的资助是每年400银币，为期3年。这对正处于经济危机中的丹麦来说，并不是一笔小钱，然而还是被批准了。安徒生满怀感激地欣然接受如此安排，未来几年，他将获得免费的教育及食宿。虽然最终安徒生的剧本仍然没有一个被剧院采用，但至少他获得了肯定，尤其是来自拉贝克的肯定，他的评价让剧院管理层正视了这个充满奇思妙想的少年，给安徒生带来了新的机会。安徒生终于敲开了克努德·林恩·拉贝克和乔纳斯·科林这两颗"上帝的坚果"，春天终于在寒冬之后，如期而至。

安徒生要去上学了，这个年轻人在与剧院管理层的戏剧之战中终于取得阶段性胜利，但还有一件事尚未完成，那就是他计划出版的第一本书——《年轻人的努力》，它虽然多少是安徒生向剧院管理层证明自己实力的手段，但是不会因上学计划而搁浅。皇家基金会提供资助有一个前提就是安徒生要把精力完完全全放在学习上，任何学习之外的活动都是不被允许的。因此，他决定加快速度，在去斯拉格尔斯上学之前将书出版。然而，他的计划不是草草了事而已，从创作到销售，甚至是正式印刷之前的订购他都要一力承担。1822 年 6 月订购开始，到 1822 年底结束，安徒生要在最后期限之前拿到印刷商要求的 50 个订户，否则《年轻人的努力》将永远石沉大海。之前，《每日要闻》的报道对安徒生的书起到一定的宣传作用，但十分有限，仅仅是让哥本哈根人对这个名不见经传的少年的处女作留有小小的印象罢了，真正给安徒生的订户数带来改变的是订购单上出现的一个有分量的名字——王妃卡罗琳，但这仍然不够，安徒生在 8 月和 9 月发出了许多销售信，并在最后一批销售信中加入了自己获得皇家津贴的好消息："为了学习我倾尽所有，如今我决定出版自己的第一本书，希望大家能够给予支持，购买一本《年轻人的努力》，每本价格只要 9 马克。如果您答应，那么在您需要时，我会亲自为您朗读我的著作。皇家剧院十分欣赏我的《阿尔夫索尔》，并决定为我支付索罗学院的数年学费。"

最终，这本书于 1822 年由作家出版社出版，E.M. 科恩的维多印刷公司印刷，然而，销量并不理想，除了那 50 个订户之外，《年轻人的努力》无人问津。1822 年 10 月底，安徒生去斯拉格尔斯文法学校学习时并没有带走书稿和滞销的图书，它们被遗落在印刷商手里，直到安徒生成名，印刷商试图重印，却被安徒生拒绝。那时的安徒生更加成熟和谦虚，对于戏剧也有了新的认识，这本处女作在他看来实在算不得有水准。当然，这些都是后话。《年轻人的努力》确实如之前的《法恩的维森堡强盗》和《阿尔夫索尔》一样是一部好坏掺杂的"大杂烩"，但它毕竟只是安徒生的处女作，成书时，安徒生只有17岁，而且从未受过正规教育。客观地说，安徒生这本书有一些可取之处，比如其丰富的人物构成、幽默的对白，更为重要的是，让安徒生之后扬名立万的现代童话写作风格在其中已经初露端倪，它虽然不成熟，却充分显示了安徒生的创作天分，他的灵感来源于生活，生活变成了写作，写作充实了他的生活。

在这本处女作中，安徒生并没有直接署上自己的真名，而是采用了笔名——威廉·克里斯蒂安·沃尔特。威廉暗指著名的威廉·莎士比亚，克里斯蒂安代表安徒生自己，沃尔特暗指沃尔特·斯科特，虽然安徒生没有明确表明自己使用这个笔名的初衷，但可以看出安徒生的抱负。关于为何将自己与莎士比亚和斯科特相提并论，安徒生曾在自传中写道："我给自己起了个笔名，乍一看有些虚荣，但我只是想要用我最崇拜、最喜爱的人的名字来命名。"

《年轻人的努力》由三部分构成，第一部分是用素体诗写成的小传，记录了安徒生的故乡及经历，第二部分是一部关于17世纪菲英岛的传奇故事《帕尔纳托克墓地的幽灵》，第三部分是上文提到的《阿尔夫索尔》。三个部分自成一体，具有不同的风格，这或许源于安徒生不拘一格的创作形式，他对新鲜事物充满好奇，不停地尝试、试探各种体裁之间的区别到底在哪里，或许流派不一，或许风格有别，但这直截了当的拼贴式创作成为其浪漫主义的表达，也是他早期作品的特点之一。

《年轻人的努力》像一次时间旅行，从1814—1822年，再从1822回溯到17世纪，最后来到10世纪，从现实到史诗，再到戏剧虚构，安徒生带领读者穿梭在时空里，充满了年轻人的活力和想象力。

时间旅行的第一站是 1814—1822 年的欧登塞和哥本哈根。书的第一部分是序言，写到了故乡欧登塞、难忘的童年及来到哥本哈根的日子，时间跨度从 1814—1822 年，短短三页诗记录了他 8 年的岁月。故事的开始是天真的小安徒生坐在故乡河畔背诗、唱歌，那时他是只有 9 岁却已然具备诗歌天赋的孩子，结尾是 17 岁的安徒生只身一人在哥本哈根，经历了贫穷、打击、否定还有小小的收获之后，仍然为梦想而燃烧热血的执着少年。故乡的河承载了他最初的梦想，是他的第一个观众，那里有无忧的回忆，有牵挂的亲人，有越来越远的家，它不止一次出现在安徒生的作品里，成为故事中纯真美好的代名词。这一抹纯真美好正是当初安徒生初到哥本哈根震惊四座，让上层阶级叹为观止的"自然之子"的精髓，故乡带给他童年的记忆，记忆让他保持童真，童真是他想象的翅膀，帮助他远离尘埃、天马行空。

第二站，安徒生带领读者穿越到 17 世纪的菲英岛，讲述《帕尔纳托克墓地的幽灵》的故事。这是整本书的第二部分，灵感或许源于安徒生幼时听说的各种民俗故事、民间传说，菲英岛成为故事发生的地方，它的风景、传说成为故事的架构。

故事开头有些残忍，甚至是血腥，下毒、自杀、跳楼、诱拐、醉鬼、疯女，刀子、监狱让整个故事充满暴力色彩，却同时引人入胜。尽管这样的开端过于阴暗，但故事整体仍旧是充满正能量的，从小被父母遗弃的孤儿索菲亚经历重重磨难最终获得幸福，在阿萨姆情人山上，她与约翰尼斯海誓山盟，敌人乔丘姆自食恶果，结局是美好的，但并不完美，这或许是因为安徒生当时尚且年幼，经历有限且文笔尚不成熟。但无疑，这部作品已经凸显了安徒生几个明显的创作特征，这些特征贯穿于他的创作始终，成为他不可言喻的情感表达，一个是讽刺。17岁的安徒生还无法将讽刺使用得不着痕迹又恰到好处，但他那幽默的语言，以及趣味横生的俗语使用，已经让他的讽刺功力初露锋芒。比如，在《帕尔纳托克墓地的幽灵》中，安徒生如此刻画一个自以为是的教堂执事："他的姿势非常自然，好像与生俱来天生就会，他的袖子就像大白鹅的翅膀忽闪着，当他拍打讲台时，会众好像听到了最后的号声一样寒毛直竖。"另一个是社会冲突。穷人和富人、下层阶级同上层阶级之间有着根本性的对抗，这种对抗在安徒生的作品中并没有露骨的表达，但随处可见，尤其是在他后期作品《看门人的儿子》《园丁和他的贵族主人》中表现得更为明显。在《帕尔纳托克墓地的幽灵》中有这样一个片段，高贵的执事夫人不幸陷入沼泽，一位路过的醉汉将她救起，她对他不但毫无感激之情，反而认为他同魔鬼一样恶劣，这一切都源于她根深蒂固的阶级歧视。安徒生对这样的歧视并不陌生，在哥本哈根最初的那几年，他受尽冷眼与嘲笑，因为他的乡下口音、破落打扮，以及贫寒出身，虽然在后来，安徒生跻身上层社会后很好地隐藏了自己的出身，但表面的浮华与装腔作势改变不了他与生俱来的本能认识，贫寒出身让他在审视上层阶级时变得目光深沉而锐利，他把他们写进故事，挖掘他们隐藏在高贵身份之后的丑恶面，方式含蓄且锋利。安徒生的叛逆因子暗暗滋长，他对上层阶级表面上表现得越贴合，内心就越反叛，他很早就认识到贫富对于人生意味着什么，因此，在他的作品中他对那些来自底层的善良人充满同情与关爱，他认为相比于那些为富不仁的可怜人，平凡人更懂得生活，更尊重自然，拥有更多的精神财富。

时间旅行的最后一站，安徒生将读者带到一个更遥远的年代——中世纪早期。当时，哈罗德·布鲁图斯正在丹麦宣传基督。国王的女儿阿尔夫索尔被国王千里迢迢送到挪威，向诺恩斯求卜自己的婚姻，途中她遇到两个倾慕者，年轻勇敢的哈罗德和年老的西格德·林。阿尔夫索尔倾心于哈罗德，爱情发生得理所当然，发展时却困难重重，情敌西格德·林的阻挠、小混混斯纳尔的重重诡计让整个故事充满悲剧色彩。最后，爱情衍生战争，所有人死在一艘燃烧的战船上，没有人真正取得胜利。在安徒生的作品中，哈罗德与阿尔夫索尔的爱情无疑是美好的，那时安徒生对情爱尚且懵懂，对性别认识仍然浅薄，因此他所创造的恋人是过于理想化的，阿尔夫索尔意外地具备了男性的魄力，她会高呼："站起来！跪着成不了英雄！"而哈罗德却被赋予了女性惯有的敏感多疑、喜怒无常。值得注意的是，在这部戏剧中，阿尔夫索尔的弟弟英奇对悲伤与快乐的解读：悲伤与快乐共存于生命，拥有打不破的关联，我们应当学会忍受。这种观点时常在安徒生的日记中出现，是他对人生的思考，也是他对悲剧的解读。

自传、童话、戏剧，安徒生最具代表性的创作体裁在《年轻人的努力》中已初绽光芒，无疑，他是有才能的，但这本书始终没有受到应有的关注，这或许与他的资助人的干预有关。那时，他正接受皇室基金会的资助准备前往斯拉格尔斯学习，心无旁骛的学习是获得资助的前提，而且，在当时许多人看来，安徒生的头脑过于混乱，这么早出书成名对他的成长不是一件好事，因此，或许有人向文学圈子施压，有意地压制了这本书的影响，但这些并不能阻止安徒生追寻梦想的步伐，他对戏剧的热爱就像一个坠入爱河的年轻男子对爱人的钟爱一样，执着而热烈。

1822 年 10 月 26 日，安徒生踏上前往斯拉格尔斯的旅途，那个秋天是美丽的，在他人生中是个不大不小却分外重要的分隔符，往前是他对戏剧最初的执着和坎坷的追逐，往后是他尚未可知却可预见的崭新生活。

一瞬天堂一瞬地狱

回忆在斯拉格尔斯求学的日子，安徒生将它与可怕的教师、刻板的规矩联系在一起。安徒生觉得自己是被放在传统教育的格子里，被迫成为大多数上层人认为的"公民"，这个改造的过程远比他想象的痛苦，创作的冲动时刻冲击着他的大脑，面对千篇一律的教习、规规矩矩的文法、枯燥无聊的几何数学，安徒生显得格格不入，难怪在后来的自传里，他将这段求学经历塑造成可怕的折磨。

在这段故事中，有一个不得不提的重要角色——西蒙·米斯林，他是安徒生在斯拉格尔斯求学时期的监管人、校长、老师，或许还有更多其他的角色，但无疑他是安徒生苦痛的主要来源，至少在安徒生自己的叙述中是这样的。他严厉非常、性格急躁，对学生会当众奚落，甚至体罚，在谁看来这都是一个糟糕的教师形象，但不可否认他的地位和声望在当时确确实实是值得尊重的，包括他令人敬畏的学识，这在最初的时候让小安徒生对他充满佩服和敬仰，而米斯林对安徒生起初也是照顾有加的，这段师生关系开始时很融洽，而结局却恶劣得令人唏嘘。米斯林不止一次嘲笑安徒生所谓的才华，言语攻击或体罚，他用雷霆手段试图告知安徒生，不服管教只会让他自毁前程，况且他自诩的天分不足以弥补他教养的不足。在1832年的自传里，安徒生写了这样一段话："'就给我背一节你写的诗，那没有感情的东西只是废话，你没有任何想象力，像个精神病人一样迷恋自己的才华，事实是，你没有头脑。'我哭了，一个字都说不出来。"听起来，这更像是对心灵摧残的控诉，究竟安徒生做了什么令米斯林对他如此贬损，而米斯林究竟为何令这个心地善良单纯的少年对他充满畏惧？故事要从乔纳斯·科林说起。

乔纳斯·科林是君主专制时期腓特烈国王手下忠实且严谨的政府官员，他推崇卢梭与费希特，认为"人类天生被赋予追求自由的伟大倾向。一旦人在一段时间内习惯了自由，他就会为之牺牲一切。正如前面所说，这正是为什么必须及早进行教育的原因；如果不这样做，以后将会很难改变一个人。然后，他会追随自己的每一个奇思妙想。这在野蛮人中也能看到，即使他们为欧洲人工作了一段日子，他们也绝不会习惯欧洲的生活方式……如果在年轻时允许一个人以自己的方式行事而不加阻拦，那么他的整个一生都会带有一定的野性"。科林的"灌输教育的艺术"被运用在对安徒生的教育上，他希望将安徒生培养成为一个有教养、有创造力的公民而非艺术家，因此，按照他的想法，安徒生需要监管，需要约束，需要教育，听起来这像是一个实验，是对他那教育艺术的实践。

最初，乔纳斯·科林找到了牧师及大学和文法学校董事会的成员敏斯特先生，希望他能参与这项"实验"，敏斯特拒绝了，因为之前安徒生曾拜访过他，告诉他自己在剧院管理层那得到的不公待遇，以及自己想去索罗学院的愿望，他向科林推荐了西蒙·米斯林。那时，米斯林刚刚被任命为斯拉格尔斯文法学校的校长，是一个非常有能力的教师，年纪轻轻就取得神学学士和语言学博士学位，是个古典知识和文化的狂热者，他先后翻译了许多古希腊和拉丁作家的著作，也作出了颇具启发性的注释，在学识上绝对是个中翘楚。他的教育理念与乔纳斯·科林的"实验"需求有许多不谋而合之处，像安徒生这样的梦想家也许正需要米斯林这样的教师来规范他，驯化他的"野性"。面对科林的请求，米斯林欣然接受，原因很简单，安徒生拿的是皇家基金，他背后有全国上下最尊贵的资助者——腓特烈国王，因此乔纳斯·科林及敏斯特的请求，他无法拒绝，也不想拒绝，安徒生这个反传统的人对他来说是个挑战，将他教育成才将会给米斯林带来意想不到的赞誉。除此之外，米斯林还有另外一层考虑，乔纳斯·科林在皇家基金会担任要职，与米斯林苦苦申请不下来的译作捐助息息相关，况且安徒生那笔可观的津贴或许可以为他的研究提供资金支持。

安徒生初到斯拉格尔斯时，寄住在区法官的遗孀埃里克·亨尼伯格夫人家，亨尼伯格夫人的儿子也在文法学校读书，亨尼伯格夫人对单纯的安徒生照拂有加。与安徒生同时寄住在亨尼伯格夫人家的还有林斯泰德的牧师的儿子，与安徒生同睡一张床，每当他突然贴近安徒生讲一些不入流的笑话时，安徒生总是无所适从，只能逃出房间，睡在亨尼伯格夫人的沙发上，许多时候，牧师儿子在凌晨才醉醺醺地回来，令格外单纯的安徒生十分害怕，他在日记中祈祷这个酒鬼不会毁掉他内心的纯洁。1825 年，安徒生离开亨尼伯格夫人，告别了这个慈爱的妇人，也告别了那个恶劣的酒鬼。

1824 年到 1825 年，米斯林计划转去赫尔辛格工作，安徒生对他来说是一个只许成功不许失败的教育对象，关系他与乔纳斯·科林与皇室的关系，也关系他的名利，于是他劝说安徒生随他而去，并搬到他家居住。

1826 年 5 月，安徒生随米斯林搬到赫尔辛格。这是一个重要的转折。在此之前的日子可以用愉快来形容，虽然安徒生很少将这个美丽的词语与米斯林联系到一起，但不可否认的是，米斯林在去赫尔辛格之前对安徒生是友善的。每逢周末，米斯林会卸下严厉校长的面具，像个孩子一样与孩子们玩在一起，他是 5 个孩子的父亲，内心深处有着父亲的慈爱和温柔。那时，他会清空教室里的桌椅，同安徒生和家人一起在过道跑来跑去比赛推婴儿车。比赛结束，他们要么一起玩纸牌游戏、锡兵游戏，吃糖果，要么就看木偶剧或读报纸。这样的家庭日聚会让安徒生有了家的感觉，虽然这样的日子仅持续到 1826 年夏天，可对于曾经饱受冷遇的安徒生来说仍是十分珍贵的，这时候的米斯林慈爱且友善，安徒生虽然偶尔会忌惮于他在学校的严厉，但总体对他充满感激和尊重："即使我不能向他敞开心扉，即使我不能爱他，但我仍然深深地感激他对我的关心。"我们无法确定米斯林的友善有多少出于真心，毕竟他在教育安徒生这件事情上投放了太多私心，他知道安徒生与乔纳斯·科林一直保持通信，在计划去赫尔辛格就职之时也或多或少向安徒生提及，或许安徒生感念于他的善待会在写给乔纳斯·科林的信中有所提及，这将为他在乔纳斯·科林那里赢得好感。

在斯拉格尔斯的日子里，让安徒生感到愉快的还有一件事，那就是在 1825 年的圣诞节成为海军准将伍尔夫的客人。伍尔夫夫人和孩子们为安徒生准备了圣诞礼物——两卷莎士比亚戏剧。那时，安徒生是真的感到愉悦，梦幻般的宫殿让他流连忘返，伍尔夫家人的热情款待令他倍感温馨，他在日记中记录下此刻的快乐："我感觉自己就是阿拉丁，许多神奇的事情发生在我身上。五六年前，我从城墙下走过，一个人也不认识，现在，我就站在城堡之中，读着莎士比亚的作品，感觉如此快乐。"随后，安徒生还拜访了其他的家庭，为他们朗诵自己写的诗歌，当然，这在米斯林那是不被允许的，米斯林同乔纳斯·科林抱持的观点是一样的，诗歌、写作会让安徒生的头脑更混乱。

快乐滋养着安徒生的心灵，这短暂的时光是安徒生真正意义上的启蒙时期。他开始更广泛的阅读，关于浪漫主义，关于宗教，关于许多伟大的人的传记，他对上帝有了信仰，把自己看作被上帝眷顾的孩子，仿佛真的就像阿拉丁一样被神灯照亮。

赫尔辛格结束了安徒生短暂的快乐时光，这完全在他意料之外。1826 年 5 月，当安徒生决定跟随米斯林去赫尔辛格时，他认为不去一定是一个损失，因为有可能他再也不会遇到像米斯林一样的好人。直到真正到了赫尔辛格，快乐也没有马上消失，而是短暂地停留。他和米斯林时常一起散步、聊天，安徒生觉得受益匪浅，在后来写给科林的信件中，他提道："日复一日，我竭尽所能地了解自己……米斯林让我意识到自己的软弱。"但在 1826 年 7 月开始，安徒生的快乐结束了，他开始时常与嘲讽、惩罚为伴，对米斯林的敬畏演变成恐惧，深深地影响着他。赫尔辛格成为一个令他流泪的地方。

1826 年夏天，他与米斯林的关系开始恶化，具体原因我们不得而知，不过可以猜到，原因极有可能来自两方面，一是米斯林自己，他到赫尔辛格之后遇到了财政和婚姻的双重危机，这足够令一个刚刚上任的校长焦头烂额；另外，安徒生的一些作为触犯了他的规定，而且不止一次。前文曾提及，安徒生享受皇家基金会资助的前提是全新学习，远离诗歌与戏剧创作，对乔纳斯·科林，安徒生曾反复保证，米斯林也深知这条规定的重要性，违反它安徒生的学生生活将戛然而止，而他也会因为监管不力而备受责怪。可安徒生到底不是一个听话安分的学生，对创作的狂热让他不可遏制的踩到边界，甚至越界。比如，安徒生在杂志上发表了一篇名为《从洛斯基尔德到赫尔辛格旅行片段》的文章，虽然投稿人不是他，可作者是他，杂志上也白纸黑字地署着汉斯·克里斯蒂安·安徒生。对于这件事，安徒生不能说是完全的无意为之，那时他以书信的形式写下许多游记，寄给文学界的名人，其中就包括拉斯莫斯·尼亚鲁普——帮他把稿件投寄给杂志并发表的那位热心教授，安徒生希望自己的文章借他人之手能"到达它应该去的地方"。无疑这是一次踩界行为，充满风险。那次旅行，米斯林和他的家人也参加了，而安徒生的游记中并没有提及，反而写了同行的所有女性，即使米斯林才是那个付款人。诚然，安徒生不是一个懂得溜须拍马的人，他单纯得还像个孩子，哪里知道自己的这篇文章已经足以开罪米斯林。在此之后，快乐在赫尔辛格彻底结束，安徒生的灾难开始了。

　　1826 年 9 月，在给科林的信件中，安徒生写了这样一段话："14 天了，米斯林几乎没跟我说过一句话，除了争吵。"在学校安徒生遭到更恶劣的对待。他不止一次被米斯林叫作怪物、傻瓜、"野兽般的愚蠢男孩"，而且还要忍受米斯林阴晴不定的脾气，他心情好时会对安徒生不吝表扬，心情不好时会毫无征兆地大发雷霆，安徒生的心像被置于钢索上，忽高忽低又时刻不敢放松。敏感的安徒生受米斯林情绪的严重影响，那段时间他过着窒息般的生活，不得不自闭地把自己关在小世界里，假装听不到这些冷嘲热讽。可这怎么可能呢？他明明时常感到不堪重负，甚至开始对自己产生怀疑："只有受到称赞时，我才感到快乐，即使是最卑下的人批评我，我也会沮丧。"

虽然米斯林始终声称表扬越少，对安徒生就越好。可他接收安徒生作为自己的学生始终是有其他目的的，之后他的恶言恶行更是令人唏嘘。他对安徒生要求越来越严格，安排的课程也越来越多，语法、修辞对安徒生来说已经不再那么有趣，没有鼓励的课程给了他太多挫败感，这很大程度上造成他的厌学，再加上米斯林要求他每两周就要提交一篇用丹麦文写的小短文，并且对语法和修辞有严格的要求，主题仅关于教育。比如又一次他给安徒生命题："珍惜时光的人还需为前途担忧吗？"安徒生是这样回答的："命令、规律、勤奋和诚实使人友善……可也会打乱年轻人的奋斗热情，灵魂塑造未来，错误的思想进入灵魂，使年轻人出于恐惧而奋斗，那么他的奋斗将没有意义……"米斯林对安徒生的恐惧是永远不可能理解的，因为在他看来他的教育方法没有过错，而安徒生不这样认为，他对米斯林的喜怒无常深恶痛绝："任何一件微不足道的事都可能激发他的怒火，他青筋绷起，面目扭曲，眼中像要喷出火焰一般愤怒地发狂。那一刻，他没有理智，没有意识，像一头野兽……愤怒谋杀灵魂，暴躁使他走向极端，对他对社会都是极其有害的一件事。"

1826 年到 1827 年，安徒生不得不忍受米斯林混乱复杂的家庭环境——5个孩子和一个不事生产的主妇，还有几个奴仆——十几口人完全仰仗米斯林一人养活。到赫尔辛格之后，米斯林刚刚就职，财政状况愈发窘迫，婚姻也没能幸免于难。由于米斯林的妻子英格尔·凯瑟琳多次出轨，他的婚姻变得可笑又可怜。安徒生在自传中曾提及这个家庭的枯萎，1826年到1827年，阴霾笼罩着这个家庭，挥之不去。英格尔·凯瑟琳不加掩饰且愈演愈烈的放荡行为令米斯林蒙羞，而他却麻痹在酒精和古希腊、罗马文里，不修边幅，视若不见。

财政危机、婚姻失败让自负的米斯林变得愈发喜怒无常起来，他对安徒生的态度大不如前，十分恶劣。1826年10月26日，安徒生在信中提及米斯林与他的关系，充满"悲叹与烦恼"："他常常表达他对我的厌恶，尤其在周日上午我交拉丁语作文时，他揪着每一个错误不放，口出恶言。我知道他想督促我进步，但是他的喜怒无常，让我倍感紧张。"安徒生在写给科林的信件中，对米斯林的恶言相向直言不讳，他告诉科林，米斯林如何称他为"没有感情和荣誉的人"、"笨拙愚蠢的家伙"、"疯子"，想要把他扔到储藏室里，逼他讲晦涩的希腊语。科林感到不妙，但顾及自己的身份，他必须表现得冷静、公正。一方面，科林对米斯林的教育方法基本认同，每次圣诞节和复活节在哥本哈根见到安徒生时，他总是为米斯林辩解几句，劝告安徒生："每个地方都有令人讨厌的东西，你无法改变它时，就试着就改变自己，去积极面对。"另一方面，在11月份，他向米斯林寄出询问信。这是米斯林第一次受到乔纳斯·科林的质疑，他快速回信，语调前所未有的强硬，竭力为自己辩护，几乎厚颜无耻。他还暗示科林不应对他怎样教导安徒生的事干涉太多，毕竟他并不知情。而仅在三个月之前，科林刚刚收到米斯林言辞切切请求皇家基金会拨款支付安徒生食宿的申请信，信中他对安徒生赞誉有加，与 11 月份他的回信大相径庭。11 月份的回信让科林不得不彻底清醒地重新考虑米斯林的功过，结果是很快他也回了信，内容简练直接，但十分谨慎，关于安徒生的安排并未言明。他同时也给安徒生寄了一封信，信中说道，不久之后安徒生的生活状况可能会发生改变，而这种改变直到第二年复活节才真正发生。

1827 年冬天，安徒生还寄住在米斯林家中，他拒绝给安徒生供暖，安徒生浑身冰凉，只能在房间里来回走动取暖，伙食也变得越来越差，让安徒生倒尽胃口。安徒生将这样的境况写信告诉科林，他的希伯来语老师克里斯蒂安·沃琳——新上任的年轻教师——出于同情与愤怒专程到哥本哈根拜访科林，将安徒生整个冬天的凄惨情况悉数告之。在此之前，科林本就已经在考虑如何将承诺给安徒生的改变付诸行动，这次的事情让他迅速做出决定，必须马上行动。于是，1827 年 4 月 1 日前后，米斯林接到科林的通知，安徒生将于 1827 年 4 月 14 日正式转学去哥本哈根，暂住在文加德斯特拉德 131 号，在期末考试前，他的所有教学任务由克里斯蒂安·沃琳推荐的家庭教师路德维格·克里斯蒂安·穆勒负责，而科林本人、伍尔夫及波林都将为安徒生提供饮食。听到这个好消息的安徒生喜出望外，高兴得几乎从窗户里跳出去，他振臂高呼："我要离开学校了！我要去哥本哈根了！"然而这对于米斯林来说是一个噩耗，对他原本已经每况愈下的生活来说无异于雪上加霜。

当安徒生在图书馆向他告别时，他一直背对安徒生，愤怒地盯着书本，纹丝不动。"见鬼去吧！"他愤怒地大吼，在这个灰暗的房间里，这段令人唏嘘的师生关系将彻底结束。就在前一个晚上，米斯林收回了安徒生的枕头、被子，这一晚安徒生过得十分痛苦，可他的心里是雀跃的，因为第二天一早他将要登上奔赴哥本哈根的马车，彻彻底底地与米斯林，以及痛苦告别。然而，即使在最后的道别，米斯林也没有给安徒生留下什么好印象，他追到安徒生图书馆外的小路上，给了安徒生一巴掌，并且大骂："你以为自己充满想象力，那不过是装腔作势罢了！你想成为天才是吧，做梦！你会发疯，会进监狱！"

噩运并未像米斯林诅咒的那样降临到安徒生身上，回到哥本哈根，安徒生简直如鱼得水，他有了更自由、更舒适的环境学习、创作，与上层阶级越走越近，成果越来越多，他离自己的梦想更进一步。而米斯林就没那么走运了。安徒生的离开对他来说不只是教育的失败，更意味着从此他将失去与皇家基金会秘书的联系，与皇家基金会和更好的晋升机会失之交臂。他愈发沉迷于古文与酒，性格也越来越差，越来越多的人对他不满，赫尔辛格名声大不如前，几乎没有学生再来注册。后来，他离婚了，学校被迫关门，他连事业也失去了。几年里，他与许多赫尔辛格的人交恶，人们几乎无法再忍受这个性情古怪、邋里邋遢的酒鬼。放弃赫尔辛格的校长职位后，米斯林也去了哥本哈根，那里的学生会是他的老领地。

19 世纪 20 年代中期起，米斯林经常出入学生会，注册为"学生会自由会员"，而安徒生在 19 世纪 30 年代成为学生会的名人，米斯林与安徒生难免又有了交集。米斯林最大的乐趣就是批评他以前的学生，仿佛他作为校长的威严和风光还在。1835 年的一天，他在学生会遇到以前的一个学生，米斯林对着他如此评价安徒生："只有那些歇斯底里的女人和自以为是天才的人才会喜欢他，孩子们甚至不懂他的童话在说什么。"而安徒生并未与米斯林发生直接冲突，在学生会，安徒生保持着优雅姿态，很多时候专注于自己的表演，他经常利用机会登上舞台朗读自己的诗歌、戏剧。在1830年的一个秋天，安徒生表演了一则风趣幽默又充满讽刺意味的小故事《美丽的格拉马蒂卡》，他有意为之，因为台下坐着他的老校长米斯林，他在这个小故事里尽情地嘲笑了无聊透顶的古典语法学，而这恰好是米斯林引以为傲并不停卖弄的东西。《美丽的格拉马蒂卡》是这样开始的："亲爱的学生家长们！你们刚刚领到的书叫《巴登拉丁语法》。我想让你们知道，他会扼杀孩子的想象力，因此，千万不要让你们的孩子看到它。"这不得不说是安徒生小小的复仇，他站在台前，享受观众的目光和掌声，看着台下的米斯林，心中万分喜悦，是的，喜悦。在安徒生的自传中，他曾提及米斯林后来被学生会拒之门外，沦落为在哥本哈根勉强度日的私人教师。

虽然，米斯林最后落魄了，在教育和追求梦想这件事上输给了安徒生，但他带给安徒生的影响不曾消磨，某种程度上说，他深深地伤害过脆弱、敏感的安徒生，那些噩梦般的记忆在安徒生心中挥之不去，甚至很多年后，安徒生已经跻身国家议员，米斯林已经去世，在这个学生梦里还会浮现可怕的米斯林的影像。

1856年，西蒙·米斯林辞世，一群学者为表敬意决定为他将悼文刻在墓碑上，他们找到安徒生，希望他能提供一些帮助，安徒生拒绝了，虽然没有像米斯林当初那样恶语相向，但他确实不愿再与他产生纠葛。

1867年，安徒生做了一个梦："米斯林的房子一点都没变，甚至一桌一椅都保持原样，米斯林同以前一样轻蔑地看着我，叫我政务委员先生。这一次，我没有沉默，也不再忍受，我拍案而起，把书扔到他脸上，然后离开房间……我觉得很奇怪，时隔多年，我还是无法摆脱他对我的影响，无助，我感到非常无助！"

在安徒生40多年的创作生涯中，米斯林就像一个挥之不去的影子一直跟随并影响着他。在安徒生很多诗歌、戏剧、童话和其他许多作品里，都或多或少地有这个影子。比如，在安徒生1830年的诗《猪》中，安徒生含蓄隐晦地写到米斯林的大鼻子，并试图用猪来讽刺他。在安徒生1824年至1825年写成的小说里，米斯林被塑造成一个满脸横肉的刽子手，"长着非洲人的脸，塌鼻子，凸出的嘴唇，又大又厚；浓密的睫毛下面，小小的绿色吸血鬼眼睛凸出来，多么奇怪啊"。

米斯林对安徒生的折磨已经超越肉体，他将痛苦的阴影永远留在安徒生的心里，直到安徒生生命的尽头，他才有所解脱。那是1874年12月，安徒生卧病在床，为了减缓病痛，他服用了吗啡，在梦中，又再次与米斯林相见，在日记中，他写道："吗啡让我做了几个好梦，其中一个尤其愉快。在梦里，我正考试，米斯林走了进来，我告诉他别跟我说话，他的话会令我紧张，影响我的考试。过了一会儿，我和米斯林一起散步。他开了几个玩笑，我笑了。不久，我们开始谈论艺术，像朋友一样。他尊重我，我也尊重他。当我醒来，我为这个和解之梦感到由衷的高兴。"

在生命即将终结之时，安徒生为他与米斯林的和解而高兴，显然，他已经以宽容和客观的视角重新考虑过米斯林的所作所为，他原谅了他。宽容是人最美好的品德之一，善良的安徒生终于做到了，至此，米斯林同安徒生这段著名而复杂的师生关系真正告一段落，从融洽到决裂，再到谅解，跨越近半个世纪。米斯林是他创作之路上亦正亦邪又不可或缺的一个重要角色，他带给他磨难的同时也激发了他的潜能。米斯林的铁腕教育或许让安徒生不堪重负，但无疑也给安徒生带来了提升，尤其是在艺术技巧方面，语法、修辞的学习，以及广泛的阅读开阔了安徒生的视野，让他的创作更有美感。

　　1827 年，当安徒生挥手告别赫尔辛格时，被解放的感觉令他激动并且轻松不已，年少的经历变成了刻骨铭心的记忆，而记忆很容易被美化或者丑化，显然米斯林成了他最痛苦的回忆来源，这也是为什么在他后期的自传中，米斯林成了折磨者，可不得不说的是，客观地看，米斯林的教育或许从某种程度上也成就了安徒生，"如果你是我，想象自己满脑子乱七八糟的思想，第一次接受教育，而且没什么特殊才能，还情绪化，却做着白日梦；你是最有资格批评我的人……"这段话出现在安徒生在 19 世纪 20 年代写给乔纳斯·科林的信件中，那个"最有资格批评我的人"指的就是米斯林。

诗歌狂人

在斯拉格尔斯和赫尔辛格求学的日子，安徒生除了修古典语言课程，还有文化史、艺术史、宗教史等课程，这些课程都是安徒生不曾接触过的，但就课程而言，安徒生是充满好奇的，他广泛地接触到现代丹麦、德国、法国和英国文学，并从中汲取营养，这从他的"集锦"中可见一斑。

"集锦"是安徒生随身携带的一个小册子的名字，上面记载着他的随笔和摘抄来的诗句，他经常把小册子藏在靴筒或口袋里，以便随时拿出来翻阅。小册子上记载了几百首不同语言、不同作者的诗句，有德语、丹麦语、拉丁语、法语、英语，甚至还有希伯来语，作家包括歌德、席勒、霍夫曼、让·鲍罗等，它们风格各异，内容、文体、观点都不尽相同，就像一座百花竞艳的小花园，安徒生时时徜徉其中撷取芳华。这些引文不仅文字优美，而且充满感情，安徒生从中得到启发，也得到许多鼓励，在他日后的创作中，引文变成了他灵感与素材的来源之一。

1829 年，安徒生开始创作小说《阿迈厄岛徒步之旅》，其中许多有见地的观点就受到他收集的引文的影响，他借助别人的思想丰富了自己创造的人物角色。

求学期间，安徒生还搜集了许多名人传记，阅读了许多关于莎士比亚、拜伦、达·芬奇等名人的故事。这些名人或多或少都有过与安徒生相似的经历，在苦难中挣扎求生，在逆境中奋力向前，他们的故事鼓舞着安徒生。他认为人有相似，包括命运，有时不同的两个人可能经历相似的命运，他们的灵魂就会有共同之处。因此，安徒生也相信，只要自己像他们一样坚持到底，结果也会是相似的。

1825 年春天，安徒生在《新晚报》上读到了拜伦的简介，他迷上了这个浪漫主义英雄，为他的经历而倾倒。后来，安徒生又接触到大文豪莎士比亚，并且以他为旗帜，透过他的文字和思想思考自己、审视自己、理解自己。安徒生在莎士比亚的作品中寻到了情感的共鸣，在安徒生看来，他们有着太多共通之处，相似的情感让他不禁感同身受。随后，另外一个星光熠熠的人物进入安徒生的视野，他就是达·芬奇。达·芬奇崇尚自然、追求自然并致力于对自然的探索，相比于宗教，他更信仰哲学，他被奉为天才，是意大利的骄傲，是一个刚柔并济的伟大的艺术家，安徒生深深为他叹服，不止一次地构想如何用自己的笔触描写这个天才多姿多彩的人生。

阅读的积累不仅开阔了安徒生的眼界，也带给他源源不断的灵感，激发了他创作的热情。但自由的写作在当时对他来说是不可行的。米斯林的严厉苛刻从某种程度上压制了他的创作才能，但也激发了他成功的决心："米斯林认为折磨会让我更快的进步，但却给我带来绝望；我时常哭泣……出现越来越多的不着边际的幻想；我渴望写作。有几次，我兴奋动笔之后又马上陷入绝望，因为科林反对我这样做。"可反对并没有起到多少作用，安徒生用了各种办法偷偷写作，并把它们朗读给别人听。

"我看到心所及处，那么遥远。啊，我全部的岁月！小恶魔在引导我；他住在我灵魂深处，无处不在，无论清醒还是在梦中，我都看不清他的脸，但他驱使着我去写作，我停不下来。"这是安徒生在 1826 年创作的一首诗，后来被收录在他的第一部诗集里作为开篇。他把自己不可遏制的创作冲动称为"小恶魔"，因为那是违反规定的叛逆行为，他偷偷摸摸，却也时常窃喜。"小恶魔"是一个无法无天的叛逆者，也是安徒生心中那压抑不住的创作天分："无论我如何改变都无法离开诗歌，尽管他们总是勒令我停止创作。"在这段写诗被禁止的求学时间，安徒生从未停止创作，就现在发现的，他在 19 世纪 20 年代创作的诗歌就有 50 多首，这些诗歌都是秘密创作的，被写在简单的纸上，用线缝成小册子，在小册子的第 14 页和最后一页画着斯拉格尔斯的美丽景色，看得出来，那时安徒生在斯拉格尔斯的记忆大多是美好愉悦的。他拿着自己的作品四处拜访，就像当初在哥本哈根一样，他希望找到赏识自己才华的人，特别是可以为他提供发表渠道的人，其中就包括曾经把他拒之门外的《西西兰岛报》编辑 H. 巴索姆。

至于安徒生的诗的内容，大多来源于生活，或是写给特定的人，或是描述特定的场合，或是自传。比如，那些诗中有写给米斯林就职的，有写给古特菲尔德丧礼的，有为亨尼伯格夫人的女儿写的，还有为伍尔夫准将的儿子写的。那些小诗虽然仍显稚嫩，但可以看出已经具备了韵律与节奏，语言也更加优美起来，这是安徒生经过学校学习及阅读之后在创作上的进步。另外，除此之外，安徒生还创作出一些自传性质的小诗。在这些小诗中，他将自己塑造为一个天分出众的浪漫诗人，他出身贫寒，为梦想执着奋战，整个故事一如他曾经为哥本哈根上层人讲述的一样博人同情。他还隐隐地提到米斯林对他的态度："有个我尊敬的人说过，我愚蠢且糊涂，脑子里充满空想。"在另一首写给亨尼伯格夫人女儿的诗中，安徒生写道："带着风暴而来，波利阿斯登上斯约伦德，在这片空旷的大地上，稻草人孤单守望。"这个遗世而独立的"稻草人"指的是安徒生，这与他始终惯常描写的自我形象不同，诗中的他是孤独的、悲伤的，成长让他无法永远保持孩童心态，他正在经历着年轻人的烦恼，我们可以将此看作安徒生日趋成熟的表现。

以上提及的诗作均创作于1822年到1825年之间，即安徒生仍在斯拉格尔斯的日子。这个时期他的创作才能虽较以往的"大杂烩"有了些许进步，但与他成熟期的作品相比仍显稚嫩。毕竟他还年轻，还处在热情而盲目的摸索阶段，不知不觉地融入许多他人智慧，模仿着所谓"伟大诗歌"的部分。但不可否认的是，他已经在成长。成长是一个漫长的过程，尤其在他搬到赫尔辛格之后，他的生活及心态发生改变，诗歌成长过程也变得漫长而艰难。求学的5年，安徒生所有的创作都是秘密进行的，他表面上要完成作为学生应该做的一切，比如上课、做作业，而暗地里要继续他所热衷的创作。他一而再再而三的违反皇家基金会的要求，将诗读给别人听，并想尽一切办法将它们发表，让更多的人看到，在他看来，诗歌是自由的，是超越身份与阶级的，需要更大范围进行传播才能真正发挥其功能的，那是一片无国界之分的"精神圣地"。他后来的作品《诗歌》对这片"精神圣地"进行了描写，

其中论及许多贯穿安徒生创作始终的创作理念，如他认为童话源
于生活："诗是一块美丽的国土，置身其中我们可以漫步云端，栖
身花海，聆听音乐之声，徜徉于海滨……即使世界覆灭，这块土
地将永存，它就是诗，就是光明之国。在诗歌的"光明之国"里，
安徒生是主角，他决定世界的样子，这个世界充满一切美好的东
西，自由、光明、鸟语花香，虽然这个世界并不是真的存在，而
且并非每个人都能看到，但无疑安徒生正试着用诗歌传达他对美
好的定义。

　　1826 年到 1827 年，安徒生正在赫尔辛格经历地狱般的日子，
他同米斯林之间的关系变得如履薄冰。在到赫尔辛格之前，安徒生
收到霍格－古尔德伯格的一封信，信中反驳了安徒生"诗人或者
庸人"的说法，他说道，他永远不会说这种话，安徒生应该多放心
思在功课上，尽快纠正自己的错误，以后写信要摆个字典在手边。
伍尔夫夫人也警告过安徒生："你是学生，就应该做学生的事，你
应当尽快完成学业，不要过早做梦。你不妨想想，政府及他人对你
的资助，你不会是第一个，也不会是最后一个，谦虚一些吧，学会
感恩，不要以为你真的有多出类拔萃。"安徒生的好友、同学也对
他发出类似的劝告，比如，在 1827 年，安徒生收到斯拉格尔斯的
老朋友詹斯·赫维德的一封信，信中建议安徒生要找到"生活的中
心道路"，而不要让自己的梦想走上岔路，但这些劝告并没有发挥
多大作用，安徒生依旧我行我素，继续他秘密的写作。

　　直到 1826 年到 1827 年秋天，安徒生做了一件可以天翻地覆
的事，他公开了自己对诗歌创作的冲动和以往创作的诗，这件事
若让米斯林得知，学校一定会发生一场风暴，若让资助人知道，
他或许将被皇家基金会踢出学校。他在拿前途作豪赌，赌自己的

确有征服他人的才华。

1826 年，初到赫尔辛格，安徒生创作了《垂死的孩子》，这与他当时的心境颇为相似。1827 年 9 月，这首诗以丹麦文和德文两个版本同时刊登在《哥本哈根邮报》上，作者署名"H——"。整首诗简练、自然，节奏轻缓，结构清晰，开创性地描述了一个垂死的儿童的世界，以孩子的口吻向母亲倾诉临死时的世界，打破了当时存在的所有优秀文学作品的评价标准，在此之前，从来没有人在文学世界里关注过儿童，因此安徒生的这首诗堪称划时代之作，这也是他走向成名之路的重要一步。

"妈妈，我好累好困啊，多想在您怀里安眠。答应我，不要为我落泪，我似乎能感觉到您的泪水淌过我的脸颊。这里雨雪纷纷冷若冰窖，但梦境却美轮美奂。我闭上双眼，仿佛看到天使降临。您也看到了吗，我的妈妈？您也听到了吗，这里仙乐飘飘。上帝赐予天使美丽的翅膀和纯洁的白羽，它撒落的五彩花瓣在我眼前飘落。我也曾像它一样吗，还是要我死后才能变成天使？妈妈，您为何握紧了我的手，与我紧紧相贴？您的脸颊很温暖，却湿润了，您是否哭了？不要这样吧，我的妈妈，我永远是您的孩子，您若难过，我会流泪。我只是累了，困了。您看，天使的吻正落在我的脸上。"在弥留之际，孩子看到通往天国的大门，这或许仅是幻象，但可以知道这个孩子的母亲有着虔诚的信仰，她可能曾经向孩子描绘过天国是什么样子。孩子的叙述决定着整首诗的进程，他天真可爱，充满好奇心和想象力，在他的世界死亡并不悲伤，而是可以通往美丽天国。"我也曾有过翅膀吗？"这是一个孩子充满想象力的精神寄托，在垂死边缘，他的天真话语让人不禁心痛落泪，他甚至还试图安慰自己的母亲，"您若流泪，我会哭泣"。

与以往所有的文学作品相比,《垂死的孩子》讲述的不是成人思想,而是通过一个孩子的视角表达对待死亡的态度,在这里,死亡不是可怕的生命终结,而是被情感包围的自然感知。以前,孩子在文学作品中只是陪衬,大多沉默无语,如今,在安徒生的作品中孩子成为主角,成为说话的主体,成为一个"独特的人"。这种孩子观点不是安徒生偶然为之,而是有意识的行为,从安徒生遗留的手稿中可以看到,他经过一番慎重的思考,他最初的设计是以母亲的口吻开头,但后来放弃了,1827 年离开赫尔辛格后,他打算完完全全以天真的孩子的口吻展开叙述。"天真"在浪漫主义盛行的年代是一个美丽的词语,使这首诗充满了魅力,令人印象深刻,对作者充满好奇。这或许也是赫尔辛格瑞典领事馆秘书鲁道夫·施利答应帮安徒生把诗译作德文的原因之一。

1827 年 9 月 15 日,《哥本哈根邮报》头版同时刊登了这首诗的丹麦文版和德文版,这意味着安徒生的名字将传播到更多的地方,这是他走向世界的第一步。安徒生对自己的作品十分自信,他相信自己的想象力,也相信自己的诗必将征服所有人,可那时的他所创造的作品与全盛时期相比仍然有些差距,就当时人们的评价而言,有很多人为他独树一帜的作品而大呼天才,也有人对他不拘一格的创作风格争论不休,荣誉与质疑、赞扬与批评就像两个亲密无间的朋友如影随形地出现在他的世界,但这一切不足以动摇他的决心,也不足以否决他的才华。

1827 年到 1832 年,他在哥本哈根继续他的梦想,摆脱了米斯林的折磨,重回到梦想成长的地方,安徒生重新开始制订自己的成名计划。

安徒生第一本诗集的名字就叫《诗集》，名字简单直接，就像安徒生本人一样，对梦想他执着而坦诚。这本收录了40首诗的诗集出版于1830年的1月，同安徒生以往出版的作品一样，这本诗集难免也有拼贴性的特点，既有高雅精致的一面，也有随意即兴的另一面。你会从诗里读到如花似锦的韵律、饱含深意又发人深省的隐喻，也一定看得出作者偶尔会突发奇想随性而作，安徒生自嘲自己的作品其实是"杂货拼盘"，不过这也成为他的独特之处。从他的作品题材里可以看出，自然、人物、个人经历、圣诞礼物，甚至是为某些特定场合而作的诗词都包罗在这本《诗集》里，可见生活始终是他不可或缺的创作之源。在这部作品里，轻松愉悦随处可见，这使得他性格中脆弱、忧郁的一面得到很好的修饰和隐藏，如"我强迫自己脸上挂着笑容，因为它可以驱散所有烦恼忧伤。请相信我，我们的赞扬会让他人在笑容中感受到什么是快乐！"如此随性而充满自由主义的作品，让人不禁想到或许这是他对那些信奉古典文学的老古董们的一次宣战，他的文法技巧或许生疏而随意，但他的情感总是趋向于直接、自然，这让人觉得特别而可爱，比如他最好的朋友月亮，借着向月亮倾诉的机会，他写道："我想用西班牙语来表达我对你的赞美，可惜我完全不会，何况我连丹麦语也知之甚少。我心沉寂。若你无法平静我的心，那就让我为你演奏维特第二曲吧。"在无所不能的大自然面前，文法修辞还那么重要吗？空有华丽外表而毫无感情充实的作品说到底只是自诩高雅的文人骚客自娱自乐的无聊卖弄，与读者无关，与情感无关，与文学本真也无关。

有些人认为诗歌并不如其他体裁那样高贵到足以体现一个作家的价值，但安徒生不以为然，他从不会让语言成为表达的束缚，演讲成为他新的挑战，面对面地征服观众成为他彰显才华的另一形式。对于从来不讲规矩的安徒生来说，边界意味着挑战，他认为只有不断超越眼前的边界，才能知道真正的边界所在。因此，他不断变换主题、风格，进行各种尝试，这正是因为如此，他的第一部诗集才如此的与众不同。几乎每一首诗里，他都恰如其分地融合了散文的语言特点，如《诗集》的最后一篇《旅伴》（原名为《幽灵》）。这种体裁上的融合并非偶然，随处可见的"语言流派上的变异"必然是他有意为之，这样的风格在他的第二部诗集《幻想与随笔》里也可看见。这两部诗集都用了浪漫主义题材，反映出彻底摆脱了米斯林的压制并且刚刚完成学业的安徒生在情感和思想上的宣泄，这宣泄自由而狂野，成为奔腾不息的潮水由心而发。

他的狂野之作不只《诗集》与《幻想与随笔》，还有第三部诗集《一年中的12个月》。浪漫是他的语言，也是他最热烈的情怀，在他前期的这三部作品里，风格、题材与体裁都成为他信手拈来的符号，目的则是最自由的情感表达。但这样的融合并非被每一个人喜爱，总有人对这位天才保持怀疑，但他的才华毋庸置疑确实令人叹服。例如，在一首暴政之源的诗里，数学成为他的新宠，数学符号进入语言，数学公式成为表达。在他笔下，诗歌不止一种形态，格式、规矩会让它失去灵性，从此变得僵化，情感也不拘于一种表达，一针见血或娓娓道来，真性情才是标准。从这三部诗作里可以读到一个看似狂野随性，实则内心纯净、情真意切的诗人，这些作品全部写成于他最单纯的年纪，"当这个年轻诗人用激情和血性追寻诗歌的灵魂时，他的创作无不璀璨夺目，诗句震撼心灵，这种力量，在文学史上几乎前无古人后无来者"。

另外，在安徒生的作品中还有一个不可忽视的题材就是繁华都市。钢筋水泥背后也有美丽闪现，只是道德沦丧、人心不古让它愈发贫瘠。安徒生深知其中妙义，在自己的诗歌中描绘了大量的都市生活，只言片语，流光溢彩，他着力绘制的不是光亮照不到的阴影，而是繁华都市里的车水马龙、千姿百态。如他在《诗集》中所写："啊，生活，你是多么的异彩纷呈！重逢和离别一幕幕重演。在摩肩接踵之间，磨坏的不仅是皮靴，还有我们的生命，摇摆不定的不仅是裙摆，还有女人、涂满油彩的脸，以及同样不见本色的心。"置身于繁华都市，安徒生没有被乱花迷眼，灯红酒绿的花花世界背后有一个理想国度，那才是他的追求："有一种悸动深至骨髓。我内心升腾起奇异的感觉，如紫罗兰色的丝绸、白色的云朵、美丽的沙滩，以及穿膛而过的疼痛。唯有此刻，我才意识到，你是诗人，周身开满诗歌的花，你冲进报社，开启一段年轻人的快乐之旅。多么妙不可言的际遇。"

在安徒生的诗集中还有另外一种情感的表达——感恩。在1830年的《诗集》中，安徒生向乔纳斯·科林表达了强烈的感激之情，那时他已不再是流浪在哥本哈根街头的落魄少年，更多的人将他看作科林的儿子。在1831年的《幻想与随笔》中，安徒生表达了对 H.C. 奥斯特的感激之情，因为他给了他真诚的鼓励和教诲。而1832年，安徒生在《一年中的12个月》中为国王腓特烈六世写下一首充满诚意的诗："虽然我默默无闻且一文不名，但我心中燃烧着诗的火焰……是它把我带到丹麦国王的面前，这让我感觉自己就像站在父亲面前，勇气满溢。诗歌还为我插上了翅膀，让我把心灵之歌唱给我的慈父；当我跪伏在您脚下，我看到的不是王冠，而是爱。"

安徒生的诗对于当时大多数丹麦的文学批评家而言的确有些不同寻常，但不可否认的是他的才华的确出众，而且颇受读者喜爱，因此批评家对他的作品也给予了足够的重视，比如，克里斯蒂安·莫尔贝奇。对于安徒生的第一部诗集，他评论道，这位年轻人的确有着惊世骇俗的才华，但他的作品在格调上稍显杂乱和短浅，而且对传统缺乏尊重。大量低级的语法和拼写错误成为诗集的缺点。基本上，这样的评价还算中肯。接连三本诗集的出版，让安徒生的作品开始为人熟知，名声与荣誉都处于累加状态。

做我的家人

　　家庭的温暖一直是安徒生可望而不可即的东西，尤其是在1822年到1827年这几年时间里，他在作品中不止一次写道他梦想着自己有个家，被庇护在羽翼之下，温暖而踏实。回到哥本哈根以后，他时常出现在科林家，他把自己想象成那个大家庭中的一员，祈望兄弟之情的相依相靠。看到这里，不禁疑问，安徒生的家呢，他的母亲呢？事实上，安徒生回到哥本哈根的那几年，他的母亲缠绵病榻已久，1833年在欧登塞黑暗破陋的老房子里孤独死去，在此5年之前，安徒生已经把自己看作孤儿，因此对大家庭的渴望更甚。他曾经写道："如果我被世界遗忘，如果亲人远去，我无家可归，亦将失去引导，那时会举步维艰……心怀赤诚，追随着神的使者的脚步；我们成为一个大家庭，像亲兄弟一样快乐的生活。"在这段话中他没有提到欧登塞和他的母亲，已经完全将自己定义为一个孤苦伶仃的人，他渴望进入大家庭，从而摆脱成为彻头彻尾孤独者的命运。

　　在安徒生心中，乔纳斯·科林完全符合他想象的大家长的样子。他优雅高贵，在上层圈子里颇有威信，有一个完美的家庭，父慈子孝，家庭和睦，事业顺利，他拥有足够的情商和智商帮他协调好生活的每一个方面。对安徒生，他如同老师一般，要求安徒生在思想、人格上的塑造和进步，他虽然更倾向于一种脚踏实地的教育方式，但他也注意到了安徒生与众不同的才华和秉性，因此更多时候他愿意给予安徒生比较自由的发展空间，只要他不太出格。安徒生在科林那里找到了父亲般的感觉，他慈祥温柔，但又那么强大，在家庭之中是绝对的领导，这让安徒生有了被庇护、被温暖的感觉。

科林出生于 1776 年，正值启蒙运动时期。他天资聪颖，19岁就拿到法学学士学位，后来进入父亲经营的彩票公司工作，同时在大学兼职授课，课程内容涉及哲学、数学、植物学、天文、物理等。他深受启蒙时代的影响，深深地烙刻下那个时代的印记，因此他的第一篇文章名为《向农民传播知识的一种方法》，主张向农民普及基础教育，传播文化知识，并在 1794 年将其发表于报纸《丹麦观众》。1800 年之后，他又写下几篇有影响力的文章，涉及具体法律问题，也包含对道德伦理的思考。那时，他已经成为一名有名气的翻译家和作家，并且加入了"德莱叶俱乐部"，结交了奥斯特兄弟、J.P. 敏斯特、亚当·奥伦施拉格、亨里奇·斯蒂芬斯、克努德·林恩·拉贝克等名人。他处事圆滑而不世故，在1800 年到 1850 年这段时间里，作为官员、社会活动家，以及农民、商人、作家等社会团体的代言人，他在许多方面都成绩不俗，能力突出。他游走奔跑于各个阶层进行思想传播的社会活动，掀起一股改革之风。科林深知一个人能力有限，因此他凡事注重方法，希望以最有效的方式找到问题根源。1802 年，27 岁的科林被任命为皇家基金会的秘书，30 年后，他将职位交给了儿子爱德华·科林。1820 年代到 1840 年代，科林兼任皇家剧院的财务经理，对哪一部戏剧可以登上剧院舞台具有重要的投票权。年纪轻轻就已经身居要位，这让他有很多机会与各种艺术家、作家结识，这些人创造了丹麦盛极一时并且影响深远的黄金时代，是整个丹麦文学与艺术发展最具代表性的人物，其中就包括安徒生。

与此同时，对安徒生而言还有另外一个慈父一般的存在——H.C. 奥斯特。与科林不同，他更注重安徒生自然纯真的一面，他鼓励安徒生发挥浪漫的天性，因此他给予了安徒生最多的鼓励和尊重。可安徒生需要的不只是一个慈父，还要有一个严父，能够在他被称赞声和创作的激情淹没时及时地拉他一把，让过度的热血冷静下来，科林就是这样一个存在。尤其在安徒生成名以后，科林总是含蓄指点他反思自我，以更客观冷静的头脑面对自己与名利，这对当时的安徒生来说，比任何称赞都来的受用。同时，他还给了安徒生新的启发，在创作上他以各种隐藏和含蓄的方式描绘了科林一家，比如，"大家之家"。敏感而疯狂的安徒生需要的不仅是一个保护者，更是一个权威者，因此奥斯特与科林对他而言都是弥足珍贵的。

19 世纪 30 年代早期，安徒生还依靠于科林家的帮助，表达自己对这个家庭的向往与感激是他认为自己必须要做的事。每年科林生日时，安徒生都会为他写一首赞歌，所有亲戚围坐在科林身边献上生日礼物，安徒生与他的孩子们一起为他朗诵诗歌，这个习惯延续了近 30 年。除此之外，科林还经常收到汇报和表彰证书，这些都来自于外界对安徒生的肯定与称赞，无论是在丹麦还是在国外，安徒生的名气都与日俱增。

1845 年的冬天，身在德国的安徒生给乔纳斯·科林写了一封信："即便我远在千里之外，但想到您看这封信时，我仍觉得离您很近……每当我获得称赞时就会想起您。如今，我已经在国外得到大家的欣赏和认可，并且有了名气。也许，你也在为我开心。那些皇家贵族、艺术家都对我十分尊敬，甚至鞍前马后，但丹麦人却对我熟视无睹。但我相信，如果他们知道我受到这么多外国人的欢迎一定会为我高兴的，但他们还没有看到我作品的所有优点。他们所钟爱的海博格作品被翻译到国外后一直无人问津，可见在这一点上，丹麦人是缺乏判断力的。可您一定明白，我敬爱的父亲，您爱我、护我，视我如亲子，定然也会明白我的作品，相信我，我从未让你失望。"

从这封信里，我们可以看到两个事实，一是当时安徒生确实声名鹊起，可按他的说法，他的作品被更多的德国人认可，而丹麦人则不然，这多少有点"墙内开花墙外香"的意思。二是他对科林充满感激与尊重，同时也非常希望得到这位"父亲"的认可，无论是在家庭成员身份上，还是在他的才华上。可大多时候，当安徒生为各种赞誉或嘉奖而喜悦甚至得意时，科林总会适时地以简短的赞许为回复，他的称赞也是淡淡的："看到你因成就而快乐，我很欣慰。但是对于我来说，这些称赞就像糖果一样，甜蜜却对精神无益。"显然，科林总是审慎且冷静的，他同样也是这样教育安徒生的，过度的喜悦会冲昏头脑，这对于一个作家来说，在创作上算不得是一件好事，因此适时地为他泼一盆冷水是十分必要的。这一点，相信安徒生自己也是赞同的，对于科林如父如师的尊重或多或少正是源于科林的鞭策。但平心而论，虽然安徒生从来毫不掩饰地表达对科林一家的敬重，可表现在行动上则是关系的巩固与扩展。安徒生一直想要搬进科林家，仿佛这是真正成为其家庭一员的标志，但在接到邀请之前是无法成行的，因此，安徒生在刚刚返回哥本哈根时聪明地选择了住在离科林家最近的布莱德加德和斯特兰德斯特拉德之间。在米斯林同安徒生的师生关系的处理上，科林第一次站到台前，以前米斯林受他委托代他管教安徒生，如今他站出来，带安徒生离开米斯林的学校，并承担起为他安排学校、谋求幸福的责任。这正是安徒生梦寐以求的。当他回到哥本哈根时，他为自己制订了计划，一是完成学业，然后尽可能多地发表自己的作品，同时与科林一家建立良好的关系，尤其是科林的儿子爱德华·科林，他在1827年到1828年之间主要负责安徒生的教育问题，在日后，他也将是乔纳斯·科林的最重要的接班人。

而在1827年到1828年这段时间，带给安徒生影响最大的其实是乔纳斯·科林为他请的家庭教师，年轻的路德维格·克里斯蒂安·穆勒。他有一个可爱的绰号——希伯来人穆勒，这主要是因为他对东方语言与文化的了解，同时，他有坚定的宗教信仰，诚实而可靠。他与安徒生年龄相当，相处起来更像是朋友、学习伙伴，而不是老师和学生。每周安徒生都会见这位亦师亦友的伙伴。穆勒会为安徒生的文章做批注，虽然偶尔会出现一些类似"哭去吧"、"胡说八道"的评语，但与米斯林比起来，已经温和许多了。穆勒是一个温和亲切且风趣幽默的人，完全不会像米斯林那样刻薄尖酸，他对安徒生的引导是比较明智的，将他从天马行空的白日梦中拉回现实世界，告诉他如何冷静客观的看待自己和世界，这基本上与乔纳斯·科林的意志一致。安徒生始终是情绪化的，他常常陷在自己创作的故事里无法自拔，此时，万分需要一个理智的人将他拯救出来，很多时候，穆勒就扮演了一个这样的角色。有一次，安徒生在文章中习惯性地陷入伤春悲秋的感伤之中，开篇就极言春光不在的悲伤，穆勒用幽默又有力的评语做了批注："那么我们就有好吃的了！"幽默不等于取笑，两人时常热烈讨论。宗教、人性，甚至是各种道德问题都可以成为主题，每当这时，穆勒就会变得严肃而认真，安徒生也会认真地听，并把有用的记录下来。总体来说，穆勒与安徒生两个人的相处是十分融洽的，安徒生对这个几乎与他同岁的年轻教师十分尊重，这一点，在他的《我的童话人生》里有很好的表述："我自由地做自己，而我的老师—— 一个高贵、亲切、热爱文字的人，时常为我担心。我们常常因为一些事情争论不休，但心灵却是相通的。他内心纯净又才华横溢，我们有很多共同点，因此跟他在一起我常常能学到很多东西。"显然，安徒生在穆勒身上找到了共同点，这些共同点让他兴奋且庆幸，这样的人成为他的朋友、他的老师，对他是多么幸运的事。穆勒也同样感受到了这种莫名的契合，他时常能从安徒生身上得到新的启发，对这个年少轻狂的学生他显示出同等的尊重，这在两个人的关系中是十分重要的。在1828年结业考试之后，他为安徒生写了毕业证书上的推荐语，他写道："在作为他老师的这段时间里，他的行为、人品，以及勤奋都令人称赞。你会因为他可爱的性格喜欢他；但他时常陷入空虚。他有非凡的记忆力、理解力和想象力，但还没有学会如何控制它们，因此我担心他将来会误入歧途。"

诚如他在推荐语中所说，有时候安徒生那无所顾忌的想象力确实具备难以想象的杀伤力，他同乔纳斯·科林的意见一致，认为安徒生需要正确有力的引导。在这方面，他确实做到了。他甚至了解安徒生是一个什么样的人，简单的劝说对他绝对起不了任何作用，甚至有时语言失当还会适得其反，因此他要了些小聪明，给安徒生设了一个无伤大雅的小陷阱。那时，安徒生刚刚摆脱米斯林的各种不许和禁止，正疯狂地抓住一切机会朗读自己的诗歌，无论是在科林家的晚宴上，还是在穆勒的课上。且不论他的诗写得如何，但是这样近乎疯狂地行为已经造成周围人的困扰，何况如此痴迷于创作对他的学业很可能有负面影响，这是科林与穆勒都不愿意看到的。于是，穆勒给安徒生讲了一个俄罗斯的小故事，故事里的作家同现实中的安徒生一样总是在别人面前朗读自己的作品，无休无止，"最后，所有的读者都离他而去。当他再有新作时，却只能一个人孤独的呐喊：'要是有人听我读自己的作品就好了，就算是魔鬼也没关系！'话音没落，魔鬼真的出现了，告诉作家，他可以在7年里听他朗诵，但作家需交出自己的灵魂作为交换。作家答应了，开始无节制地朗读自己的作品。最后，魔鬼也无法忍受，想要夺门而去，却被作家拦下了，魔鬼想从烟囱爬出去，却被作家抓住了尾巴，最后，魔鬼切断尾巴，从烟囱逃走了。"听到这里，安徒生突然羞愧地说："我就是你说的那个作家吧。"米斯林的严厉打压和文法学校的规矩让安徒生压抑太久，因此他一得自由便不可抑制地追求独立，有时这样的追求有些无所顾忌，因此，他十分需要一个像穆勒这样的角色，能够帮助他合理调动自己的智慧。爱德华·科林在自己的书中谈到安徒生时说道，对自由如饥似渴的安徒生之所以能对自己的智慧运用自如，主要归功于穆勒的不懈努力。最后，安徒生顺利地完成自己的学业，并以不错的成绩通过考试。

与浪漫主义邂逅

1828 年，安徒生开始创作自己的第一本小说——《1828—1829 年从霍尔门运河到阿迈厄岛东端的徒步旅行》(简称《徒步旅行》)，这本书的灵感来自于安徒生去克里斯钦港拜访穆勒时要经过的那条小路。那时期末考试将近，他一边准备考试，一边在文加德斯特拉德的阁楼里写书。1828 年 10 月，他成为皇家卫队的一名新兵，穿着从二手货商人那里买来的破破旧旧又不太合身的军服，戴着又高又硬的军帽，骄傲地行走于奥斯特盖德大街。因此，《徒步旅行》这本书基本上依据他的个人故事而写，既有一个作家被夹在梦想和学校教育之间的挣扎和成长，也有一个士兵在军营的生活点滴。故事发生于 1829 年除夕夜，距离新年还有几个小时，主人公突然出现，认为自己应该成为一个作家，于是他开始一段寻求处女作素材的旅程。他穿过哥本哈根市，来到会背诵《哈姆雷特》的尼古拉教堂塔楼，戴上魔镜，穿上七里格靴，遇到说拉丁语的巨人，穿过克里斯钦港大桥，最后来到阿迈厄岛。旅程的终点是地狱，地狱之中到处都是校长。这是一个荒诞离奇的故事，时而惊心，时而滑稽，这样的风格在当时并不多见，它体现的是一个年轻作家深不可测的创作潜力，以及无穷无尽的勇气，他无拘无束，放任"诗歌恶魔"纵情驰骋，也那样无所畏惧，任何体裁、格式在他笔端体现、融合，最后变得鲜活。这部作品在当时广为流传，却并未受到太多评论家的欣赏，他们以"儿童病"来评价此书，认为它不过就是一本猎奇有余而真实不足的玩偶之作，确实，这本书读起来十分拗口，且到处都是引用与手法不甚高明的模仿，但是当你耐心将它读完，你会发现这本书的可贵之处。

全书共有 14 章，前 13 章是正文部分，第 14 章只有一些感叹号和破折号。看似不是结尾的结尾正是作者的深意所在，把无尽的想象空间留给读者。在第 13 章中，主人公站在阿迈厄岛东岸的水里，准备乘船去萨尔霍姆岛，被一个扮成人鱼的评论家抓住，"魔镜掉入大海，被人鱼带走。我独自站在岸边，不知所措。突然，我觉得自己根本不配给这本书一个完美结局。"主人公以为这样就是结束了，却被评论家的话惊醒："你已经给了它一个完美的名字——《到阿迈厄岛东端的徒步之旅》。"这就是第 14 章的目的所在，当读者回看，他的想法和感受就是最后的结局，若读者始终不甚理解，那么主人公就会说："这最后的一章算是我欠您的，如果可以，非常欢迎您能赏光来我家听我把结局讲给您听。每天 8 点到 9 点我都在家，如果女士到访，我随时恭候！"这样的结局实在出人意料，从内容上看，这本小说写得是一个作家的成长故事，属于教育小说类型，却与典型的教育小说不同，他没有俗套的完美结局，而是巧妙的留白，这对那些中规中矩又追求美好结局的小说创作模式无疑是一种挑战。丹麦批评家乔治·布兰迪斯也曾对此进行抨击，他对整个 19 世纪的丹麦文学几乎都持批判态度，虽然安徒生的这部作品已经跳出传统教育小说的模式，但仍没有被他看好。因为，这本小说并不是安徒生鬼马天才的想象力的充分发挥，也没有继承前几部作品的肆无忌惮，这多少让人有点失望。但是，值得注意的一点是，这部作品中所具有的"勇气"。所谓"勇气"，是布兰迪斯一直追求的境界："作家应当毫无畏惧地表达其独特艺术思想。"

这本小说全名为《1828—1829 年从霍尔门运河到阿迈厄岛东端的徒步之旅》，从字面上看，它的时间跨度应当有两年，可实际上，作者只写了 1828 年除夕夜到 1829 年新年第一天之间 5 到 6 个小时之间的事。显然，这本书有些名不副实，这个恶作剧式的题目恰恰是作者浪漫主义的体现。在书的开头，主人公为了寻找创作素材前往阿迈厄岛，途径大海，要过海就必须先过桥，那么他就要做一个决定，到底走哪座桥。在他面前，有两个选择，一是人们常走的、平坦安全的科尼珀尔斯伯罗桥，二是非常有创意的波西米亚人建造的兰奇伯罗桥。一个代表理智，一个代表情感，两者之间的选择是安徒生当时所面临的必然选择。女神赫洛伊斯站在科尼珀尔斯伯罗桥上召唤他，但他还是选择了前途未卜的兰奇伯罗桥，坦途人生非他所求，充满刺激与未知的探险之旅才是他的追求。在这里，浪漫主义再次得以体现。

在《徒步之旅》中，主人公将教育称作"加入浪漫主义俱乐部的考试"。小说集中许多观点、格式、引用等，其意图在于向读者说明，这个作者已经按照浪漫主义的标准反思自己的灵魂，确立自己的梦想，发挥自由的想象力，为未来的作家之路做好了准备，在阿迈厄岛上，他受到洗礼，意识到追求自由与艺术价值的必要。在整本书中，阿迈厄岛是一个充满神奇力量的舞台，在这里有无数拥有魔力的幽灵、巨人和灵兽，它们看似都毫无关系，却都与作者本人的人格相关。通过这些文字，你会发现作者的孩童本性，他以玩笑式的口吻叙述故事，俨然一个不知愁的少年。另外，他同书中主人公一样喜欢用夸张的装扮掩饰自己的虚弱与忧郁，整本小说就像是当时教育制度的镜像，从中可见安徒生生活在一个如何混乱又充满矛盾的环境中，一个年纪轻轻又出身低微的年轻作家初登文坛面临着梦想与现实的矛盾困境，不成功便成仁的决心带给他莫大的压迫感，也激发了他必胜的决心，从书中也可看出安徒生性格中的黑暗面，自大与自卑同在，且空虚与忧郁共存。但总体来说，安徒生在这本书中塑造的是一个积极向前不畏艰险的角色，字里行间渗透了他的年少轻狂，但与以往不同的是，这部作品不再是一挥而就的草率之作，而是经过一番思索和设计创作的作品，他企图以一种与众不同的姿态出现在世人面前，因此他的作品也难免受到他那极度空虚与目空一切的性格影响成为文学界的异端分子。在《徒步之旅》中，有这样一段话："这是我的第一步，人们会因此认识我，赞赏也好，鄙夷也罢，毕竟他们认识了我。"

的确如他所愿，1828 年到 1830 年这段时间，安徒生的名气不断提升，1829 年到 1830 年，《徒步之旅》在丹麦广为流传。在《徒步之旅》中，有一段老狐狸与小狐狸之间的对话，小狐狸准备外出追寻自己的未来，老狐狸忠告说："对于你即将进入的圈子，我只想说一句，永远不要把注意力放在那些叽叽喳喳的小鸟身上，只有那些看着漂亮却没什么头脑的才会把巢筑在高处。"这也是他个人遵循的信念，他靠着《徒步之旅》获得一些地位，也想方设法让自己的羽毛被人赏识，可这些羽毛仅是身外之物，而且本身并不属于他。这部小说确实为他收获了更多的读者与观众，但同时也带来了评论家的不满，因为这部作品中不可忽视的狂妄自大的成分，以及他字里行间对那些评论家的嘲讽与批评，比如，第8章和第9章中的"诗庙"，那本应是神圣清净之地，却遍布青蛙与寄生虫，"这些畜生告诉我，它们是最无知的评论家。"

23岁的安徒生第一次创作小说，这本小说荒诞而极尽嘲讽地嘲笑了那些自以为是的评论家，以及将他们奉为圭臬的追捧者，他追求自由，且不拘一格，在文学的世界里畅快而行，有着所向披靡的勇气和不畏批评的决心，他不是简单地屈服于自己内心的"恶魔"，而是利用它、驱使它，帮助自己实现梦想。虽然《徒步之旅》看起来飘忽不定且找不到一个清晰的落脚点，而且有些卖弄，但通读全书，你一定可以发现它的独特之处。诚如B.S.英吉曼在1828年的一封信中所说："如果不看完，你根本就无法对它做出正确判断。"

1829年4月底，安徒生完成了自己的第一步戏剧作品——《尼古拉塔楼上的爱情——戏院的顶层观众说什么》。这部作品从观众的反应来看取得空前的成功，演出之日，皇家剧院的人流量大增、骚动不断，甚至需要卫兵把守入口以维持廉价座位区的秩序。而顶楼座位区除了雅座，还有专门留给大臣、官员的座位，也有留给商人、工匠、学生、作家和其他对艺术略知一二的市民的长座椅。鼓掌欢呼是大多数顶楼座位观众表达自己喜爱之情最直接的方式。一部戏剧是否受到喜爱，从这些观众的反应就可以直接看出。安徒生作品的第一次亮相，观众的反应如何呢？应该说，安徒生是十分聪明的，在此之前他就已经做足功课——为许多学生和士兵在顶楼预留座位，可想而知这些观众是如何的情绪高涨、欢呼不断。第一次受到如此鼓舞，安徒生兴奋不已，情不自禁泪流满面，他跑出剧院，穿过新国王广场，去到科林家，科林夫人看到安徒生以为他的作品失败了，忙安慰道："连奥伦施拉格都被观众嫌弃过，一次失败又算什么呢？"安徒生抽噎着答道："对呀，可他们并没有喝倒彩，而是一直鼓掌，欢呼万岁啊！"

事实上，安徒生的这部作品确实是出色的。他受到路德维格·蒂克的《穿靴子的猫》的启发，花了一个星期的时间完成这部作品。单从剧名"尼古拉塔楼上的爱情"就可看出这是一部爱情剧，故事发生在哥本哈根，女主人公埃伦正等着她的爱人索伦·平德——一个还在海上漂泊归期未定的裁缝。圣彼得教堂的巡夜人珀·汉森突然向埃伦求婚，埃伦受到前所未有的压力，正当她动摇意志打算屈从时，平德回来了。他们的爱情瞬间升温，打算一起逃出哥本哈根，去阿迈厄岛。埃伦的父亲和珀·汉森一起赶到阿迈厄岛，强行带走埃伦，命她在尼古拉教堂与汉森结婚，无数的好言相劝让埃伦的父亲改变了想法，但他仍然无法抉择，于是向各位观众征求意见，若是观众同意埃伦与平德的爱情开花结果就报以最热烈的掌声和欢呼声，若是反对他们的爱情就发出嘘声。可想而知，这样巧妙的结尾设计调动了观众的热情和参与感，这部剧获得无数掌声与赞誉，毋庸置疑，这样的成功既属于埃伦与平德的爱情，也属于安徒生。

而批评家的反应就远不如观众这样积极。初次演出之后，一本杂志就刊登一篇评论指出，这部戏就是韦塞尔的《没有长袜的爱情》的精简版，作者在公演前进行了过分的炒作，而且这部剧琐碎且拖沓，不仅直白肤浅，还平淡无味。海博格也指出，安徒生的这部作品是对亚当·奥伦施拉格的《阿克西尔与瓦尔伯格》与《哈肯·扎尔》的模仿，并评论道，把自己人安插在顶楼观众中，显然是在耍小聪明。虽然《徒步之旅》与《尼古拉塔楼上的爱情——戏院的顶层观众说什么》都体现了安徒生的浪漫主义情怀，但他的浪漫主义思想尚不成熟，尚未得其门而入，直到德国之旅之后，安徒生才开始领略到什么是真正的浪漫主义。

前文曾提及安徒生游玩到德累斯顿时与一个叫迈森的书迷的邂逅，那场邂逅就发生在这次德国之旅中。1831 年 5 月中旬，安徒生离开哥本哈根去到吕贝克，然后乘车四处游历，途径汉堡、布朗舒维格、哥斯纳、海利、莱比锡和德累斯顿。在汉堡，安徒生犯了牙痛，到了哈尔茨山，安徒生被那壮丽山河所倾倒，牙痛也被忘到脑后了。那是他第一次登临绝顶，第一次漫步云端，第一次认识到大自然的博大无垠。他在游记中写道："我站在山顶看到一个崭新的世界。"在哈尔茨山的行程为期 5 周，在此期间，安徒生来到了巴斯台附近的石林："群山伫立，线条笔直而粗犷，郁郁葱葱的黑杉渲染着浓墨重彩一般，万物都在灰蓝薄雾中朦朦胧胧而光怪陆离……俨然一幅精致画作。"这催生了安徒生的艺术观和自然观。旅行结束后的 3 个月，安徒生发表了旅行小说《影子》，描述了他与路德维格·蒂克在德累斯顿的会面，还有他看到拉斐尔的作品《西斯廷圣母》时的情景。这幅著名的画作挂在茨温格尔宫的走廊里，安徒生看到画里栩栩如生的圣母玛利亚时，深深地被那张孩子一般纯洁的脸庞打动，他长久地在画前伫立、瞻仰、膜拜，并在日记中写道，真正应该膜拜的不是画作本身，而是精神。这次德国之旅令安徒生受益无穷，但美中不足的是他并没能见到早年的偶像歌德，但这并不能算是一件了不得的事，因为他得到了很好的弥补，与路德维格·蒂克的见面愉快而充满意义，令他的灵感迸发，尤其是在创作出《影子》之后，安徒生觉得自己受到许多启发。

路德维格·蒂克是"浪漫主义之王"，是霍尔堡的书迷，也是B.S.英吉曼的好朋友。英吉曼在信中向安徒生详细介绍了自己这位了不得的朋友，80 岁的路德维格博学多才，作品涉及戏剧、小说、民间故事等，最著名的莫过于《仙女》，也正是这部作品，让安徒生熟知这位伟大的作家。在《影子》中，安徒生如此评价路德维格·蒂克："他是一位堪比歌德的浪漫主义大师。"

1831 年 6 月 5 日，是安徒生与路德维格·蒂克见面的日子。那时路德维格·蒂克已经白发苍苍、身材肥胖，由于常年受到风湿病的困扰，他面色苍白，且一个肩膀高，一个肩膀低，但这位老作家气质依旧很好，看起来温文尔雅，十分和蔼可亲。在《影子》里，安徒生写到，自己见到路德维格·蒂克之后，送给他一些自己的作品，包括《幻想与随笔》，"我把英吉曼的信和我的书交给他，他问我是不是《徒步之旅》的作者，当我回答是后，他热情地说，欢迎你来德国，之后，他还说英吉曼也是他非常喜欢的作家。"从这段叙述里可以得知，安徒生和他的作品已经被路德维格·蒂克所熟知，但这似乎并不符合实际状况，这又是安徒生耍的一个小聪明。其实，他早在 1 年多以前就给路德维格·蒂克寄了一封信和自己的作品《徒步之旅》，信中说道："很遗憾，一直以来还没有机会亲自拜访您，但我还是希望您能看看我第一部作品……或许您并不了解我，请允许我做个简单的介绍，尽管跟您比我只是个初出茅庐的年轻人，但我并不是毫无经验……如今，我已经毕业，在新年发表了我的第一部作品《阿迈厄岛徒步之旅》。这本书的受欢迎程度远远超出我的想象，几乎销售一空，现在，我在考虑再版问题。"

这似乎是安徒生精心策划的小计谋，先将自己的作品寄给国外艺术家，博得他们的赏识，而后在自己的传记、信件或其他作品中加以叙述，并想方设法让读者感到完全是那些艺术家自发地阅读了他的作品，并对他十分赏识。这对当时在丹麦评论家那里饱受诟病的安徒生而言，受到国外艺术家的认可是提升身价、证明自身实力的好办法。同样的事情还发生在 1838 年安徒生写给朋友亨丽埃特·汉克的一封信中："昨天，我收到了一封陌生人的来信，他在信里说他非常欣赏我。我想我们会成为朋友，这封信来自乌普萨拉的阿特博姆。"阿特博姆是瑞典的浪漫主义作家，他同路德维格·蒂克一样，先收到安徒生的一封信，和安徒生邮寄过来的作品《阿格尼特和人鱼》。安徒生将自己收到阿特博姆的信的事写进游记里，以此来彰显他在国外的名气。

不得不说，安徒生的这些小计谋确实发挥了作用。路德维格·蒂克初次见到他时，对他十分友好，还把他介绍给其他客人。安徒生要在所有宾客面前朗读莎士比亚的作品《亨利四世》，而在此之前路德维格·蒂克已经为他做好了准备，这样在朗读时，他们两人就可以相互配合。路德维格·蒂克在朗诵时演绎了几个性格与声音各异的角色，安徒生深深地折服于他的表演才能，并将此记下，成为以后他游记的题材。6 月 10 日，安徒生与路德维格·蒂克告别，蒂克送给他一个热情的拥抱和一封信，信中写道："尽管你在千里之外，但却总能给我新的思想。我沿着诗歌之路，勇往直前，因为你的前进的脚步，我相信自己也会有一个光明前程。请不要将那些无聊的指责放在心上，不要让自己失了勇气！请代我问候亲爱的英吉曼，以及所有丹麦的朋友，希望在不久的将来，我们再次相见时，你还是那个积极向上、思维活跃的安徒生。"

爱上爱情

　　安徒生第一段真正意义上的恋爱发生于 1830 年 8 月，在法堡，他与那个女孩相遇，那时安徒生 25 岁，"对其他没有任何想法，更不用激情了。"在《影子》这部作品里，这个女人的影子时常出现，关于她的故事带给安徒生很多悲伤与痛苦，德国之旅或许也是一场遗忘之旅，安徒生想要通过游玩忘却这段关系的不愉快，结果却事与愿违，他始终被这段时时回荡在心间脑海的爱情折磨。但这并不全然是一件坏事，爱情的苦痛让他成长，促使他走进浪漫主义的大门，可以说爱情打开了他文学之路的另一扇门。

　　"在颠簸的海船上，我与我爱的女孩相依，何其醉人！她轻抚我的胸膛，我拥她在怀，她吻过我的唇、我的脸，炽热如火。小船在海浪中漂泊……后来，我们分开了——我看到她的泪，她的苦。摇摇晃晃，最后陪伴我的只有这只海船。天知道，她是否已经将我遗忘。如果是，那就太可怕了！"这首诗中提到的少女的原型是里伯格·沃伊格特，沃伊格特就是那段折磨人的关系里的女主角。她是菲英岛上一个有钱人家的女儿，也是安徒生高中同学的妹妹。安徒生在哥本哈根上学期间来这个小岛上进行夏季旅行，曾经拜访过这个家庭，他见到沃伊格特这个开朗活泼又充满女人味的姑娘，觉得她拥有天使一般的美丽容颜，而事实上，在大多数人看来，沃伊格特并没有安徒生描述的那么美，但她那善良、勇敢的个性实在令人着迷，这也是令安徒生倾心的原因之一。

安徒生着迷于沃伊格特的另一个原因是沃伊格特已经同他人订婚了，她将永不可能成为安徒生的女人。得不到的才是最好的，这样的思想存在于安徒生心中，所以他并不想破坏沃伊格特的婚姻，而是希望自己能够成为"他们中间的一员"。他给沃伊格特写了一封信，最后却收回，这封信多少有些口是心非，他所声称的爱与他的行为并不相符，事实上，这封信更像是他给这段关系下的一个定义，信中说道："如果你正爱着那个人，请原谅我的唐突！我由衷地希望你能快乐！忘掉我吧，忘掉这个拼命想把你遗忘却始终无法成功的我吧。"那时，安徒生正沉迷于海涅的诗歌，海涅的浪漫主义渗透到安徒生的笔端，在这封信里可见一斑。3个月后，安徒生写了一封告别信，信里他再次运用了海涅的浪漫主义，将自己塑造成一个被抛弃的人："我将永失快乐，永远！忘记我吧！不要再给我机会回头！你一定要幸福！这是最后一次为你写信，不要让悲伤流进字里行间，不要为我难过，里伯格！愿上帝保佑你！祝你幸福！"这段简短到只有三次相见和几封信的爱情结束了，安徒生从开始到结束都扮演着一个纯爱者，吻在他的诗中成为爱的表达，可没有经验的安徒生仅能用自己的语言去描述它，也正因如此，在《影子》中所有关于爱情场面的描写都几近相同。

《影子》林林总总穿插了近20首诗，到处都是安徒生与沃伊格特爱情的影子，这个影子有规律地反复出现，并未经过任何加工与拓展。从相遇到相恋，再到分手，甜蜜与痛苦都成为安徒生创作的灵感，丰富着他的情感和作品，如"我从一座城流浪到另一座城。唉，我多想忘记那朵花！我的心伤难以治愈，心愈伤，歌声愈嘹亮……"受到海涅的浪漫主义的影响，安徒生也企图让诗成为情感的决断者，唯有如此，诗歌才能真正具有撼动人心的力量，也唯有如此，才能成就浪漫主义。

1830 年，在遇到沃伊格特之前，安徒生曾写过一首诗《献给我的女读者》，诗中写到了作者迫切想要寻找的东西："我感到有些东西正离我而去——我可以说出它的名字吗？它不是什么珍宝，而是一个小女孩儿——上帝啊，他们是否正在嘲笑我，是否我将永失所爱，是否我将永远失去爱的勇气？什么，我还年轻？哈，天知道，我并不想妨碍了谁的纯洁，爱才是我想要的东西。所谓诗人，与年纪无关，若心有所爱定妙不可言！但也有人为爱而痛苦、叹息。哦，我一定并且马上要追寻吾爱。但我的心上人还未出现。如此，我要放弃所想吗？天晓得，我会因此而憔悴。但上帝啊，我一定要找到那个心上人，唯有如此，我的心才会安宁；跟一个小女孩比，我足够高大了吧！来吧！让我摆脱永失吾爱的恐惧；让爱带给我幸福。但她必须要懂得欣赏我的诗，否则，我最后仍将离她而去。"在寻找这个心上人的背后，隐藏的是安徒生对成熟的渴望，这种成熟不是单纯生理上的成熟，那时与安徒生同龄的人正经历着订婚、结婚，开始过着真正意义上的情感生活，而安徒生却还有着一颗孩子般的心，他仍无法正常地接近异性，即使是沃伊格特，在安徒生的诗中也是以一个纯洁的小女孩形象出现的。任何一个性成熟的女性在安徒生看来都是异类，与她们接触让他浑身不自在。

在安徒生的第一本回忆录《汉斯·克里斯蒂安·安徒生的自传：1805—1831》中，他提及自己"即使是我都无法解释的性格"，以及与异性之间不正常的关系，这是发自一个男孩心里的自白，坦言了他对女人的畏惧："我只喜欢和年纪小的女孩在一起；至今我仍对一个 8 岁的小女孩的吻念念不忘，她对我说，要做我的心上人。我非常开心……我总是厌恶 12 岁以上的女孩，甚至在面对她们时不自觉颤抖。我将所有我讨厌的事物称为'变态'。"

然而安徒生并不是对所有成年女性反感，他独独偏爱反感或远离性生活的成年女性，她们被安徒生统称为"妈妈"、"阿姨"或"姐妹"，塞恩·拉索、亨丽埃特·汉克、伍尔夫夫人、杰特·科林、马蒂尔德·奥斯特等都是这样的存在，她们身上都有着如同圣母一般的端庄与距离感。"姐妹"这个词对安徒生来说有两层含义，一是安徒生可以由此成为"姐妹"的"兄弟"，将自己顺理成章地放置在一段家庭关系里；二是精神层面的意思——可以彼此依靠、彼此信任、永不分离的存在。因此，"姐妹"为安徒生同女性之间拉起了一条不可轻易跨越的界线，使他的纯真得以保留，也正是这在成年男性中难得的纯真让他受到女性的青睐，以及男性的注意。这种"妈妈阿姨"、"姐妹兄弟"的关系帮助安徒生把女性放到一个与性无关的位置。即使是对他爱的里伯格·沃伊格特，他也不曾有过暧昧的幻想，在他心中，她如天使一般纯洁："她那善良美好的心包裹在薄纱缎带中，如天鹅一般，飘飘然落在地上。"

1831 年，安徒生对里伯格·沃伊格特的感情突然变得强烈起来，在《幻想与随笔》中，他直言自己爱的炽热与悲伤，这本书后来寄给了英吉曼，英吉曼很快做出回复，他建议安徒生把失恋的痛苦转化为创作的财富，还指出一个人若有坚定的意志、实际的目标就可以拥有一切。同年 1 月 18 日，在写给朋友的明信片上，安徒生写道："我不再是以前的那个我。生活中的每一件事都有了全新的意义。我虽可以看透万事万物，但却很难快乐……我的诗并不是空想，其最深处的东西是真实。我的灵魂依附于一个幽默、聪明、天真又独一无二的生命，索性她爱我，但她订婚了，而且婚礼就在下个月。"安徒生的朋友回信说："既然忘不掉就不要勉强自己，不如把对她的感情留在信中好好保存，因为它会是一笔财富，并不是谁都有幸得到……如果你能把感情升华，用理性去战胜情感，痛苦终会远离。"在这一点上，安徒生做得还算成功，在英吉曼与友人的督促下，他开始让自己学会如何去爱，如何去拒绝，通过写作，挖掘自己的内心世界，将悲伤变成文字，甚至转化为甜蜜："在爱情的海洋中徜徉、游历，痛苦悲伤并不可怕，对年轻人而言，真正的快乐是与真爱步入婚姻殿堂。"

1831 年 5 月，与沃伊格特分手之后，安徒生曾在一封信中如此描述他与沃伊格特的感情："她是最令我心动的女孩……她肯定是对我使用了魔法，否则我怎会如此为她神魂颠倒？"或许，安徒生在作品中叙述这段感情时或多或少地加入了戏剧化的成分，让读者相信他绝对的真诚与钟情，可另一方面，仅在离开丹麦 10 天之后，他就在日记中写道："里伯格、克里斯蒂安、爱德华和拉索夫人的影像总是在我脑海中挥之不去，太难得了，世上竟有这么多可爱之人！"显然，在安徒生心中，沃伊格特不是唯一，其他的追求目标已经出现。其实，当他还与沃伊格特在一起时，他就写信给英吉曼说过："我终于同她的兄长建立起了友情，他见多识广、善解人意，还有与朋友同甘共苦的担当。我想他一定很喜欢我们两个。"显然，由于他和沃伊格特的关系，他与克里斯蒂安的关系越来越好，这种妹妹、哥哥和安徒生的三角组合成为安徒生惯有的爱情模式，对路易丝·科林，他也是这样做的。

　　路易丝·科林是乔纳斯·科林两个女儿中最漂亮、最乖巧、最年轻的一个，她与那爱交际的姐姐不同，文静却又不失活泼，善良而正直，深受家人和朋友的喜爱。安徒生在小说《即兴诗人》里将她塑造成一个贞洁的修女形象，她拥有"妹妹般的灵魂"，像一个"友好的天使"温暖人心，安徒生渴望他在书里的描绘能够变成现实。1832 年到 1836 年间，安徒生一直与路易丝保持通信，信里他不止一次地说道，希望路易丝成为他的妹妹，"做我的妹妹吧，我对你的信任一直坚不可摧，请给予我无穷的勇气吧"，"请赐予我一个与众不同的东西—— 一个作为你兄长的身份，这是我的追求。做我的妹妹，为我点亮前途"。然而，这个"妹妹"指的并非传统意义上的妹妹，而是他在《即兴诗人》中塑造的那个给予男主人公无限依靠与慰藉的有着"妹妹般的灵魂"的修女。他与路易丝之间的通信看似只是简单的求爱，但实际却是他与爱德华·科林拉近关系，以及让他正式成为科林家一员的手段。如果他能够与路易丝结合，那么他与科林家将建立一段永远不可分割的联系。于是，一封信接着一封信，在信里安徒生诉说着自己性格上的缺点和生活中的各种不如意，还不忘向路易丝示好，以博取同情和好感。在一封信中安徒生说道："你无法想象它是如何令我的生活阳光普照、幸福满溢。孤独寂寞让人举步维艰。每当夜幕降临，在一个人的房间，孤独会被无限放大，使我陷入深深的痛苦里。我将永远无法想象失去父母兄弟是怎样一种感受……也许，这就是我如此眷恋爱德华的原因。这种眷恋是你始终无法理解的，尽管我常常为它而潦倒失意。但不可否认的是，他自始至终都是一个好人，一直对我很好，若他能一直这样对我好该有多好。你可以为我说几句话让他更喜欢我吗？其实，我很敏感，哪怕只是一张忧郁的脸都会让我坐立难安，所以我担心你会不会觉得这封信很奇怪。"显然，这不是一封简单的求爱信，它看起来更像是一个精心安排的计谋，借助路易丝的信任他或许可以同爱德华之间建立起更和谐友好的亲密关系，或许路易丝会不经意地像乔纳斯·科林美言几句，那么借助乔纳斯·科林在文学界及政界的地位，安徒生将获得诸多便利，或许仅是从路易丝身上，安徒生能够收获一份柏拉图式的精神恋爱，这将进一步丰富他的创作。无论怎么说，与路易丝的结交对安徒生都是一件好事。

1832年秋，安徒生完成了他的第一本自传，匆匆结尾后他就将书稿送给了路易丝，让她阅读，在这本自传的卷首，写着这样一句话："慈父般的心一直在为我跳动。"安徒生仍然没有放弃融入科林这个大家庭的追求。1833年，当他离开丹麦时，这本书被留在科林的房子里，安徒生甚至还写下遗嘱：如果在通往伟大的世界的路上死去的话，他的记忆将在死后出版。在此之前，他与路易丝的通信变得越来越频繁，内容也愈发的情深意切、热情满满，充满浪漫主义诗歌的色彩，对此，安徒生如此解释："于我而言，生命在于创作，如今，你成为我诗里的角色，请不要介意。我把爱德华当作哥哥，所以理所当然，你也是我的妹妹。"

虽然安徒生总是将路易丝称作妹妹，但是他想与路易丝结婚的想法是认真的，他只是不可避免地又让自己陷在"妈妈阿姨"、

"姐姐妹妹"这样的关系里自得其乐罢了。正如与里伯格·沃伊格特的感情一样，安徒生与路易丝之间也是无法开花结果的，这段关系始终在路易丝的姐姐英吉伯格·科林的监督之下，她读了所有安徒生给路易丝的来信，而且 1832 年的冬天，路易丝已经订婚了，她将嫁给一个年轻的检察官。终其一生，路易丝·科林都将与安徒生的交往定义为友谊，他们的友谊持续了近半个世纪，直到安徒生去世。而安徒生呢，他是否真的爱过路易丝呢？答案或许是肯定的，毕竟安徒生是如此的情感丰富、多愁善感，爱上一个女孩对他来说不是不可能。安徒生自己也知道，一个人的心是不可能同时容纳很多情感的，但是他总是不可避免地掉进各种感情的旋涡里无法自拔。然而有一个人的名字总被反复提及，安徒生对他的情感也从不曾消逝，那个人就是路易丝的哥哥——爱德华·科林。

特殊友情

　　爱德华·科林对安徒生来说是一个特殊的存在。这两个年龄相仿却性格迥异的男人相识近半个世纪，一面是至交好友，一面又彼此竞争。在安徒生的许多信件、自传里都可以看到爱德华的影子，安徒生不止一次地向世人宣告他对爱德华的敬与爱："我结交了新朋友，但我还是想念哥本哈根，因为那里有科林一家！除了路易丝去了日德兰半岛，其他人都在农村，但更重要的是爱德华在哥本哈根。"

　　"我们的友谊是一个奇迹"，安徒生是如此评价他与爱德华之间的友谊的。可仅仅是友谊二字就可以定义他们之间那微妙又复杂的特殊关系吗？

　　这段友情开始于1827年，安徒生从赫尔辛格回到哥本哈根，乔纳斯·科林让爱德华负责安徒生的教育问题，爱德华顺理成章地成为安徒生临时的拉丁文教师。

　　那时安徒生还是个羸弱不堪的少年，有一张看起来老成的长脸，眼神黯淡无光，穿着一条只能遮住小腿的黄色棉布裤子，这是爱德华·科林对安徒生的第一印象。初次见面，安徒生对这个出身高贵的年轻人并没有什么好印象，"爱德华总是绷着一张脸，对我不苟言笑，我以为自己始终无法得到他的认可，他太傲慢，让人不禁生出敌意。"而安徒生在经历了几年学校教育重返哥本哈根时明显较之前有了很多成长，爱德华·科林回忆道："他每次回来都会唤起我们初见时的记忆，我发现，与以前相比他愈发健壮。"而两个人关系真正得到改善是在爱德华担任安徒生的拉丁文教师之后。那时，乔纳斯·科林授意爱德华教导安徒生拉丁文、语法技巧、社交礼仪，安徒生从中获益匪浅。

1832 年，安徒生写道，他开始信任爱德华了，那时爱德华刚刚通过法律考试，希望成为乔纳斯·科林一般的人。两个人的友谊慢慢发酵，虽然在社会地位、性格、价值观方面有着天壤之别，但两个人的确慢慢发展出了一段相互尊重且十分亲密的关系。他们找到了共同的兴趣点，在彼此往来信件中也多了一些朋友之间无所顾忌的调侃，有时有点轻浮，连一向冷静自持的爱德华也难免在安徒生潜移默化的诱哄下有了言辞间的放纵。安徒生一步一步精心策划着如何将让这段关系继续深化，而爱德华却很快清醒了，他开始意识到这样的交往多少有些无礼，于是对安徒生过度的热情提防起来。每当安徒生控制不住感情，在信中热情洋溢时，爱德华就立马缩短回信的篇幅，只是简短地回个话，或者干脆沉默，对安徒生的亲昵视而不见。

1830 年到 1831 年，安徒生尽可能用纯洁无垢的情感来维系他和爱德华的关系。在书信中，他表现得像一个垂钓者，用诗歌、散文作为诱饵，在信中布下隐秘的圈套，一点点不动声色诱哄爱德华与他亲近。与里伯格·沃伊格特的那段情成为安徒生在信中反复叙述的内容，他的忧伤、他的沉痛都万分惹人同情，借着这层伪装，他开始尝试着公开自己对爱德华的爱。当爱德华发现时，自己已经置身其中。

1831 年 5 月 19 日，安徒生在汉堡给爱德华写下一封信，信里他小心翼翼地试图用文字和修辞将爱德华拉进自己期望的这段敏感友谊中。这封信成为安徒生发展这段特殊友情的铺垫。信中说道，很长一段时间里他都沉浸在沉痛的情绪里不可自拔，他渴望朋友的关心和倾听，却对原因绝口不提。含糊其辞的背后隐藏着他真实的目的，他企图以自己的悲伤诱发爱德华的同情，让他在回信中不自觉地透露出他对他的关心，以此来确定两个人非同一般的感情。在这段时期，我们可以从安徒生的作品中看到他在故技重施，比如，《那就是我所说的她》中，他用人称代词设计了一场捉迷藏般的游戏。如此煞费苦心，收益却没有想象中那么好，安徒生并没有如愿以偿，爱德华回信要他讲明痛苦的理由。含糊其辞不可行了，安徒生干脆撕下这层伪装，直言不讳的在信中对爱德华说："你是我为数不多的朋友，连你也要这样对我，亲爱的科林。我需要一扇为我开启的心门，赋予我一个热情的灵魂。我必须尊重你，因为除了你我再也找不到一个这样的灵魂。还有一件事我想让你知道，或许你会因此而笑话我，但是没关系，若有一天，你真心希望我感到开心的话，请给予我同等的尊重我吧——如果可以的话，以后称呼我为 du 吧。这样的请求我无法在你面前提出来，但是在信里我却可以肆无忌惮……你是不是生气了？你不知道在写这封信时我有多紧张。"爱德华远比安徒生想象的还要冷静睿智，对于安徒生的意图他似乎看得很明白，他厌恶男人之间过分的情感关系，有着泾渭分明轻易不退的道德准线，于是斩钉截铁地回绝了："在信里，我也可以肆无忌惮的表达自己的想法，不用想着对你隐藏性格中的任何缺点，唯有如此，才不至于造成你的误解——那些我十分不喜的误解。关于'du'这个称呼我想说，诚如我之前所说，安徒生，那些都是真的……我并不觉得改变我们之间的称呼有什么意义。我们难道需要得到别人的见证吗？称呼就只是称呼而已，没有任何实质性的意义……我并不愿意误会你的请求，也希望你不要误解。"

1831 年 5 月 11 日，安徒生在柏林写了回信，回答了令他痛苦的原因，不过在信中，他并没有提及那个女孩儿的名字，即便如此，聪明的爱德华还是知道了。早在 1830 年夏天他就知道安徒生与商人沃伊格特的女儿走得很近。爱德华的拒绝让安徒生知晓了他的态度，但这并没能阻止这个狂热的年轻人，他对爱德华的追逐反而更加坚定起来，结束德国之旅后，他又给爱德华写了一封信，信里仍然继续着他那个关于敏感友谊的梦想："那是深藏我心底我一直想说但又不敢对你说的话，或许，你对我的态度会一如既往如兄弟一般。要是我能把灵魂带到你的眼前让你知我所思该有多好，那样我就会如愿以偿地得到你。"

1831 年冬天一直到 1832 年的初夏，安徒生与爱德华的信件往来不再那么频繁，许多交往的细节如今已经不得而知。那段时间，安徒生与爱德华的妹妹路易丝走得越来越近，通信也越来越频繁。这多少是拉近与爱德华关系的手段。

1832 年，正是安徒生创作的高产期，不到一年，他先后完成了《影子》《丹麦诗人杂评》《拉美莫尔的新娘》，以及《船》，爱德华占据他的内心，成为他许多作品的灵感来源，但是那段时间安徒生的日记却没有太多关于他与爱德华友情发展的信息，但他对爱德华的感情却丝毫没有减少，即使那时爱德华·科林已经订婚。

1832 年 4 月，爱德华·科林与 18 岁的亨丽埃特·泰伯格订婚了，但这并没有成为安徒生继续迷恋爱德华的阻力，相反，他一如既往甚至变本加厉地试图赢得爱德华的好感，因为，在他看来那纯洁且高尚的敏感友情是不会被异性的婚姻打败的。他继续给爱德华写信，信里写满他的所感所想，他在用这种方式告诉爱德华即使他已经订婚，可他们还可以在书信中畅谈心事、亲密无间："我太爱你了，亲爱的爱德华，以至于我总有些词不达意，我相信，在挚爱面前任何言语都是苍白无力的！但在这里，在这封信里，通过这些字字句句，我向你坦诚深藏我心中的一切，但是当我们面对面时，我是无法启齿的，因为爱让我惶恐，让我局促。"接下来的一年，两个人因为 de 与 du 的称呼争论不休，但爱德华并没有疏远安徒生，经历了短时间的平息之后，两个人之间的感情又进了一步。爱德华的沉默在安徒生看来都是希望，何况他对安徒生的关心问候："夜深了，是时候停止了，所以信就到这里吧。请允许我在最后向你表达一个朋友的问候，安徒生，希望在你心里，我们的友情长存。"这封回信让安徒生几乎喜极而泣，在他看来，爱德华对他的爱是有感知且有回应的，两个人之间的感情不会因为订婚而受到影响。

1832 年夏天，安徒生来到西兰岛西部的诺里格庄园避暑，顺便准备诗集《一年中的 12 个月》的出版，在此期间他创作了大量诗歌，其中有一首《8 月》，他将这首诗作为订婚礼物送给了爱德华，"为什么我始终只能与寂寞为伍；为什么我无法释放自己的渴望？为了迎接微风的吻，花扬起头，我也想有个人来亲吻我。"

诺里格庄园的夏天风景秀丽且气候宜人，无数年轻男女到这里来避暑游玩，其中就包括爱德华的妹妹路易丝·科林、医生卡尔·奥托，以及主教儿子路德维格·穆勒。

路德维格·穆勒曾是安徒生的家庭教师，他年轻可爱且幽默热情，是安徒生亲密的朋友。路德维格·穆勒、爱德华·科林同安徒生，这三个人俨然一幅浪漫唯美的画作，这样的组合出现在安徒生的一首诗中，《逃避盛夏》："路德维格，让我们一起手牵手漫步在柔软的沙滩上，看天上流云如何变幻漂流在深深地夜空中。我张开双臂拥抱你，与你相依，心也相依。我以真心歌颂友谊，让花香扫除我心头忧伤。你深知我心，你的精神便是我的珍宝，上帝赐予你纯真的眼睛，我为它沉醉，'友谊、知识、艺术和荣耀'，亲爱的朋友，这是我们共同的追求。心芽萌发，到山花烂漫后，便能收获累累硕果。感谢上帝，让我遇见你！我的思想飞越自然，飞越水面，一直飞到城墙边郁郁葱葱的树上，在那里，有我亲爱的爱德华。他抽着烟，悠悠然坐在那儿，满脸幸福地畅游在书海之中。他是一个闪耀着智慧之光的人，不停地在书中汲取着知识，我的心爱着你，可即使同你一起，我的脑海里还是有他的身影挥之不去，我思念他。爱德华和路德维格，你们同在我心，我在心中将你们相拥，你们深深地活在我的心里，我的呼吸里。此时此刻，你们即将开始全新的生命轨迹，让那些悲伤、难过全都过去吧，在你我心里只留下和谐。"

安徒生在黄昏余晖中散步，途中遇到了路德维格·穆勒，而后又想到了远在他方的爱德华，这首诗写满了他全部的爱恋。而这样的爱恋仅限于柏拉图式的精神恋爱，但仍不是一般人可以理解的，因此，处理这份感情关系需要万分的谨慎。两个月之后，路德维格·穆勒又收到一封信，这封信写得更热情也更露骨，路德维格·穆勒不得不退避三舍，保持缄默。或许与路德维格·穆勒的亲近也是他接近爱德华的手段之一，但从安徒生许多作品里，尤其是自传里可以看出，对路德维格·穆勒，安徒生确实是有感情的："在我心中，他的地位无可替代，以致我找不到恰当的言语去描述它；他的吸引力如同魔法一样神奇，深深地让我着迷，让我相信，哦，他是如此可爱！"

爱德华也对《逃避盛夏》做出回应，在回信中，他也写了一首关于三个人的诗，并表示非常期待与安徒生再见，一起度过秋天。显然，与以往相比，爱德华的回应变得积极起来，这或许与他订婚有关，他以为自己的订婚会让安徒生认清现实放弃那段敏感友谊的想法，但这次他错了。与路德维格·穆勒的相交开启了安徒生对爱更多的期盼，在这段关系里他变得快乐，并万分肯定如此的友谊是纯洁高尚并且有幸福感的，对爱德华他变得更执着，因为路德维格·穆勒验证了敏感友谊的正确性。

索伦·克尔恺郭尔曾在《诱惑者日记》里写道："单一的爱没有意义，而博爱又太肤浅；认识自己，给予更多人爱，将它化作一种深沉的力量深藏心底：当它占据你的内心时，你会倾尽心血去灌溉它，此乃乐趣与生活。"这恰恰是对安徒生错综复杂的各种感情关系很好的诠释。安徒生十分享受这样的复杂，在他眼里，越复杂越好，诚如他在 1836 年创作的《凯尼沃思宴会》中所说，"友情是一个谜语"，他渴望复杂的感情关系及"柏拉图式游戏"。在他 19 世纪 30 年代的作品中还有一个特点就是，他常常采用第二人称进行倾诉式的创作，而那个倾诉对象有时是男性，有时是女性，如 1832 年的诗歌《他就是我所倾心的人》，他的倾诉对象就是奥托·穆勒。

1832 年到 1833 年之间的冬天，安徒生与科林一家变得更加亲近。每个周二晚上，他都要与科林一家一同用餐，或是小坐片刻聊聊近况。但他与爱德华的关系却止步不前，甚至安徒生感觉到爱德华明显的疏远："我在被你折磨，因你的见异思迁，虽然我知道你的无奈与恐惧，但我的自尊在你的伤害中四分五裂！我对你的喜欢之情已经超越语言所能表达的范畴，以致我如今的失望，因为我将永远失去你这个朋友。如果我们角色互换，我成为你，我会怎么做呢？在你看来，到底我的性格里有什么问题让你如此讨厌我，告诉我吧，快点，我会改正，一定会，让这些你讨厌的东西从此远离我。"

从 1833 年开始，爱德华没有给安徒生写过一封信，这让安徒生心神难安，一度陷入悲伤。他曾给另一个好朋友亨丽埃特·汉克写信倾诉过这段令人神伤的感情："我是个奇怪的人！我的心像一本日记，有一些纸张被粘连在一起，写在上面的内容无法被看到，除了男人，谁都没有权利阅读整本日记。正是那些粘在一起的内容才能让你真正了解我的内心。"这段话里究竟有什么深意呢？那几页粘在一起的日记里是否有爱德华的名字，安徒生试图解释的、被人误解的究竟是什么？

回看爱德华与安徒生的这段感情不难发现，其实最初爱德华对安徒生大多时候都是淡漠的，而安徒生却十分得意于两个人的结识，因为这意味着他与科林家的关系更深一层。安徒生在这段关系中处于索取更多的位置，因为他那敏感多愁的性格，他总是一次又一次地要求关注，而彼时爱德华能给予的只有更多的关心。爱德华给安徒生的世界开启了一道崭新的大门，门外是他一直祈望的灿烂阳光与辽阔天空，无论是在安徒生成名前还是成名后，爱德华都不是他的追随者与吹捧者，他总是冷静又理智地看着安徒生，以管家的姿态，以家长的作风，给他许多忠告，比如培养自己的修养，用理智的眼光明辨是非，学会自制。但显然这一套在性格不羁的安徒生那里是行不通的，安徒生更喜欢遵循自己的意志去做自己喜欢的事。如此截然不同的性格和处事风格，让这两个人在很长一段时间里都处于竞争状态。无论是在两人来往的500多封信件中，还是在两人创作的歌曲、诗歌作品中，这种竞争都是显而易见的。

在安徒生的日记中，关于他与爱德华关系的描写总是以情真意切、幸福快乐作为修饰语，可见当时安徒生对这段真挚的友谊十分看重并心怀喜悦，但爱德华却不是一个擅长卖弄感情的人，他在自己的书中坦言，他并没有打算和安徒生发展出一段"自作多情的庸俗关系"。两个人以各自的方式维系着这段友谊，如果将这段关系比作一根绳子，爱德华同爱徒生则是各执一端的角力者，互不退让。安徒生总是希望爱德华能像他一样将这份友谊溢于言表，哪怕只是信件上一个亲昵的称呼，而爱德华对这种事情始终不屑一顾。

爱德华需要的仅是一个伙伴，而安徒生则投入了太多的感情，一门心思地想通过这段友谊使自己彻底脱离底层阶级出身，融入上流社会。与爱德华的这份友谊在安徒生看来其实就是一种爱，它亲昵又模糊，模糊到深不可测、不可捉摸。充满反叛精神的安徒生对待一切规规矩矩的事物都充满挑战欲，包括一向一丝不苟的爱德华，他总是有意无意地突破友谊的边界，与爱德华表现得过于亲昵，虽然在那个浪漫主义盛行的年代，这样的亲昵并非无礼，但爱德华仍然是退避三舍，他不希望成为安徒生书中所写的那个朋友，也不希望自己扮演那样的角色。

索伦·克尔恺郭尔曾将安徒生比作一只"青蛙"，具备鲜有的矛盾特质。的确，安徒生是一个十分稀有并且复杂的情感综合体，他一生之中钟情于许多男子，而倾心爱上的女性却寥寥无几，他总是将自己的人生目标、事业梦想与同性友谊放在一起，既要感情，也要这段感情可能带给他的好处。

意大利，人鱼与诗人

　　与爱德华的关系愈发令人烦恼，安徒生决定申请基金去意大利旅行，爱德华刚刚上任接替了父亲在皇家基金会的职务，在等待申请通知的日子里，安徒生没有再写日记，他不停地构思着下一步的创作——一本大型诗集，这本诗集后来出版了，其中有这样耐人寻味的一句："莫要我们的友谊之梦，同埃德加一样，被流沙掩埋直至消逝。"这句话曾经也出现在安徒生早先创作的芭蕾舞剧《新娘》里，剧里男主角有着与爱德华十分接近的名字，这是否只是单纯的巧合呢？安徒生在与爱德华关系恶化时写出这样一句诗究竟有何深意呢，是感叹吗，还是在暗示爱德华他对这份友情的珍视？事实上，意大利之行并非必须为之，但当得知自己很可能没有办法拿到这笔资助而无法成行时，安徒生仍然十分激动，并且做出了过激反应，那时，他与爱德华之间的关系进一步恶化了："这次旅行承载着我的希望与梦想，是我毕生之所求。坦率地告诉我一切，爱德华，告诉我一切吧……不要担心我不懂得隐藏心里的悲伤，将它公之于众，我可以保证，我会将它们一一隐藏，安放在心灵最深最深的角落里，我会表现得聪明一些。所以，请你把你所有的想法，意见也好，想对我说的话也好，统统都告诉我吧，越快越好。"爱德华对此依然没做任何回应和澄清。

1833 年初，《一年中的 12 个月》出版了，安徒生将这本书献给了国王腓特烈六世，并在乔纳斯·科林的建议下，向国王提起了自己想要出国游历增长见识的愿望。安徒生最终获得了去意大利旅行的机会，那时，国家还出台一项政策，每年向作家提供 600 银币的资助，鼓励其进行艺术研究和创作。这对安徒生而言是一个天大的好消息，他需要资金，也需要出去看看，不过，这笔旅行津贴需要和作家亨里克·赫兹共享。

1833 年 4 月 20 号，安徒生正式开始意大利之旅。旅程开始的第三天，他收到爱德华的一封信，信中言辞温和真挚，在安徒生看来，充满爱意，他情不自禁心花怒放："我哭得像个孩子，于是马上藏到一个角落将眼泪擦干，因为我不想让其他人看到我哭泣。"之后，安徒生在巴黎逗留了 3 个月，期间又收到爱德华的来信。之后，他们陆陆续续继续保持通信，但大多时候一成不变，信的内容也没有什么特别，安徒生总是长篇大论，而爱德华大多时候仅是回复一页简短的话语。安徒生抱怨他的回应太少，爱德华则解释道，这是由于他的工作十分繁忙，根本无暇顾及，他还劝告安徒生不要抱有太多不切实际乱七八糟的想法，这对他没有任何好处。通过在巴黎的朋友，爱德华知道安徒生的一举一动，他还劝告他要多出去走走。确实，那时安徒生几乎每天有大半时间都是在写信中度过的。爱德华的劝告并没有起到多大效果，安徒生依旧我行我素，他的头脑里正酝酿着一场巨大的风暴，关于下一部作品，他有了新的灵感与构思，这一次，他将彻底地令爱德华·科林震惊，震惊于他的惊世之才，震惊于他独一无二的灵魂。

安徒生将歌剧《阿格尼特和人鱼》称作自己的孩子，在他看来，这是一个最接近他自己也最真实的故事，创作的过程便是倾诉的过程，也是宣告的过程。他借着阿格尼特与人鱼的故事深刻地剖析着内在的大多时候不为人知的自己，直面自我，直言自由，正如他所期望的，这部作品是令人震撼的，从人物角色，到情节编排，都有着惊世骇俗的强大能量。

这个故事源自丹麦的一个民间传说，在安徒生之前，已经有很多人对它进行过诠释，而只有安徒生做到了独一无二。它不是一件单纯的艺术品，安徒生将自己许多真实的感情和经历投射在故事里，与爱德华·科林的诸多纠缠、他的爱与哀愁在这部作品里都有所体现，应该说《阿格尼特和人鱼》讲述的其实是安徒生自己的故事，自己的情感。

《阿格尼特和人鱼》讲述了一对捕鱼为生的夫妇，某天潮落之时，妻子在海滩上的一艘破船里意外地生下了一个美丽的小女孩——阿格尼特。出生地决定了阿格尼特的双重性格，海与陆的交界，一边是安逸的生活，一边是惊涛骇浪充满刺激的未知世界，而阿格尼特虽然是一个外表美丽的女孩却有一颗如男子一般坚强且充满冒险精神的心。同父异母的海明，以及屠夫辛采都对她展开追求，试图唤醒她心中的爱，可这时，人鱼突然出现了，像一个英勇的骑士向阿格尼特宣告他的爱与梦想。阿格尼特本能地选择了大海，在与海明结婚的前一晚，跟随人鱼投身大海。人鱼为她建造了华丽的宫殿，与她倾心相爱。阿格尼特成为三个孩子的母亲，生活快乐富足。可她的性格决定了她不会永远沉浸在海的幸福里，她总是情不自禁回忆过去，所以当她的孩子问及祖父祖母时，她迫不及待地返回陆地，找寻自己的家园和父母。但一切都物是人非了。海里的 7 年相当于陆地上的 50 年，她的父母不在了，海明也变成一个苍老又落魄的小提琴手，陷在对她无尽的思念里不可自拔，阿格尼特深感愧疚和悔恨。可在这段故事里，怜悯不可行。阿格尼特注定要回到出生的地方，因为这是她不可违的天性，而她最后却高喊着："原谅我吧，上帝！接受我吧，大海！"最终她没能回到大海，而是倒在岩石中，终结了自己的生命。故事的最后，在海与陆的交界，她出生的地方，生命走向终结，这里是雌雄同体生物的领土。阿格尼特是一个水陆两栖人，从出生起就有一条隐形的鱼尾。同时，她还有着不自知的双重性格，像个男子一样有着阳刚坚强的一面，具有这种典型双重性格的还有她的兄弟海明，作为一个男人，他的性格过于柔弱，有时表现得比阿格尼特更像一个女孩，这一点他早有觉悟。这两个角色身上都有安徒生自己的影子。安徒生对大海有着偏爱，他喜欢游泳，享受浮出水面那一刻宛若新生的感觉，因此美人鱼在他的作品中不止一次出现，《阿格尼特和人鱼》《美人鱼》《沼泽王的女儿》比比皆是。

角色的设计足够新奇且博人眼球，但真正精彩的是其情节安排。在第二部分的开头，安徒生插叙了这样一个故事：12 世纪，在一场举办于菲英岛的婚礼上，两个女孩在聊天，一个性格外向活泼，像个男孩一样爽朗，她叫波迪；一个是柔弱文静，是个标准的小女人，叫卡伦。前者追求自由刺激的生活，而后者安于现状享受安逸。两个人的争论恰恰揭示出阿格尼特性格的本质，她同时兼具了男性特质与女性特质，这两种截然不同的性别要素表现在她的人格上就呈现出了双重性和复杂性，她不安于现状，总是不停地追逐着新的东西，这种两种性别特征的集合就是所谓的雌雄同体。这样的性格特征同样也存在于安徒生身上。

1833 年夏天，安徒生正式着手写作这个构思许久的故事，他希望用一种全新的方式将它改编，因此他将焦点放在了自己身上，打算写一个与真实的人有关的故事。早在他的巴黎之行之前，他就跟爱德华提起过旅行中他将笔耕不辍，爱德华也承诺会认真阅读他寄来的书稿，并担任他的出版代理，将作品推荐给出版商、皇家剧院和杂志社。可当他真的收到安徒生的书稿时，期望全然变成了愤怒。

在巴黎的日子充满欢乐与惬意，安徒生住在路德维格·穆勒哥哥奥托·穆勒的隔壁，在那里完成初稿，并迫不及待地将前两章朗诵给奥托·穆勒听，奥托·穆勒评价道，安徒生在"以美丽的手法去表现美丽的形式"。这显然是安徒生期望的评价，因此他很快就将书稿的第一部分寄给了爱德华，并附上一封信，信中他希望爱德华能够喜欢自己的这部新作，附言中他还加入了标题页，列举了丹麦读者的评价，还有故事梗概，并对自己的创作意图进行了解释："在我看来，这个古老的传说充满了神奇的力量，它在讲述一种追求，这种追求的目的不是已有的东西，并且在每个人身上都得以体现。不安现状，对未知与新奇有着执着追求的阿格尼特走向了大海，走向了人鱼。她希望能找到自己心之所向，但当愿望实现的时候，却发现一切已经面目全非，眼前是无尽的苦痛，唯一的解脱可能只有死亡。"

安徒生在《阿格尼特和人鱼》上倾注了全部心血，他认为这是一部承载了他人生许多痛苦与真实感受的重要作品。连奥托·穆勒都曾说："你和阿格尼特的相似之处，在于情不自禁把自己假想成她，但你并不会因此而感到开心。"

1833 年 9 月，在一封写于勒洛克勒的信件中，安徒生将《阿格尼特和人鱼》比作自己的孩子。9 月 12 日，他又寄出了书稿的第二部分，在一同寄出的信中他对爱德华说，当他将书稿捧在手上的时候，就像怀抱着一个新生婴儿一样小心翼翼又充满怜爱："我已经完成了我的阿格尼特，现在，你会是第一个读者，换言之，除我之外，你是唯一一个可以欣赏到她全貌的人……我请求你善待她，像对待我的孩子一样对待她……因为她会让你看懂我的内心世界，她是我的孩子，我是她的父亲……于她而言，我已言尽，再无其他……亲爱的朋友，我的心因阿格尼特而沸腾……请速速回信，我的朋友，评价一下我的孩子……让她变得日臻完美，你能不能给我给你的书稿加个副书名？"

爱德华并没能如安徒生所愿爱上阿格尼特这个孩子，1833 年秋天，他的四封回信彻底将阿格尼特拒之门外。在信中甚至用了"畸形"、"不成体统"这样极端的字眼。一方面是因为安徒生对于海明这样的男性角色塑造得过于"病态、温柔"，这与爱德华期望的那种坚强、阳刚、健康的男性角色大相径庭。另外，安徒生在书中多处引用了他与爱德华，以及爱德华家人谈话的内容，这让爱德华大为恼火。

对于爱德华的批评，安徒生表现得异常平静，他对这部歌剧的信心异常坚定，何况在短短两个月中，能创作出这样一部剧情紧凑且语言优美的剧作实属不易。虽然他冒犯了爱德华，但他并没有进行任何修改，因为那都是他最真实的情感表达，他无法压抑也不愿意再压抑。至于爱德华诟病的另一原因——"病态"、"温柔"，他没有承认，也没有反驳，因为这样的语调最符合他的天性，他最不愿被束缚的就是自己的天性。

安徒生坚持了四年的时间想与爱德华之间建立起亲密无间的敏感友谊。这一次，他终于义无反顾，将自己的秘密与痛苦公之于众。但爱德华是无法理解他的，或者说他根本就不会尝试着去理解。安徒生那调情一般的女性化语调常常让他毛骨悚然，他的身份、地位决不允许一段模棱两可又敏感隐秘的感情关系，何况当时的丹麦政府已经规定同性之间的性行为是超出法律界限的，对此他万分谨慎与敏感，生怕自己与同性恋这样敏感的字眼产生任何联系。

1834 年 1 月，安徒生再次收到爱德华的来信，信中一如既往是对《阿格尼特和人鱼》的反对，还有一个噩耗——安徒生的母亲于欧登塞去世。这是有史以来爱德华给安徒生最长的一封信，信里没有节日的祝福，也没有多少安慰，他的主要意图仍然是批判与声讨关于阿格尼特的一切，还有介绍自己筹资兴建的丹麦图书馆，信中他强烈要求安徒生应去看看。这封没有任何感情温度的信激怒了安徒生，他的忍耐似乎已到达极限，他尽可能地以友好的口吻写了回信，但收信人并不是爱德华，而是他的父亲乔纳斯·科林。他希望乔纳斯·科林看了信之后，能有所感触，若可能，由他将信拿给爱德华看，一方面向爱德华示威，另一方面让乔纳斯·科林介入，让他有机会看到自己的儿子是多么的庸俗与无情。稍后，他又给路易丝·科林写了一封信，信中让她代自己问候全部科林家的成员，除了爱德华·科林。从那以后，他与爱德华·科林的通信中断了，两人不再有任何情感交流，看似安徒生已经与他决裂，实际，爱德华仍留在他的脑海中挥之不去，如他在日记中曾写道："爱德华，对于过去发生的一切，我时常回想，发现你是如此的自私，你对我始终只有冷漠与歧视，带给我莫大的痛苦，是你，亲手割断了我们之间所有的联系，从此一道永不可能修复的伤痕在你我之间产生了。"

直到1834年2月，爱德华主动给安徒生写了一封信，两个人才渐渐恢复通信。虽然友情的危机过去了，但两人之间的"伤痕"没能全部修补，乔纳斯·科林洞悉了两人之间不同寻常的朋友关系，便适时又不容拒绝地在两人之间画上了一条界线。他烧毁了安徒生的来信，并且马上找到爱德华谈话，之后，他回信给安徒生说道："他（爱德华·科林）内心十分欣赏你，只要你需要，他仍然可以在事业上给予你帮助……事实上，作为朋友，他也一直在默默关注着你，但他并不希望成为你关注的焦点。这么说来，他是不是跟戈特利布（爱德华的哥哥）和他的父亲很像？他的父亲也不想自己的内心被他人窥探。他对你说的那些话我不敢苟同。但是，亲爱的孩子，不要计较那些不愉快的事了，不要让那些过去继续伤害你了。每一个人都有不足，都会犯错，我们需要相互忍让……"

1834年春天，安徒生踏上归程，他与爱德华·科林的友情也在逐渐回温，两人重归于好了。经过关于阿格尼特的争执，两个人的友情又进入另一个发展阶段，而他们当时还没有意识到这背后究竟又要有怎样一场纠葛。

在那之后，安徒生一直身在异乡，四海为家，将心牢牢守在自己的世界里。1834年5月，在他写于德国慕尼黑的一封信中，他深切地反思了爱德华与他的关系，得出如下结论："我再也不会旧事重提；它只会反复提醒我，曾有一个男人令我徒增伤悲。"

　　1834 年与 1835 年之交的冬天，安徒生一直居住在卡伦·索菲·拉森家，手头拮据，于是他写信向皇家图书馆申请了一份工作。那时他与爱德华彼此保持距离，相敬如宾。1835 年的夏天，安徒生在菲英岛度过，在那里他受到丰厚的款待，物质生活得到很大改善，他开始写一部小说为意大利之行做最后的总结。在此期间他给爱德华写了一封信，这封信里，安徒生试着以冷静理智来衡量这段感情的温度："我的朋友在陪着我说话，他是我仅有的唯一亲密的朋友，我相信，对他而言，我也一样。我看起来很开心，但刚刚回到家时我感到无法抑制的痛苦。我大概是这个家里唯一的局外人，我的心被留在了意大利。亲爱的爱德华，如果你也同我一样呼吸过那里的空气，欣赏过那里的风景，便能体会我现在的心情，也许你会同我一样渴望回到那个地方。我孤身一人，没有父母亲人，也没有等我回家的妻子，或许永不会有，所以我注定孤独！"字里行间，悲伤、孤独立现，但显然已经风平浪静。只是，这风平浪静下究竟是静水流深还是暗潮涌动尚且不得而知，只知道，此时的安徒生对他与爱德华这段感情的认识已经着上了悲观的色彩："现在，你终于有了一个美丽可爱的爱人，而我也有了一个令我倾心的对象——自然。她拥有令人叹服的智慧和永不逝去的青春，愿为我永远高歌，她吻我时很温柔，从她那里我收获了黄油、奶酪和草莓，这是她的嫁妆。"在这样的心情下，安徒生创作了小说《即兴诗人》，同时还推出了它的德文版本，这一年，在创作上可以说是安徒生收获最多的一年，4 月份《即兴诗人》在丹麦出版，5 月童话故事面世，一些严肃题材的东西正呼之欲出。

　　《即兴诗人》是一部关于友情、性别和艺术的小说。故事讲到安东尼奥和他的好友伯纳多，书里的友情与现实中安徒生与爱德华的友情惊人地相似。同《阿格尼特和人鱼》一样，这两人的友情之间仍有一条界线——性格："也许你无法体会但我还是要说，我（安东尼奥）经常会想你（伯纳多）；我们两个有着截然不同的经历和性格，但我总是希望能与你相拥！"这句话是安徒生曾经写给爱德华的，一字不差。《阿格尼特和人鱼》的前车之鉴并没有让安徒生放弃这种尝试，对于爱德华的逆鳞，安徒生一碰再碰，这次他不计后果。

《即兴诗人》中的安东尼奥是一个艺术家，这部书讲到了他的成长，以及作品的成熟，它以两个男性友人之间敏感又亲密的关系为主线。安徒生从艺术和性别两个不同的角度出发，探讨两个诗人的天赋、感情的本质，最后安东尼奥成为"精神上的两栖人"，令人怀疑他到底属于现实世界还是理想国度！

安东尼奥是个出身贫寒的孤儿，有着天真的本性，对女性有着不自觉的畏惧，这些都与安徒生有着惊人的相似。除去以上个性特征，安徒生还把自己亲身经历过的事情写进安东尼奥的故事里，比如各种桃色诱惑。那时的安徒生已近不惑之年，在生理上是个地地道道成熟的男性，但是在性别观和爱情观上，他还抱有一颗赤子之心："让我们像孩子那样笑得恣意畅快，那是我们的本性，像个孩子一样，只是灵魂不同。祝大家圣诞快乐！"

在意大利，安徒生结识了一个丹麦的雕塑家索瓦尔德森，他如父亲一般给予安徒生关心和理解。1834年1月，安徒生正陷在与爱德华关系恶化的旋涡里退不出来，悲伤环绕不去，安徒生找到了索瓦尔德森倾诉心中的感伤与哀痛，那时索瓦尔德森正忙着一件雕塑作品，因为安徒生的到来不得不暂时停手，但索瓦尔德森心甘情愿。他像一个慈爱的兄长，轻拍安徒生的肩膀，安慰他，一个人最重要的是认识自己，保持自己的天性，遵循自己的意志，追寻自己的梦想。在这样的鼓励下，安徒生完成了《即兴诗人》。

"我不会对你的生活态度妄加揣测，每个人都有自己的天性，我们应该遵循它"，这是《即兴诗人》中安东尼奥对伯纳多说的一句话，天性同样成为安东尼奥最执着的坚持。他有着与众不同的性格，对自己的性别身份和性别本质有着不稳定的认识，相对于阳刚的伯纳多，他显得天真而幼稚。但同时，安东尼奥是渴望成长的，他总是殷勤地围在朋友身边听他们讨论各种艳遇，仿佛倾听一门艺术，因此他对伯纳多成熟的男性魅力有着天然的崇拜，最后这种崇拜变得更像爱情。在罗马的一场误会上，安东尼奥对伯纳多的爱迸发出耀眼的火花。那一晚，伯纳多衣着光鲜，身边莺燕环绕，他与美丽女子在舞池翩翩起舞，安东尼奥只能在旁注视。当一个女人走近安东尼奥邀他跳舞时，安东尼奥本能的反应就是拒绝，可这个女人轻佻地拥抱了他，令他作呕。安东尼奥从小就对女性充满排斥，而在小说的最后却结婚了，与一个女人。这样的结束并不意味着安徒生对婚姻的认同，也不代表他对现实的妥协。

婚礼与结束

　　1836 年，爱德华·科林的婚礼终于到来。但直到婚礼举行，安徒生都没有收到婚礼邀请。似乎冥冥中注定，安徒生不应当出现在这场婚礼中。1836 年的春夏之交，安徒生正在不停地打听婚礼的日期和地点，直到 7 月末，他才知晓婚礼可能就在下个星期，5 天后，从乔纳斯·科林那里得知，婚礼在 8 月 10 日举行，可乔纳斯·科林并没有透露地点，直到婚礼当天，安徒生才知道婚礼在索拉举行。这样一来，他就来不及把 6 月份就准备好的祝贺诗送出了，正如爱德华所愿。婚礼没有被邀请对安徒生来说是一种侮辱，因此长久以来，他都以书信的形式默默地潜入这段婚姻关系，干扰它，以证明自己的存在，证明他与爱德华的关系。在信中，他把爱德华的新娘放在一边，仿佛她与此无关，婚姻在感情中是最微不足道的："阳光明媚，我正和亲爱的爱德华说着话！让杰特把我最想说的话带给你——我爱你，这三个字多么美丽。她一定不会说不出口，当然也敢与你以 du 相称。一个男人说起这个词多少显得有些过于感性，但我已经不会这样了，就像伯纳多变得不再天真一样。所以，让我们的对话还是停留在'我在开玩笑'而不是'我爱你'吧，我也不会与你以 du 相称，因为我明白语言上的差异其实没有什么实质意义，只要我们知晓彼此心意是好的就好。"

在这段安徒生刻意营造的三角关系中，《O.T.》扮演着一个重要角色。《O.T.》写成于 1835 年的夏秋之交，是一本描写浪漫主义时代男人之间友情的小说。在书中，安徒生终于可以把自己和爱德华放在一起，他是那个来自欧登塞的穷小子奥托，而爱德华则是富有的威廉伯爵，两个人同坐一辆马车愉快出游，建立了一段牢固的敏感的友谊："奥托和我都穿着白衣绿鞋坐在车里——只有鬼才会穿靴子去旅行，脚太痛了。我们都留着胡子，这样的打扮太合适了，以至于连空气都变得清新，不惧魔鬼在前，我们勇往直前。"但两个人的结局并不圆满，爱情与工作是不可避免的冲突，当两人面临这一步的选择时，选择了分手。

威廉在信件中对奥托称呼上的从 de 到 du 的变化，预示着他已经从内心接受并认可两个人的关系，这是两个人的友谊约定。而奥托却突然忐忑起来，他担心如果不用正式的 de，两个人的友情会变得庸俗起来，削弱那其中隐含的爱与激情，他希望能将两个人的友情始终置于纯净无瑕的地位，无关肉体，只有精神的相依；而另一方面他又希望威廉能如此亲昵地称呼他。由此，一个"合二为一的灵魂"诞生了。奥托与威廉，或者说安徒生与爱德华，终于以这种方式在书中相依，灵魂成为两个人的纽带，不受束缚地相爱。

在《O.T.》中，可以看到安徒生对青年和成年时期奥托与威廉感情的描写，婚姻，每个成年人不可避免的婚姻将是两个人感情的最大考验。年轻的男子总是轻易被年轻的女子吸引，进而抛弃这段敏感的友谊，这样的事情不止一次发生在安徒生身上。许多男性朋友把与安徒生的交往看作真正的婚姻生活的预备，通过精神上的体验完成情感上的准备。如安徒生的一个男朋友、法律大学的奥托·穆勒，在信中，他向安徒生坦言，他为他敞开心扉，但仍然要为他未来的妻子留下空间："我的内心要为很多人留下位置，朋友、妻子，以及我爱过或爱过我的女孩，如今，我已为即将驻留我生命的女孩留了位置，感谢上帝，我仍是自由之身。"奥托·穆勒的离开绝不是唯一，安徒生多段敏感的友谊都以对方的订婚或结婚而告终，路德维格·穆勒、克里斯蒂安·沃伊格特、亨里克·斯丹普、卡尔·亚历山大、哈罗德·沙夫、卡尔·布罗赫，他们都扮演过抛弃者的角色，每一次，安徒生都是伤感的："他们都订婚了，都离我而去了！爱德华·科林和杰特很幸福，我则变得愈发可笑，可我能怎么办呢？我因每一个朋友的离去而难过、悲伤！天知道，我即使知道他终将离去，对他也付出了更多的爱。"

这本书是安徒生打算送给爱德华的新婚礼物，里面有首诗叫作《爱德华的杰特》。他多次告诉爱德华，他在这本书中扮演着重要的角色。7月27日，他第一次向爱德华提起这本书，保证书里写的只是两个年轻人读书时期的故事，天真可爱，爱德华对此并不反感，可一个月之后，安徒生打破了他的保证。在这部书里，他称爱德华是一个可爱女人，两个人的感情再次成为主线，他又一次开始纠结爱德华到底爱不爱他，以及 de 与 du 到底代表什么意义。他们的友情再次面临考验，因为安徒生正在以一种他无法阻止的方式将两个人的明暗关系公告天下："在这部全新的小说里，你是我其中一个角色的原型。你会看到，在我的故事里你是多么的可爱，你会看到我对这个角色的重视。你并非完美无缺，在书里缺点更多……书里的故事我永生难忘，那里面我高贵显赫而你平庸无奇，这在现实中是绝对不可能的……我们的友谊真是神奇！从没有人像你这样，让我愤怒，让我落泪，却还是我心中最爱。失去你我将无以为继。我们的感情太像书里的故事了，但是我很担心，那只是书而已，在现实中永远无法真正实现。我用这样一本书来表达你我之间的差距与和谐是否太不自然了？"

1836 年 4 月，这部小说正式出版，那时安德华正值新婚，他对这部小说是不可能视而不见的，虽然个中细节如今已经不得而知，但可以推测，私下里他与安徒生必然经过一番争论。1836 年夏天，安徒生宣告又有一部新的作品即将面世——《只是一个提琴手》，在写给爱德华的信中，他挑衅一般说道："我正在构思新的作品，你不为我高兴吗？代我向你的杰特问好吧！" 1836 年 6 月，在安徒生夏季之旅开始之前，在哥本哈根，他与爱德华有过一次短暂的会面，他送给安德华一瓶酒，还扬言要送给他一本歌剧《诺伦佐的婚礼》，这当然影射的是爱德华的婚礼，仿佛一种挑衅。但成熟的爱德华并没有迎战，他同以前一样将这本剧本看作安徒生送予他评鉴的作品，并没有多在意。

1836 年 7 月，安徒生在收到爱德华的信后，突然变得言辞犀利起来，因为他被爱德华那一句不远不近的"朋友"伤到了，他不想仅成为一个可敬的朋友，他想要的是亲密无间、心无嫌隙，而这一切都是奢望，爱德华不会如此作为，何况他还有一场盛大的婚礼即将举行。安徒生回信了，信里附上了一首比任何时候都热情洋溢的诗，孩子一般的报复行为，他企图用言辞的亲昵将爱德华千方百计想要与他拉开的距离一点点缝合。后来，安徒生到了斯凡波，收到之前提及的乔纳斯·科林的信，信里透露了爱德华的婚礼日期。安徒生没有时间再写祝词，只给爱德华夫妇分别写了一封信，信里他坦言将与爱德华继续保持敏感友谊，而写给爱德华的妻子杰特的信中，他送上自己的祝福，并意有所指地建议杰特如何与爱德华更好的相处，最后，他还要杰特代他献上一吻，补充说，不日他将到访这个新家庭。

1836 年的年末，安徒生又回到菲英岛，他曾经创作《O.T.》的房间，回忆往日里的点点滴滴，透过窗户遥望水景塔楼。小说与现实模模糊糊，仿佛他与爱德华在此相拥，坦然相爱。关于爱德华和安徒生的这段感情，我们绝不能说是安徒生的一厢情愿，事实上，作为朋友两个人确实有过一段心灵相通亦师亦友的时光。如家长一般冷静睿智又充满威严的爱德华·科林对敏感脆弱又多愁善感的安徒生而言充满的吸引力，他或多或少地向往着那样的男子气概，也向往着以最亲密的姿态融入科林这个大家庭。虽然两个人的友谊有断有续，但终其一生安徒生都没能将这段感情释怀，无论爱德华如何冷漠拒绝，在信中，安徒生仍然更愿意相信他同自己一样深切地信任着两个人的关系，彼此不可分离。因此，在安徒生即将走到生命尽头的时候，他将自己一生的智慧和激情都留给了爱德华。

安徒生对自己的往来信件、明信片、书稿、剪报保存得很好。1830 年到 1875 年期间安徒生的信件大部分都保存在爱德华·科林在 1875 年接收的文稿中。那时，安徒生指定了两个遗嘱执行人，莫里茨·G.梅尔基奥尔和爱德华·科林，安徒生将死后这些书信的所有权及处置权交给了爱德华。爱德华特意叮嘱所有科

林家成员与安徒生的往来信件都不得使用，因为他本人想写一本
关于安徒生的书，那些信件会是很好的素材。这本书就是后来的
《汉斯·克里斯蒂安·安徒生和科林一家》。

安徒生与爱德华的兄弟之情在这本书里得到很好的诠释——
从爱德华的角度洗去这段感情所有敏感的成分，以尽可能客观的
语调讲述安徒生的生活、工作。在书里，爱德华更像是一个大法
官，对安徒生许多作为和思想按自己的意志盖棺定论，并且把他
认为不适合的东西都删去了。尤其是关于安徒生对他那份执着又
敏感的情感，他避重就轻、含糊其辞，同时又地将此归罪为安徒
生的性格缺陷，而他自己则独善其身、秋毫不损。毕竟与安徒生
的种种纠葛过于敏感，爱德华选择置身事外地模糊事实也情有可
原、无可非议，或许在他看来，安徒生确实在某些时候是有些病
态的："要想全面的认识安徒生，除了看到他的优点之外还要看到
他性格中的偏执与病态，这不是什么隐晦的东西，明眼人应该都
感觉得到，他对外界有一种莫名的排斥，这就是他病态的表现。"
但无疑从爱德华·科林的笔下是无法看到一个真实全面的安徒生
的，了解他就要先了解他的作品，他故事里的每一个角色，那里
有他的影子、他的情感，以及他秘而不发的种种深意。

童话世界

"作家问两个小女孩:'你们知道《仙女花》的故事吗？'他的声音很是动听，娓娓讲着这个关于贫困农家的童话故事。农家小屋周围杂草丛生，连屋顶也长满野草。小女孩坐在屋外，在空地上涂鸦，突然，有两个穿白袍的孩子从森林向她走来，他们身上戴着水晶一般的花，有着紫罗兰的香气。他们对着小女孩招手说，'跟我来！我带你去看更多的花！'他们一起走进了森林，从此，再没有人看到过这个小女孩。"两个小女孩听得很认真，目不转睛地盯着安徒生，他的故事里到处都是鸟语花香，阳光和云彩交映生辉，红花绿叶、蛇麻草，还有飞来飞去的小精灵。这些小精灵都是鲜花的精魄，穿着透明的衣服，带着熠熠生辉的百合花冠。精灵国王在前面带路，带着他们去寻找森林里最明亮的月光。当他们到了目的地，精灵国王用拐杖戳了一下地面，无数百合花破土而出，散发着月白色的光，如同一片银色的海洋。精灵国王和王后坐在高处，两个小女孩和小精灵们或席地而坐，或安然地躺在草地上，捻着鲜艳的花朵吸吮花蜜，还有许多小精灵在花间飞来飞去，把草叶当作滑梯，把蛛网当作跳床，玩得不亦乐乎。

这就是安徒生的童话世界，充满各种精灵生物、鸟语花香，它是孩子的神奇国度，也是安徒生内心最纯净的领地。通往这个童话世界的路有两条，一条是"沙龙"，一条是"孩子的房间"。

沙龙是一个绝对的成人世界，那里汇集了许多艺术家、作家，以及所谓文化人，所以在那里所有人都要表现得理性而严肃。安徒生之所以喜欢沙龙是因为那里围坐成半圆的听众，他不用坐在任何一个人的身边，只需站在靠近门的位置，自由自在地朗诵自己的童话，而听众只需平心静气地仔细聆听。整个沙龙会持续1个多小时，偶然会有几个小孩子跟随父母过来听故事。王尔德上尉也是当时沙龙的成员，他回忆道，当沙龙成员全部就座后，安徒生才坐在自己的椅子上，吃力地抬着腿，环顾四周，然后拿着讲稿，用另一只手慢慢地从额头捋过脸颊："当他手扶额头，遮住那双充满感情的双眼时，他似乎是累了，在短暂地休息，或是养精蓄锐。当他把手放下时，他的脸变了，像是撕下了一层面具，他跟我们打招呼时的表情已经不见了，现在，他整个人跟周围的环境融为一体，悄无声息地为在座各位拉开一部文学巨作的帷幕。这部文学巨作由心而发，充满温柔与爱意，像一位慈祥的母亲面对自己深爱的孩子一样，温暖且安详。虽然，他这个人并没有多灵巧，甚至有些肢体不协调，可他口中的每个文字、每个词语却配合得天衣无缝、浑然天成。一举手一投足，哪怕只是一抬眸，安徒生都表现得十分优雅，尽管他的声音平凡无比，但他讲述的故事却如同一曲美妙乐章，动听如天籁。"安徒生的朋友德国的著名作曲家雅科布·路德维希·费利克斯·门德尔松·巴托尔迪也曾参加过在德国举办的沙龙，在那里遇到安徒生，他兴高采烈地称赞道："太不可思议了，你就是一位朗读大师！任何人都无法与你相提并论！"许多年后，英国作家埃德蒙德·高斯特意到哥本哈根拜访年事已高的安徒生，那时的安徒生已经是一位佝偻的老人，当他听到安徒生的朗读，他震惊了，"只要他一开口，你就会为他的才华而倾倒"，"在他的故事里你会看尽世间一切美好，飘扬的帆、汪洋的海、海蓝的天，你的灵魂徜徉在落日余晖中，霞彩漫天，整个天空仿佛因为安徒生的朗读而激动得涨红了脸"。

的确，安徒生的朗读具有一种魔力，带你沉浸其中而不自知，仿佛进入一个神秘国度，远离尘世。沙龙里的听众常常听得忘我，直到他突然离开才恍然醒悟。他们鼓掌，却不妄加议论，因为这是安徒生的要求，他朗读的目的不是倾听意见，而是享受倾诉，同时这也是一个预演，听众的掌声和笑声是他衡量作品完成与否的尺度，如果还没有出版，他会对故事进行最后的修改和装饰。在1864年，科林夫妇前来拜访时也倾听了他的朗读，他对自己的编辑方式进行了说明："高声朗读可以帮助你完善文章的语言，根据口语习惯随时调整对白，回家之后再仔细斟酌进行正式修正。"

安徒生的朗读多少是专横的，因为他不怎么在乎听众愿不愿意听，而是随心所欲地读到尽兴，他的一个朋友就曾说："我想，那些经常去沙龙的人肯定都能记住安徒生的那些童话了，他多少有些专横，因为他要求凡是到场的女士必须放下手里的针线专心倾听故事，男士不得交头接耳，不得抽烟。"比如，1870年，他在一连几天多次朗读《最令人难以相信的事》，1868

年，当他刚刚完成《彗星》和《阳关故事》时就拜访了七八个朋友，向他们朗读自己的新作品，从他们的反应里知道哪个故事更受欢迎，哪个故事需要修改，哪个故事可以更早地送到出版商或杂志社手里。

孩子的房间是孩子的世界，是童话的诞生地，在这里可以看到童话世界是如何一点点构建起来的。在这里安徒生只是一个讲故事的人，同孩子腻在一起，随心所欲地进行即兴创作。任何一件触动心灵的事物都可以激发他的灵感，他的心无限量地贴近生活，在小孩子的世界里任想象力肆意驰骋。他就像《在孩子们房间里》的祖父一样，将故事娓娓道来，为孩子打造一个梦想的世界。同沙龙相比，这里的氛围更自由，但安徒生对孩子们还是有所要求，孩子不要太多，最好是一到三个，穿戴整齐而且要认真倾听。无忌的童言在安徒生看来是最自然的诗歌，孩子们天真地欢笑与漫谈，安徒生绘声绘色地朗读。霍尔斯坦伯格的儿子克里斯蒂安·克里斯托夫曾经是这些孩子里的一员，他一直记得那个有趣的讲故事的人："安徒生在朗读的时候总是令人忍俊不禁，因为他的大鼻子和一张一合的嘴唇实在太滑稽了，但他绝不会因此而生气，他根本就没有意识到，我们笑声里隐含的嘲笑意味。"而霍尔斯坦伯格庄园里的一个有幸听过安徒生讲故事的小女仆也曾对他印象深刻："安徒生不是单纯的朗读，而是在用一种动听的方式讲述故事……他完美地将自己融入其中，把自己当成故事里的人物，有时候是笨笨的德国人，有时候是漂亮可爱的公主，有时候是女巫，有时候则是灵活可爱的小动物，他总能把那些小动物模仿得栩栩如生，但一点都不显做作。这就是他想要的，把你完完全全地带入他所描绘的那个世界！"

孩子的世界带给安徒生新的感知，让他更亲近自己的本性，以及自然的本真，因此哪怕只是不起眼的一草一木都有可能成为他笔下生动的生命，这是他 156 部童话诞生的摇篮，是他创作的前提。只要置身其中，他的想象力和创造力就无比丰富，瞬间将时间与空间逆转，你会随着他的故事漂洋过海或翻山越岭，到达一个无所不能的世界。当他开始讲述《拇指姑娘》时，他会同孩子们一起学一只小田鼠在空气里挖洞，仿佛真的进入了田鼠的家，同它一起坐在用稻草做成的床上嬉戏谈笑。同时它的故事里，总有一些天真烂漫的孩子，他们的言行举止，以及梦想都是安徒生对自己童年的追忆，他总能给予这些孩子与众不同的东西，比如天性、天真。

安徒生喜欢一个人在花园里散步，他会随手摘下各种美丽的花朵，将它们想象成任意一个角色，由此而在脑海中构思出崭新的故事，并在餐桌上把它们讲给孩子们听，孩子总是很喜欢同他待在一起。他还会把摘下的花结成束，分发给在座的女士，每个花束都是一个故事。有时，恰逢节日，安徒生会为大家表演即兴剪纸来庆祝，他在剪纸上写下祝福，然后折起来编上号码，客人指定一个数字，他就把对应的祝词大声朗读出来；有时他会与在座的宾客和孩子们一同演个即兴剧，或是干脆自己上阵即兴作几首诗，他的才华总是能让宾客惊叹并欢喜。

1830 年起，安徒生开始认真地学习如何成为一个童话故事家，那时他已经写成了《诗集》。在书里，他附了这样一段话："当我还是个孩子，我最大的兴趣就是听各种童话故事，它们至今都停留在我的脑海里挥之不去。那些故事有些并不出名，甚至大多数无人问津。现在，我愿意把其中一篇描述给在座的各位听，如果你们不介意的话，我也可以把更多的故事融入我自己的创作中，将它们写成一部全新的童话故事集。"这部童话集在后来确实出版了，可惜并没有像安徒生一开始设想的那样受到欢迎，批评家，以及童话家克里斯蒂安·莫尔贝奇在《文学评论》中发表了批评文章，认为安徒生讲故事的方式太过主观，而且有些过于咬文嚼字，稍显做作。这些批评让安徒生对继续创作童话产生犹豫与怀疑，为此他沉寂了一段时间，直到 1835 年，才重新回到童话创作上。这次回归既是为了内心的创作诉求，也是为了现实生计。

那时安徒生陷入严重的财政困难，1834 年 11 月向皇家基金会申请的工作没得到许可，从这个冬天一直到第二年，搬到纽哈温一间月租 8 块钱的屋子里勉强度日，他没多余的钱买生活用品，甚至到最后连房租都支付不起，只能四处借钱。他不得不向乔纳斯·科林提出借款请求："我现在跟一个可怜的乞丐没有什么不同，贫穷正折磨着我的灵魂，终有一天他会透支我的生活勇气，磨平我的斗志，对美好生活也不敢再抱有期待……或许我会选择去乡村当一名平凡的教师，从此放弃我的梦想，如果你去世了，我的才华也将失去最后一个伯乐，从此，再没有人关心我。面对贫穷，我的才华百无一用。"那时安徒生已经向科林家借贷了 100 元，当天，乔纳斯·科林就回了信，让安徒生先冷静下来，第二天，安徒生拿到了 20 元，6 月份又有 20 元，8 月份 30 元，9 月、10 月分别拿到了 15 元。

究竟是什么原因让安徒生陷入如此窘迫的局面呢？1835 年的春天，安徒生正在筹备《即兴诗人》和《讲给孩子们听的童话故事》的出版，但他没能按照出版商的要求拿到 100 个订户，因此

《即兴诗人》没能按时出版，这意味着安徒生将不能拿到预计的版税。那一年，安徒生仅凭着两部童话赚到了 30 元，尚不够支付 4 个月的房租或是一套保暖的衣服。

安徒生在信中假设的窘迫未来没有成为现实，1836 年，《即兴诗人》进行了二次印刷，给他带来了 180 元的版税收入，再加上《凯尼尔沃斯的宴会及其聚散离合》等戏剧的上演，以及《O.T.》的出版，安徒生拥有了稳定的收入，不但偿还了部分债务，还有了存款。这种情况对安徒生来说实属难得，仅《O.T.》就印刷了 500 册，安徒生从中收入 300 元。出版商赖策尔也意识到安徒生的价值，向 C.A. 本曾宾森购买了安徒生的肖像画册，将其制成铁刻版画分发给销售商，推荐这位刚刚出道的作家。

《讲给孩子们听的童话故事》也在这一时期出版了。那时安徒生还没有意识到这部作品将在文学界引起怎样一场轩然大波，出版多半是为了给自己增加收入。他曾写信给亨丽埃特·汉克告知自己即将出版童话的喜悦，1835 年 2 月，他又写信给好友 B.S. 英吉曼："我已经开始创作适合孩子们听的童话，而且进展顺利。以前，我已经出版了一些童话故事，但没有流行起来。这一次，在创作这些童话时，我觉得自己仿佛不是在写作，而是真的在对着天真无邪的孩子讲述这些故事。"

在丹麦，安徒生也兴奋不已地同许多人分享了自己即将在创作上做出的转变，而这种转变并没有被评论家接受，他被称为童话流派里的异类。虽说当时安徒生更期待的是掌声与鲜花，但这样的反对也并非完全在意料之外，在他内心深处，其实知道这种浪漫先锋派艺术很难一下子就得到认同，毕竟有《幽灵》的前车之鉴。在安徒生的童话里有这样一个故事，名叫《小伊达的花儿》。开篇第一句，安徒生就用了孩子的口吻，天真烂漫铺垫了全文的基调。孩子的语言怎么可能跟成人一样呢？安徒生以一种随性的、反传统的方式讲着孩子话，与美感无关，也与文法无关。看起来这对严肃文学而言是一场可笑的攻击，因为那个时候还没有任何一个人真正地站在孩子的角度讲故事，也没有哪个作家尝试着去尊重孩子的天性，安徒生和书里的小伊达一样被评论家品头论足，变成了他们眼中的反叛者。

事实上，不只《小伊达的花儿》里有安徒生的影子，他所创作的每一个童话故事里都或多或少的有他自己的故事，他将自己化作千百种不可思议的角色，成为童话世界里最大的叛逆者和革命者。他用自己那独特的充满想象力的语言，将孩子的内心进行深刻的刻画，那里充满奇幻色彩，温馨可爱，天真烂漫，那些自称权威实则墨守成规的评论家是无法真正了解个中趣味的，他们只能像老麻雀一样叽叽喳喳进行不痛不痒的批评。安徒生找到了新的文学表达方式，属于天真的孩子，也属于充满想象力的他自己，他成了真正的向往自由的革命者，这当然难为世人所容。

1835 年 5 月，《讲给孩子们听的童话故事》出版了第一卷，同年 12 月份，第二卷出版。包括《拇指姑娘》《豌豆公主》《顽皮的孩子》等在内的经典童话都在其列，只是这些作品并没有像安徒生预计的那样成为那个圣诞节最畅销的书，而是成为了评论家们的众矢之的。连安徒生的好朋友 B.S. 英吉曼——一个如此珍爱童真的人都劝阻安徒生不要再继续出版了。但安徒生一意孤行，一年之后又出版了第三卷，《小人鱼》《皇帝的新装》就被收录其中。在前言中，他对之前评论界的一片喊打喊杀作出了回应："我重视每一条评论，有些是赞扬的，有些是批评的，赞扬我的人认为我这次的故事是所有创作中最为优秀的，批评我的人则认为它毫无价值，劝我停止写作。面对这种两极化的评价官方选择了漠视，这让我有些心灰意冷。因此，我用了 1 年的时间才开始创作第三卷……在一个像丹麦这样的小地方，作家注定与金钱无缘，只有荣誉才能成为其毕生所求的金戒指。至于我能否得到它，还需要拭目以待。"安徒生在这里用"漠视"来形容评论家的态度，显然是有失偏颇的。从第一卷出版到 1837 年共有 4 篇评论出现，第一篇评论发表于 1835 年 5 月，其他分别发表于 1836 年和 1837 年。4 篇评论一边倒地认为安徒生的童话背叛了教育传统与社会传统，对孩子、成人，甚至是整个社会都产生了负面影响。最早对安徒生提出批评意见的也是一名童话家，评论家还将里斯蒂安·莫尔贝奇的童话与安徒生的做了比较，他们认为，莫尔贝奇的故事和写作方式更适合孩子，也更有益于孩子。

至此，安徒生的童话沦陷在一片反对声中。而综观所有反对声音，这些批评几乎都指出安徒生的作品违反了当时社会公认的童话创作原则。一是杜绝口语化。早在安徒生作品问世以前，就有评论家言辞激烈的指出："我们坚决反对杂乱无章的表述方式，即便它十分适用于口语表达。"平铺直叙加上大量口语化的拟声词运用——安徒生这种特有的表达在当时绝对算得上特立独行，遭到多数人的反对。二是儿童本性。当时的主流意见认为，"孩子对自己的重要性是不应该有自觉性的，他们需要监护人的监督和引导。"而安徒生笔下的孩子都是天真烂漫、无拘无束的，不需要任何成人世界的干扰，也不需以成人的标准要求孩子的对错，一切都依据他们的天性，率性而为。可这被当时的评论家视为危险的举动，因为他们认为，安徒生的语言太过直白，没有注意到成人与孩子在认知与教育等方面的差异。童话故事应为儿童教育服务，而不是一味地解放天性。三是教育与道德观念。评论家认为孩子的阅读不仅仅是为了娱乐，父母在选择儿童读物的时候还要考虑到它们的教育性和引导性。而安徒生的作品在儿童教育和道德上都是站不住脚的，比如，他的《豌豆公主》，评论家认为它的文笔不够优雅，且有一些不利于孩子的成长的内容。

以上便是那个时代对安徒生童话的认识，安徒生的孩子观念、童年观念还无法被接受，他被判为社会传统的叛逆者，而他的故事就是叛逆者的童话。面对如此批评，安徒生显得十分平静，他继续着自己的创作，对自己此举的巨大影响也一无所知。因为当时童话还不属于主流艺术形式，直到 1840 年之前他出版的童话中仍有不少犹疑。1840 年到 1841 年，安徒生开始近东旅行之前，创作了 17 部童话，虽然这与他后期创作相比不过九牛一毛，但接下来几年中，随着他创作形式的成熟，安徒生童话自成一体，从此丹麦批评家的声音不足为惧，他的作品一路高歌飞越丹麦，在中欧受到前所未有的礼遇。尤其是创作于 1843 年的《丑小鸭》，为他带来无上荣誉，这本作品后来被译作德文和英文，在欧洲上流社会中成为安徒生的名片。由此看来，其他人比丹麦人更早地发现了安徒生童话的价值，他将儿童作为艺术创作的主体，使孩子天性成为文学的灵感之泉，用朴实无华的笔调为他们的天真发声，从此儿童成为文学世界里具有独立性、能说话、会思考的个体，而安徒生童话也被视为一场文学革命。

安徒生的童话世界是一个有声的世界，男孩、女孩在安徒生的带领下，从无声世界进入一个色彩缤纷的童话王国，在这里他们有了自己的名字，也有了独特的声音，比如，《小伊达和花儿》里的索菲，她躲在误会的角落被冷落，"她一个人坐在抽屉里，等着有人上前向她邀舞，但一直没人来。咳咳咳，她开始假装咳嗽，还是没有人注意到她。""咳咳咳"这种口语词汇虽然形象生动，却很少也不应该出现在文学作品里，可这却成为安徒生的特点，他越来越多地将拟声词放在故事里，成为他个人作品的标签。在《卖火柴的小女孩》里，火柴划亮会发出"哧"的声音，熨斗会对衣领说"呲"。安徒生的用词富于变化。19世纪30年代，他开始尝试着用更简短的独立发音，如哼、哈、哇等。后来，他的用词变得更为丰富，发音也更有力，使得故事的感染力也在增强。在1868年的《皮特·彼得和彼尔》中，夜莺唱着"卡卡叽，噜噜哩"，《金色财宝》中的大火鼓能发出"咚咙，砰砰砰"的声音。后来，这样的语言更多地渗透到他的戏剧、小说里。

这是一种新的表达方式，天真地不着任何目的性地讲述故事，为孩子们营造一个纯粹自然的环境，那里他们有着乐声一般动听的名字，无所顾忌的自然言语。在《牧羊女和扫烟囱的人》中，安徒生杜撰了一个世界上绝无仅有的军衔："长公羊腿的陆军元帅 - 准将 - 司令官 - 中士。"这是一个心无挂碍的人才能拥有的想象力，他带给了孩子们一个独特的世界，他尊重他们的天性，考虑他们的喜好，倾听他们的语言，并理解他们的思想。在安徒生的童话世界里，儿童独立于成人世界而存在，他们有着与成人平等的地位，这或许源于安徒生对儿童特殊的感知能力，他那颗跳动的赤子之心赋予了他独特的观察力："孩子的心也会生出痛苦，这种痛苦可以被任何一个成年人感知。这种痛苦会让孩子失去拥抱希望的勇气，会让他们感到茫然无助，除了悲伤，再无其他。"这段话源自《只是一个小提琴手》，这部小说很多地方都体现着安徒生的信仰："天堂属于孩子，只有拥有纯净心灵的人才有资格进入。"安徒生开启了一扇大门，一头通向孩子们最深刻的内心，一头通向艺术宫殿，他实现了现代艺术的突破，也打通了现代儿童心理学与教育学的路。

谢谢你，对手

克尔恺郭尔对安徒生而言到底是一个怎样的存在呢？两个人相识于19世纪30年代，直到克尔恺郭尔1856年去世，作为对手相处十数年，两个人的对峙贯穿了整个19世纪40年代。索伦·克尔恺郭尔与安徒生一样醉心于童话故事，但他不是创作者，而是一个狂热的阅读者，他说，每当自己陷入低谷的时候，童话总能带给他力量。1837年安徒生正在童话创作这条路上逐渐建立自己的位置，而索伦·克尔恺郭尔则是尝试着跳出这个流派。1856年，克尔恺郭尔去世后，在他遗留的诸多书籍中有近百册的童话故事，有来自古希腊、古罗马的，也有来自德国、匈牙利、爱尔兰的，有《一千零一夜》，也有格林和伊索的寓言，浮士德、唐璜、亚哈随鲁等的作品也包含在列。其中最值得注意的是安徒生的《讲给孩子们听的童话故事》。他收藏了它，甚至可能通读过不止一遍，但他绝不是它的拥护者，他认为，安徒生根本就不知道什么是童话，他还认为，无论是形式还是内容，童话都应该大胆一些，安徒生写不了童话，只能写写诗，因此，在他看来安徒生的童话故事是不符合标准的。克尔恺郭尔阅读了大量的民间故事及童话，可谓见多识广，他对儿童及儿童生活上的观念也与安徒生基本一致，但对安徒生的作品他总是口诛笔伐，两个人关于童话的本质和意义展开了一场别开生面的论战。

　　19世纪30年代，安徒生已经出版了自己的第一本童话，而克尔恺郭尔在文学界还无所建树。在学生社团、音乐协会、咖啡馆、剧院，甚至是在海博格的家里，两个人都常常不期而遇。但两个人对彼此都没有什么好印象，在日后虽然成为对彼此作品最了解的人，但是他们的感情委实淡薄。无论是从外形、家庭出身，还是教育背景、为人处世上两个人都不尽相同，但在性格上有着惊人的相似点，比如，孤僻、不喜异性、热爱童话等。也许正因为这些相似点，才决定了两个人的对立，他们就像了解自己一样了解对方，包括那些缺点。1835年，克尔恺郭尔毫不留情地批评了安徒生的《阿格尼特和人鱼》，虽然那时包括爱德华·科林在内的许多人对这部作品都大加挞伐，但没有一个像克尔恺郭尔这样对安徒生本人提出那么严苛的批评，他指出阿格尼特和海明根本就是安徒生自己的写照，"有些作家像乞丐一样通过在公众面前显露的残疾来博取关注与同情心"，在这里，安徒生被他形容为一个"在女人裙下的哭泣的天才"。这些批评，客观来说，确实敏锐有力，而且也深刻地发现了安徒生本身就存在的问题。但这些评论被安徒生看到了，两个人的对峙开始了。通过一些学生社团的演出，安徒生试着做出回击，他对那些喜欢海博格及黑格尔，整日喜欢闭门造车又狂傲自大的年轻学生极尽嘲讽，目标直指克尔恺郭尔及其同伴。对于海博格，安徒生与克尔恺郭尔呈现出截然相反的态度。安徒生极力疏远以海博格为核心的群体，因为海博格死守黑格尔学派，思想保守陈腐，对安徒生的作品评论十分严苛。而克尔恺郭尔则极力地想加入海博格的派系，因为海博格在当时是十分著名的文学评论家，代表着丹麦文学的主流方向。

1838年5月，安徒生发表了一篇名为《幸运的套鞋》的童话，彻彻底底激怒了克尔恺郭尔。事情是这样的：在此之前，针对安徒生的《只是一个提琴手》，克尔恺郭尔发表过一篇批评文章，安徒生大为恼火，他认为克尔恺郭尔根本就没有读懂自己的作品就妄加议论，因此，在《幸运的套鞋》里有言辞激烈的回击。在这篇童话里，他讲到了一只聒噪又自以为是的怪鸟，以此隐喻克尔恺郭尔。于是，整个1838年的夏天，克尔恺郭尔无暇顾及其他，把主要精力放在了抨击安徒生上，但他写的那些评论文章过于纠结私人恩怨，不具备文学价值，因此，他想将文章发表于《伯修斯》（哥本哈根上层阶级读物）的愿望破灭了，他找到了安徒生的出版商赖策尔，千方百计地说服他帮自己把作品出版，最后以自负盈亏为前提，他针对安徒生的批评作品——《来自一个尚存者的作品》于1838年9月7日出版了。这本书的题目十分值得推敲。"一个尚存者"究竟是什么意思，他指的到底是饱受挫折的克尔恺郭尔自己还是安徒生，"作品"二字究竟是指安徒生的作品，还是自己的这部作品？也许这只是一个不大不小的玩笑，与安徒生为自己随身携带的小册子起的名字有异曲同工之妙——"汉斯·克里斯蒂安·安徒生的诗，死于1828年。"在这本书里，克尔恺郭尔认为安徒生根本就写不出像样的作品，而且还在学生社团中对哲人圣贤大加耻笑。看起来这本书更像是一场闹剧，无休止的批评与反批评，可能永远没有结果，但过程一定精彩。但是我们不禁要问，安徒生的作品到底出现了什么问题需要克尔恺郭尔自负盈亏、不计代价地出一本书去指责和批评，这种批评的立脚点到底在哪？

首先，我们不妨从安徒生的作品看起。1835 年到 1837 年，安徒生接连出版了三部小说，分别是《即兴诗人》《O.T.》《只是一个提琴手》。这三部作品以不同方式讲述了两种性别取向同时存在于一人身上所带来的问题。克尔恺郭尔批评道："脆弱的大男子主义"屈服于"女性概念"。这成为克尔恺郭尔抨击安徒生的主要论点。无疑克尔恺郭尔已经敏锐地发现了安徒生身上的女性气质，他通过几篇文章对此进行了暗示性批评，批评的焦点之一是安徒生在作品和生活中表现出来的虚弱。他说安徒生是一个可悲的单身汉，其实他自己也没什么不同，在男子气概上也没比安徒生多多少，他对安徒生的批评其实根本就是五十步笑百步。另一个批评的焦点是关于美和道德的问题。他指出《只是一个提琴手》中的克里斯蒂安太过悲观，屈从于命运的摆布，纵容自己把情感浪费在同性的世界里，而同样的缺乏男性气概的角色也在《阿格尼特和人鱼》中出现，这无疑也折射出了安徒生的性格特点，克尔恺郭尔称其为缺乏男性气概的天才。克尔恺郭尔的观点是："天才绝不只是星星之火，而是历经暴风雨也不会熄灭的烈火。"

对于安徒生性格、情感，以及性别方面存在的问题，克尔恺郭尔的发现显然是敏锐而准确的。他指出安徒生男子气概的缺乏主要源于他对性别认识的模糊，这一点其实已经被越来越多的人发现，但还没有像克尔恺郭尔这样尖锐的批评声音："安徒生的才华如同阴阳花。"在他最早的一篇文章里就对这个问题有所论述，他借用蟾蜍来隐喻违背自然规律的情况，这很容易就与安徒生的《阿格尼特和人鱼》联系到一起，因为阿格尼特同蟾蜍一样是两栖生物，是违背自然规律的存在。

克尔恺郭尔的《来自一个尚存者的作品》不是第一本纯粹批评安徒生的作品，但在此之前也没有人批评得如此公开和彻底。1838年9月6日，当安徒生看到这本书时第一反应是震惊，因为在此书出版之前他曾见过克尔恺郭尔谈及这本书，那时他认为这本书将会是一本较为积极正面的评论作品，可结果却大出所料。克尔恺郭尔的批评不仅刻薄尖酸，甚至在某些方面有失公允，加入太多的个人情绪。在接下来几年里，两个人的对峙成为你来我往的攻击与批评。两个人同为出色的浪漫主义者，却对彼此共同之处视而不见，或者根本没有意识到，两个人都无比认真地阅读着彼此的作品，却从不承认对对方才华的赏识。1840年5月13日，安徒生的独幕剧《一场户外喜剧》在皇家剧院上演，这是他第一次正式地对克尔恺郭尔的批评做出严肃回应。这部剧有一个副标题——"根据古典喜剧改编的独幕歌舞剧：'违背意志的演员'"，目标直指克尔恺郭尔1838年的评论文章的副标题"克尔恺郭尔违背意志出版"。安徒生借一个理发师之口对克尔恺郭尔进行了回击："我为世界感到悲哀，却在哲学的背景下找到生存之道。我是剧院的理发师！"克尔恺郭尔在《一个尚存者的作品》中原话被搬到独幕剧中："我是一个理发师！这个词语脱离了所有的语法，只是想要你知道我到底有多不快乐，我们的艺术正在走向灭亡！"对此，安徒生在剧中进行了讽刺："你难道不能直言你的想法吗？"理发师试图解释，但弗朗茨还是不懂，而理发师再次警告："我的想法？想法只是想法，能不能实现是另外一回事！"如此的胡言乱语，让看到这幕歌舞剧的克尔恺郭尔感到无措，很快他也有了回应——《且慢，安徒生先生》。在这部作品里克尔恺郭尔一反常态用了最简单直接的语言将安徒生批评得一无是处。这部作品并没有公开发表，而是被克尔恺郭尔收藏在自己的抽屉里。

1843 年左右，两个人的关系出现了难得的缓和。克尔恺郭尔突然收到了安徒生寄出的《新童话》，在这本书中安徒生对之前克尔恺郭尔的《非此即彼》表示了欣赏和感谢，因为克尔恺郭尔在其中揭露了一个连安徒生自己都无法真正看透的自己。在《新童话》的题词中，安徒生写道："你对我的作品或许持反对态度，或许是认同，这都不重要，你的分析是对的，并且很宝贵。"这看起来似乎是安徒生向克尔恺郭尔抛出的橄榄枝，可克尔恺郭尔并没有什么回应，直到 1849 年，他才第一次把《非此即彼》寄给安徒生以示友好。显然，对这一点，安徒生是十分惊讶的，他几乎立刻就给了回复："亲爱的索伦·克尔恺郭尔！我已经收到你的书，这让我十分开心，相信你能懂我这种心情，我从没想过，你会为我想这么多，可你真的做到了。上帝会保佑你的，谢谢，十分感谢！我读了你的书，内心有压抑不住的兴奋。"

在《我的童话人生》里，安徒生试图进一步淡化两个人的矛盾，可似乎并没有多大作用，两个人的关系并没有真正变得友好，事实上，和解也不是他的真实意图，他只是想要对克尔恺郭尔在 1838 年对他人格上的抨击表现得轻松大度一些。事实上安徒生并未完全对 1838 年克尔恺郭尔的批评释怀，直到克尔恺郭尔去世以后，安徒生还在试图借他人之口反驳克尔恺郭尔的观念，如他创作于 1857 年的《生存还是毁灭》。

其实，安徒生与克尔恺郭尔对童话和儿童的看法与热爱是十分相近的，两个人也并非像我们所看到的那样完全敌对。B.S. 英吉曼就曾发现，1838 年克尔恺郭尔对安徒生的那些严苛的评论中并非全是挞伐之词，相反他对安徒生的一些评价远高于安徒生的实际表现。英吉曼说道："或许克尔恺郭尔对您的评价比他想象的还要高。尽管结束语的语调有些低沉，但我仍能感觉到他的友好。但这种做法我无法赞同，一边批评，一边又默默赞扬，他用文字表达对你的不认同，却还暗暗地表明他的赞扬，这未免有些狭隘，对你也不太公平。我希望他能明白，并且慢慢改变，像以前一样，当着你的面说出他想说的话，而不是闪闪躲躲。这正是他欠你的，也是他欠你们两个的读者的。"英吉曼的意图无非是希望克尔恺郭尔纠正对《写给孩子们的童话故事》有失偏颇的评论，但克尔恺郭尔并没有那么做。其实两个人的论战与个人对错无关，它更多地源于两个人对童话故事讲述技巧的分歧。两人一致认为童年在人一生之中具有独立意义。克尔恺郭尔主张用童话充实儿童的心灵，给予他们想象的空间，从而起到净化心灵的作用，因此童话不仅要在情感上打动孩子们，还应具备一定的教育意义，因此对于童话的语言克尔恺郭尔提出两点要求，既不能因循守旧，也不能对美好事物进行过度渲染。而安徒生的语言无疑就被他划到了过于渲染的行列。在克尔恺郭尔看来，安徒生的童话十分幼稚，他总是模仿孩子的语气假装自己还是个孩子，"那些看起来高大魁梧的人居然有着孩子一般的纯真天性，他们甚至不计代价地向大家证明着自己仍然年轻，他们的胡子不会像成人一样长长，他们的青春将永远留在脸上。"

对于这些指责和批评，安徒生虽然心中无法释怀，但并没有因此而影响继续创作。1838 年，他出版了《写给孩子们的童话故事》第四册，并且有先见之明地准备好接受各路评论家对《丑小鸭》《甘菊》《坚定的锡兵》的批评，因为这一次他故事里的孩子不再单纯善良如天使，安徒生开启了他们隐藏在天性里的残忍的一面。对于包括克尔恺郭尔在内的质疑安徒生作为童话作家的道德感的评论家而言，这无疑是响亮的一个耳光，足以让他们无地自容。接下来，安徒生出版了《没有画的画册》，讲述了一系列与月亮有关的故事。月亮照耀着顶楼里孤独的年轻人，用自己俯瞰天下、穿越夜空时看到的小故事来安慰和陪伴他。这本书出版了几年以后，安徒生又为它续写了一首诗《第33夜》，在这个夜晚，月亮对年轻人说，孩子才是开创新时代的原始力量。

　　童话改变了安徒生的人生。1838年，他获得了腓特烈六世为他颁发的每年400个银币的终生养老金。在此之前，他也做了许多努力，说服许多当权者为自己在国王面前美言几句，其中就包括对他的《即兴诗人》十分喜爱的意大利总理大臣朗茨·博瑞登伯格伯爵。朗茨·博瑞登伯格伯爵确实对安徒生伸出了援手，并且成为他坚定的支持者，这一点安徒生一直铭记并且心存感激。从此，安徒生的生计问题得到了解决，他无须再依赖仰仗于他人资助，终于可以真正自由且无后顾之忧的尽情享受创作了。在此之后，更加精彩的新旅程即将开始。

荆棘与桂冠

　　1840 年 10 月 31 日，安徒生乘"克里斯蒂安八世号"离开哥本哈根。跨越欧洲，通过墨西哥海峡、锡拉岩礁、卡律布迪斯旋涡，穿过地中海前往希腊。稍作停留后，又通过马尔马拉海到达君士坦丁堡。旅途艰险，安徒生却自得其乐。这独自一人的史诗之旅，勇敢而神圣。穿过黑海，他到达了达康斯坦莎附近海岸，之后沿多瑙河而行，经过罗马尼亚、保加利亚、塞尔维亚、匈牙利到达中欧，在维也纳、布拉格、德累斯顿、汉堡逗留数日，最后返回丹麦。这是一场冒险之旅，多瑙河沿岸国家战火连年，海峡、峡谷暗流涌动，安徒生还遇到晕船的困扰，但这一切仿佛都不算什么，历时 9 个月，每次到达与出发都意味着新的世界在向他打开，一点一点，越来越多。

　　1841 年 4 月 25 日到 5 月 4 日，安徒生到达君士坦丁堡，短暂的停留让他见识到一个充满强烈神话色彩的神奇国度，它是阿拉丁洞穴的所在地。在那里，安徒生发掘了一笔巨大的财富，而当时这笔财富的价值连他自己都没有完全知晓。归国后，这笔财富变成了《心上人》《椴树》《天使》《睡魔》《玫瑰仙女》《放猪的孩子》《丑小鸭》《雪女王》《夜莺》《荞麦》。直到1843年，安徒生才对这笔财富有所感觉，在写给英吉曼的一封信中他提道："我觉得我原创童话的决定是对的。一开始我写的那些都来自于儿时所闻，只是用自己的话复述了一遍罢了，而我自己原创的《小人鱼》《鹳鸟》和《甘菊》等却意外地受到欢迎，而我自己也非常喜欢它们，因为我的想象力在其中可以自由发挥。我在用心讲故事：将成人思想转化融汇在孩子的故事里，并且时刻提醒自己，孩子的父母也会看，我不仅要让孩子们喜欢，还要对他们的父母有所启发。我的素材源源不断，我总感觉大自然的一草一木仿佛都在对我说，看着我吧，只要看着我你就会创作出一个新的故事。事实也是，只要我愿意，我的心里就有一个新故事！"

这次旅行其实更像是一场心灵之旅，9个月的行程，安徒生一直都在试图探寻自己的心灵世界，他觉得自己仿佛感受到家乡一般的温暖，仿佛回到年少时光，还窝在家里听爸爸讲《天方夜谭》的故事，只不过现在他长大了，开始用自己的笔写自己的故事，他用自己的脚步丈量了世界的宽度，每一个未到达过的地方都有新的人、新的事，"新生活的脚步越来越近，我感受到了它的气息，虽然我并没有在作品中透露这一点，但它的确给了我活力，我感觉自己不再脆弱。旅行开始，我看着故乡的事物渐渐离我而去，那些失望、痛苦仿佛也在远去。我感受自己血液的流动，探寻自己大脑的思维，它们都充满了活力，我终于再次昂起了头，享受生活。"旅行结束后，他将沿路写下的日记总结成一本厚厚的游记出版，名字叫《一位诗人的杂货店》。这本书描写了安徒生旅途中的见闻，关于死亡与新生，是安徒生对生死的深度思考。他厌烦了国内评论界的喊打喊杀，独身逃往南方，最后在东方获得新生，却不得不踏上归途，回国之前，他的内心充满恐慌："斑驳的树林绵延在眼前，虽是清晨，空气却黏浊，阳光也不似地中海灿烂。在这个闷热的夏天，我回到了丹麦。旅途走到了尽头，沮丧盘踞在我心头，挥之不去，我感觉一些可怕的事即将发生。在丹麦，人才济济，竞争激烈，每个人都在为自己争取一席之地，因此，他们将目光锁定在我的缺点上。我感觉回家的路充满风浪，在到达之前，它们会一波一波向我袭来。"

安徒生之所以会有这种心情主要源于丹麦评论家们的口诛笔伐让他觉得自己备受迫害，而在国外，尤其是在他途经的欧洲，他的作品却饱受赞誉，而他本人也被当作上宾，这与国内的待遇形成强大反差，安徒生当然更享受于充满鲜花与掌声的生活。19世纪40年代的丹麦文学，好与坏泾渭分明，人们对于作家的评价不是荆棘就是桂冠，而荆棘与桂冠，都曾被安徒生披戴上身。

1840 年，批评的声音越来越大且越来越多，安徒生不甘沉默，与之争辩。这场辩论涉及当时众多丹麦艺术家及艺术形式，辩论内容不仅关于观点与气质，更关于学派与主义。1847 年，批评家 P.L. 莫勒发表了一篇关于《一位诗人的杂货店》的评论支持安徒生的作品："如今，太多的作家透支了天真活力和想象力，作品看起来十分理智，却也愈发苍白衰老。而安徒生的这篇文章则不同，它令人振奋，因为字里行间的自然与活力通过诗人的加工变得愈发光芒四射。"

与莫勒的支持相反的是丹麦评论界的大多数。先有 1830 年亨里克·赫兹将安徒生《灵魂之信》评为充满低级错误，文不通、字不顺的作品，后有索伦·克尔恺郭尔的攻击。作家卡斯顿·霍奇也站在了安徒生的对立面，将他形容为一只滑稽的鹦鹉，将《徒步之旅》评价为精神病之作，而在其 1845 年的小说《莱茵河上的城堡》中，他将安徒生说成是一个傲慢无礼的神经病作家。而克尔恺郭尔的做法远比这还要残忍，他揭露了安徒生混乱的生活与工作，让这些成为日后批评家们对安徒生口诛笔伐的武器之一。另外，还有一批令安徒生深恶痛绝的批评家们，安徒生将他们统称为"铣刀协会"。"铣刀协会"是一个美学联谊会，由黑格尔倡议组建，由海博格等批评家领导，主张推崇理性主义，反对浪漫主义，尤其是即兴创作及肤浅之作。他们注重的是形式，而安徒生认为"形式只是精神的一种表达，精神力量同形式一样重要，但精神更加神圣"，他欣赏千变万化的外部世界，以及其带来的源源不断的灵感，更喜欢即兴的充满情感的创作，因此，他成了"铣刀协会"口诛笔伐的对象。

"铣刀协会"的领导人海博格最初对安徒生是持肯定态度的，那时安徒生刚刚出版了《徒步之旅》，海博格的赞赏为他带来了莫大的帮助。可是，到了 19 世纪 30 年代，安徒生对浪漫主义越来越推崇，他与海博格在文学创作上产生了不可回避的分歧，因此，两人分道扬镳。1838 年 8 月，安徒生受邀参加了海博格主办的一场宴会，在这场宴会上，安徒生知道了索伦·克尔恺郭尔即将出版的关于《只是一个提琴手》的评论是彻头彻尾的负面评价，这是他第一次感觉到铣刀在向自己逼近。

面对"铣刀协会"，安徒生不是一个人在战斗，莫勒、英吉曼、亚当·奥伦施拉格和 H.C. 奥斯特都是他的支持者，还有一个人对安徒生推崇备至，甚至公然与"铣刀协会"对立肯定安徒生的作品，他就是法国人泽维尔·马尔米埃。在他的著作《丹麦语瑞典文学史》中，他花费很大篇幅对安徒生做了详尽的介绍，这是一本国际性参考书，意味着安徒生成为丹麦最主要的作家，这一点引起"铣刀协会"更大的不满。事实上，早在 1837 年，马尔米埃就在《巴黎评论》上对安徒生进行了介绍："我住在哥本哈根时，有一天，一个瘦高个走进我家，他不讲究什么优雅风度，举止也说不上得体，这可能让女士感到不舒服，但却给了我好感，因为他有着充满善意的眼神和坦然的面容。这个瘦高个便是安徒生，我的书桌上堆满了他的作品。我们互相介绍后开始聊天，他很真诚，说的每一句话都像诗歌一样，他还向我讲述了他的经历，苦难的、艰辛的……"马尔米埃在《丹麦与瑞典文学史》中介绍安徒生的文章与这篇发表在《巴黎评论》的文章大同小异，安徒生提供了大部分关于自己的资料，但影响却是不同的。《巴黎评论》让安徒生的文章传遍欧洲，甚至连拜伦的遗孀也对他大加赞赏，而《丹麦与瑞典文学史》则影响了几十年内整个世界对 1840年前后丹麦文学的看法。

海博格对这种宣传深恶痛绝，因为他认为安徒生在欧洲的闻名是以牺牲全丹麦其他作家为代价的。1839—1840 年的一天，他在街上偶遇安徒生，对他讽刺道："你的作品被翻译到欧洲，得到德国报纸的好评，都是因为你的出版商为你出了钱，你自己心知肚明。"安徒生回答道："是吗？那你肯定也知道，我们有共同的出版商，他不喜欢你的书却唯独对我的书赞赏有加不是很奇怪吗？"海博格说："是啊，他没有为我的书花过一分一毫，的确很奇怪。"1839 年，莫尔贝奇站出来批评安徒生，而安徒生却在兰德受到莫大的礼遇，回国之后，海博格又讽刺道："下次你再去瑞典，我要与你同行，好让我感受一下你所谓的礼遇。"安徒生则悠悠然答道："你还是和你的妻子一起去吧，说不定你会得到更好的待遇。"而对安徒生的推崇者马尔米埃，海博格也持反对态度。他十分不满马尔米埃对丹麦文学的片面评价，在1840年的《科学评论年鉴》上对他的书表示反对，称丹麦文学丰富多彩，安徒生那不入流的作品根本就不值一提。据安徒生讲，面对海博格的驳斥，马尔米埃的态度是："他写一百篇批评我的文章，我就回敬三千篇！海博格只能在丹麦风光一下而已，在整个欧洲根本名不见经传，真正让欧洲人侧目的是奥伦施拉格和安徒生。"安徒生固然高兴，可马尔米埃的评价真的客观准确吗？在1839年12月安徒生写给亨丽埃特·汉克的信中有这样一句话："亲爱的马尔米埃对我倾注了太多的喜爱，以致令我感觉他的文章多少缺乏信服力。"显然，连他自己也意识到马尔米埃的作品里有些评价过于主观片面了。

1840年，海博格的忠实门徒克里斯蒂安·莫尔贝奇站出来对安徒生进行新一轮的抨击。早在1830年，他就对安徒生的《鬼》大加嘲讽，1833年与1834年之交的冬天，他又在重要刊物《文学》上发表了评论，对安徒生的两部诗歌大加挞伐。当《讲给孩子们听的童话故事》出版后，莫尔贝奇更是变本加厉，他对安徒生作品的看法一直反对，甚至认为安徒生终会毁掉诗歌。那时，莫尔贝奇已经是一名历史学家、哲学家、作家、批评家，以及皇家剧院的终身顾问，这意味着他又掌握了另外一项权力——对安徒生戏剧的审判权。安徒生接下来的作品《摩尔少女》和《黑白混血儿》都被置于此项权力之下，莫尔贝奇无视其创新性与艺术性，以彻底否定的态度坚决要借此摧毁安徒生的创作生涯。因此，

《黑白混血儿》公演之前接连受挫，在递交给剧院管理层的批评中，莫尔贝奇认为这部作品矫揉造作、幼稚轻浮、枯燥无味且没任何意义，主人公总是滥用感情。受此影响，安徒生接连三四部剧本被皇家剧院拒之门外，他义愤填膺，在写给爱德华·科林的信中说道："我被一个暴君欺负了！"他决定反击："就算要我亲自上台表演，这部戏也必须要如期演出。我不会面对不公正的待遇时还要保持沉默。朋友们，如果你们还当我是朋友，就快站到我这边吧，来替我说句话，否则我们将不再是朋友。"安徒生的朋友都站出来了，纷纷为安徒生说话，向剧院管理层据理力争，最后《黑白混血儿》被抢救回来，得以公演。但安徒生不知道的是，在正式公演之前还要经历一番磨难。

　　1839年12月末，《黑白混血儿》公演之日的清晨，剧院门口人们还在排长队等着买票，突然宣布腓特烈六世去世，举国哀悼，公演不得不暂时作罢。那时安徒生正在北方饭店的窗前，遥望窗外景色，对自己正在慢慢展开的事业版图充满期待。国王辞世的消息并没有令安徒生动容，他全身心地扑在了公演上，因此公演推迟对他来说十分难过，因为剧院不知要关闭多久才会重开。1840年1月，剧院重开，2月3日，《黑白混血儿》终于登上舞台。剧院里座无虚席，连新继任的国王克里斯蒂安八世也出席了，没有人敢轻视这场演出。安徒生却忐忑不安，他如坐针毡一般看着观众的反应。起初，剧场里十分安静，观众一致沉默着，这让安徒生愈发焦急，直到第四幕开始时，观众们开始有了热情，到第五幕，整个剧场热闹起来，掌声、欢呼声不绝于耳。安徒生赢得了观众的掌声，同时也收获了皇室的青睐。除了新国王亲自接见，皇后卡罗琳·阿玛莉对他也十分欣赏，她熟悉他的每一部戏，并且早在 1839 年就在吉塞菲尔德见过安徒生，安徒生为她表演了歌曲与剪纸，并在太阳一般的剪纸上写下了一行小诗，后来皇后还邀请他到哥本哈根的皇宫专门为她朗读他的戏剧。

《黑白混血儿》是安徒生最成功的一部戏剧。整部剧由 5 幕组成，无论是角色设定还是情节安排都十分灵活自然，这并非安徒生谋篇布局所致，而是因为他借用了法国查尔斯·霍巴尔夫人的一部小说的主题。这篇小说就刊登在 1838 年的《巴黎评论》上，与马尔米埃那篇介绍安徒生的文章发表在同一期。而当安徒生写成剧本把它交给剧院，以及出版商时，根本没有提及借用主题之事，反而在副标题中标注上了"原创"二字。在 1840 年及 1843 年写给亨丽埃特·汉克的信中，他曾提起过自己借用了一个小故事，但只是轻描淡写一笔带过。事实上，安徒生也对它进行了加工改编，在原有基础上使新剧有了更为深刻的内涵。他聚焦于奴隶问题，反映了人的动物性本能，也反映了一个人肉体与精神的关系，这个主题贯穿剧目始终，安徒生似乎在这部剧中透露这样一个信息——人的动物性不仅存在还应当占有一定地位。欲望有时是邪恶的，有时也是灵感之源。1838 年，安徒生在哥本哈根北方饭店写这部作品时，他告诉亨丽埃特·汉克他真的遇到了一个服侍周到的黑人仆人，从他身上让他看到自己作品的影子："抛开华服美饰，他的诗歌透露着人的情感，包括邪恶与高贵的两面性。这部戏剧关系到我是继续剧本创作还是仅仅写写小说。"

1839 年到 1840 年的冬季，短短几个月，《黑白混血儿》一共演出 11 场，其中 5 场都座无虚席。当安徒生的成功传回欧登塞时，一家报纸报道说，观众对安徒生的戏剧表现出了前所未有的关注和赞扬，评论家们也一致看好。而一家杂志社则刊登了一篇匿名文章，指出安徒生的这部戏并非原创，而是盗用了一个法国故事的情节，而这篇原版的故事也即将面世。对此，安徒生一派安然，显然他并不认为自己的"借用"行为属于剽窃，因为这样的"借用"在当时的丹麦文坛稀松平常，比如，海博格的《仙女》就是从路德维格·提克的德国童话里借用的主题，而奥伦施拉格《黄金时代》中的阿拉丁也不是他的原创。

最后，这一星半点的批评声又被欢呼与掌声淹没了，安徒生获得了皇室的褒奖和 1000 银币的奖励，还有许多礼物，其中有一枚新任国王赠送的钻石胸针，还有一个可以与贵族、大臣同列而坐的剧院皇室包厢席，同席而坐的还有奥伦施拉格、索瓦尔德森、赫兹等人，索瓦尔德森见到安徒生会邀他一起去野餐，海军准将伍尔夫则玩笑说："该死的，我们这里怎么汇聚了如此多的作家！连安徒生阁下都坐在这里，到底是谁安排的座位？"安徒生答道："是两位绅士，为你安排座位的是国王，而赐予我座位的是上帝。"接着，他拿出国王赏赐的钻石胸针炫耀。当时，海博格和 J.P.E. 哈特曼也得到过国王的赏赐，不过都是宝石。

以上都是安徒生借助《黑白混血儿》获得的桂冠。与之前"铣刀协会"成群结队的批评不同，安徒生这次获得的几乎是全丹麦人，以及皇室的认可，这意味着他的才华将被整个丹麦所重视。安徒生终于在丹麦感受到了被重视的快乐，但这种快乐并没有持续多久。戏剧的成功，使安徒生进入一个"批量生产"的时期，写作对他而言成了一种任务。他欠了太多的"债"，四处向他邀稿，他连给朋友们回信的时间都快没有了，所以他常常要为回信少而道歉。1840 年，安徒生为学生联合会写了几篇悼念已逝国王腓特烈六世的文章，几个星期后，学生联合会再次向安徒生发出邀请，请他在悼念节到来之际写一部喜剧，安徒生婉言谢绝了。因为他实在太忙了，他同时还要为 H.P. 霍尔斯特写一首诗，为女演员安娜·尼尔森写一篇后记，为演员路德维格·菲斯特写一段歌舞剧独白。因此，他只为学生联合会匆匆忙忙地写了一个故事梗概，其他的由学生自己去补充。

除去这些受人之托忠人之事的任务，安徒生已经有了下一步规划，他决定写一部大型戏剧《西班牙女郎》。"《黑白混血儿》已经给我带来了地位的提高，但还不够，我需要更上一层楼！为了飞往另一颗星球，我必须前进，前进或死亡，我没有其他选择。在国王加冕礼之前，除了瑞典，我决定不再去任何其他国家，因为在丹麦这段时间我过得很好，而且《黑白混血儿》带来的收入尚无法支付旅行的费用。如果《西班牙女郎》成功，我大概就能凑够出行的钱了。我热爱戏剧。那些健美的西班牙女郎在我的脑海中穿梭不停，我仿佛听到艾尔罕布拉宫里水花四溅的声音；摩尔人的传奇历历在目。我正在把内心涌动的形象通过文字描述出来。"

安徒生原计划创作的《西班牙女郎》后来被更名为《摩尔少女》，1840 年首演后再出版，那时安徒生已经开始了他的东方之旅。在创作这部作品时，安徒生正处于极度自怜的情绪中。在出版时，安徒生删去了一些原本放在序幕里的话："离别在即，我向上帝祷告，愿我的灵魂在回国之前变得坚强，使我的创作拥有化敌为友的力量。"所谓化敌为友，安徒生的做法是请海博格的夫人——戏剧界的第一夫人来出演主角。其实，《摩尔少女》本身就是为她量身打造的，但海博格夫人似乎并没有领情。在安徒生开始冒险之旅的前几个月，他同海博格夫人发生了一场不太愉快的争论。

海博格对安徒生的反对在《黑白混血儿》之后有增无减，他开始动用自己的人脉，采用一种更不动声色的方式压制安徒生。1840 年 8 月，乔纳斯·科林不顾海博格与莫尔贝奇的反对，接受了安徒生的《摩尔少女》打算排期公演，海博格在这件事上不得不做出妥协，因为他的权力尚不足以反对乔纳斯·科林。但是在 9 月份开始排练的时候，他采取行动了。他同演员进行第一次剧本通读时，有意地抱怨说安徒生的字迹太潦草，要求他把《摩尔少女》再抄一遍，因此，《摩尔少女》延期了。但真正让安徒生觉得愤怒的是海博格夫人的拒演。她曾参演过安徒生的《黑白混血儿》，但她对安徒生说，她已经不再对他的戏剧感兴趣了，她早就已经反感了他的创作。

"如果你想领先于他人就要受得起委屈！"这是安徒生的座右铭。所以，最初被拒绝后安徒生并没有将愤怒表现出来。1840 年夏，《摩尔少女》即将在舞台上取得成功，而海博格夫人依然拒演，9 月 29 日，安徒生亲自拜访了这位著名的女演员，将自己的作品大声朗读给她听，竭力争取她的出演，海博格夫人还是拒绝。她的拒绝或多或少与海博格与安徒生愈发紧张的关系有关，但对安徒生作品本身，海博格夫人也是有所考量的。早在春天，她就建议安徒生将女主角从一个文静的少女改成活泼开朗的少妇，安徒生如此做了，但海博格夫人还是不满意，她认为剧本里的拉斐拉是个假小子，整部戏都有问题。安徒生听后十分难过，他几乎流着泪再三央求海博格夫人出演，海博格夫人仍然无动于衷，这深深地挫伤了安徒生的自尊心，成为他最不忍回首的痛苦记忆。事过多年，安徒生仍耿耿于怀，甚至对海博格夫人的一字一句都铭记在心："'海博格夫人，你让我的内心充满绝望！我满怀希望请您出演主角，而你却拒绝，这部戏会因为你的缺席而面临失败，我将失去经济收入。这笔收入原本是我出国学习的资金，为了提高自己，我必须去希腊，去君士坦丁堡，如果没钱，我将不能成行。如今，你是否接演这部戏剧是我能否获得出国基金的关键，我诚意请求您能接受我的邀请，哪怕只有 5 场，我也希望你能答应出演，恳切请求！''不，我不愿意！'她回答。'噢，海博格夫人，你到底想要我怎么样呢？怎样我才能说服您参加演出呢？告诉我，到底怎样才能打动你！如果没有你的出演，这部戏剧将永不可能成功。'她回答：'或许吧，但我还是要再次拒绝。'安徒生继续恳求，'我为自己的竭力央求感到羞愧，但这次演出真的对我很重要，我必须求您，真心实意地恳求你能参演。拜托您，答应我的请求吧！'海博格夫人的回答仍然是：'我拒绝出演假小子！'安徒生愤怒了，大声说：'海博格夫人，你是在侮辱我吗？你怎么能没有一点怜悯之心？真是个混蛋！如今您受人追捧自视甚高所以傲慢无礼，可有朝一日你定会因此而跌落谷底，到时我却站在顶端俯视着你，只要我动动手指就可以拿捏你的生死！'看到安徒生愤怒的口不择言，她说：'请你马上离开！你才是混蛋！你这个魔鬼！'他对她大声嚷道：'是，我是魔鬼，可这都是你一手促成的。'"其实，海博格夫人的拒演情有可原，这部作品与之前的《黑白混血儿》比起来确实相差太多，而且风评不佳。

1840 年 10 月，安徒生离开丹麦之前给海博格夫人写了一封信，信里说到他对她的拒绝很失望，他相信，他日再见，她定会先伸出手向他示好。这是安徒生不太高明的和解手段，看起来有点狡猾，总想着自己占据主导地位。海博格夫人回忆这封信时说道，安徒生太可笑了，他竟敢如此要她先妥协主动与他握手言和，简直是对她的侮辱。抛开海博格对安徒生的反对不说，单是海博格夫人自己对安徒生也是充满不满的，她对海博格与安徒生的对立是如此评价的："我相信，明眼人都会明白海博格为什么对安徒生软弱犹豫的性格毫不同情，这是他天生缺少的东西，没有人会因为这个怪罪他。他对安徒生的批评也绝不是因为嫉妒，他对安徒生的蜚声海外完全不感兴趣。"这是她在1882年爱德华·科林关于安徒生的书即将出版之时，在给爱德华的信中提到的。这种类似的将安徒生的性格与他的创作相联系的评价在海博格夫人1891—1892年的回忆录里也出现过，她写道："安徒生的性格软弱得像个女孩，这注定了他不会成为真正的大戏剧家。"爱德华·科林则回应说，没有海博格，其实也不会有安徒生，这一点他可以证明，安徒生对海博格其实非常尊重，只是这一切在安徒生扬名国际之后发生了改变："名气地位是他评价一个作家的价值的标准，在他看来，获得名声和地位是一个作家必须做到的。这种认识势必会影响他的心灵，他自视为丹麦最了不起的作家之一，可被他拿来比较评价的作家只是在丹麦有些名气，在国外却名不见经传。真为他感到悲哀。"

行走在欧洲

19世纪40年代，安徒生4次游历欧洲，那时正值第一次工业革命，机械广泛出现于人们的生活，尤其是蒸汽机的发明改变了人们出行的方式，这让喜欢旅行的安徒生也切切实实感到了生活的变化。1833年到1834年游意大利时，安徒生乘坐的是邮车和马车，12个小时才能走50到100公里，而1840年11月，从德国马格德堡去莱比锡时他乘坐的是蒸汽火车，只要4个小时就可以走120公里，这让安徒生大感神奇。而且当时现代印刷技术也快速发展起来，图书出版业呈现扩张之势。

技术飞速发展，安徒生的创作成就也是。他的小说和童话被翻译成英文、德文、法文，随着印刷技术的发展，得以在更多国家传播。也就是说，早在19世纪40年代，安徒生的名字和作品就已经传遍德国上层社会。《没有画的画册》以各种删减本、缩印本的形式进入学术期刊和杂志，在欧洲德语区名噪一时。40年代中期，他前后4次经过德国，慕尼黑、德累斯顿、魏玛和柏林都是他十分喜爱的地方，在那里他的浪漫主义情怀和作品都受到了欢迎。在国王举行的宴会上，以及许多德国名流参加的沙龙和文学协会上，他结识众多非常有名望的德国人。这些人对他的创作和生活都多加关照，安徒生借着与他们的交情，拓展了自己的人脉，也开阔了视野。

1840 年到 1841 年的第一次旅行中，他结识了门德尔松、弗朗兹·李斯特，随后又认识了大书商弗雷德里克·坎普。他第一次看到了用达盖尔银版摄影法拍摄的照片，还与《大众报》的出版商古斯塔夫·科尔布结交。在慕尼黑，他可以自由地在戏院与画廊出入，结识了画家斯蒂勒斯、彼得·冯·科尼利厄斯、考尔巴克，以及哲学家 F.W.J. 谢林。这意味着，在德国安徒生不用担心自己的食宿，他可以享受友人提供的华衣美食，可以在大剧院里看戏，还可以为自己的作品找到更多的出版商。画家考尔巴克还曾为他的《天使》绘制插画，以平版画形式出版的童话得到更多人喜爱。在巴黎、维也纳、伦敦等大城市，安徒生也建立了自己的关系网，这一点从他的大纪念册上就可以看出来。这本纪念册高半米，重三公斤，里面珍藏着安徒生 40 多年历次旅行中的贺词、纪念品和照片，有许多安徒生结交的名人的签名、诗歌、书信、画像、乐谱，它证明了安徒生在丹麦以外的名气与地位。同时，这部纪念册还是一部文化图谱，诸多名家之作罗列其中，比如法国女演员雷切尔，1843 年，安徒生在巴黎与她邂逅，并深深地为她的作品着迷，雷切尔还曾给安徒生写信："艺术即真理。"这句话用在安徒生身上再恰当不过了。这本纪念册记载了他的艺术理想、社会理想，以及浪漫主义情怀。

在这漫长的旅途中，安徒生得益于他的固执，见到了许多难得一见的名家，比如，海涅、大仲马和雨果。早在 19 世纪 30 年代，安徒生就在巴黎拜访过海涅，只是那时两人并不熟稔。再次见面，安徒生从海涅身上看到了他的改变，如今他已不再是外乡人，在法国他找到了家一样的感觉。海涅曾读过安徒生的《即兴诗人》，还称赞说其结构尚可。1843 年，安徒生在日记中引用了海涅的一句话："你是一个真正的诗人！"在那之后，安徒生又去巴黎见了一次海涅，海涅却对他略有不满："他瘦瘦高高，两颊凹陷，看起来与王公贵族的审美标准相距甚远，不过也正是因为这样他才受到意外的欢迎。他来拜访我时，身上别着一枚闪闪发光的领带别针，我问他那是什么，他假模假样地回答：'这是尊敬的汉森夫人赠予我的。'除此之外，安徒生在其他方面还是非常不错的。"安徒生对海涅的作品格外钟情，1865 年，他去巴斯纳斯庄园做客时，在那里的图书馆看到了海涅的文集，他将那 20 卷作品通读了一遍，并深有感触地写信给爱德华·科林："海涅是一颗耀眼的星，若不是他整片星空都会黯淡。他机智幽默，却过于关注琐碎的事，对上帝也没有什么信仰，可毋庸置疑他是一位诗人。他的作品就像是天真烂漫的小精灵，穿着纱绸衣服，趴在地上与虫子玩得不亦乐乎。"

在旅行期间，安徒生拜访的名家还有巴尔扎克。巴尔扎克坐在天鹅绒沙发上，悠闲自在地与他谈话，安徒生坐在他的旁边，另一侧坐着一个自称是男爵夫人的交际花。巴尔扎克衣着考究，安徒生却认为他是一个乡巴佬。安徒生的法语不太熟练，但并不影响这次谈话，交际花和巴尔扎克都对安徒生的话很感兴趣，并玩笑道那是一种独特的法语，安徒生对自己的语言能力也是有自知之明的，"有时我讲着讲着发现周围忽然一片安静，于是我说：'好吧，就到这里吧！'这样其他人就可以发言了。"

　　语言始终是个障碍，安徒生与法国人的会面多是靠着马尔米埃的介绍信，但不是每次拜访都能一次成功。比如，在拜访大仲马时，他几次都无功而返，直到第三次，他先把介绍信递了进去，然后在大门外静候，不多会儿，仆人出来把他引进门去，他才见到了大仲马。大仲马那时正穿着蓝条纹睡衣拿着笔和纸坐在有点乱但看起来十分舒适的卧房里。他见到安徒生后有礼貌地点头示意，并说道："我平常在家穿得就像个服务生，希望你不会介意。"说完就接着伏案书写，写完一张扔一张，安徒生生怕踩到地上的纸，安静地站在一旁。大仲马一边写一边自言自语，然后突然大声说："啊！现在第3幕完成了！"然后裹着毛毯从床上下来，径直向安徒生走过去，安徒生有些不知所措，不自觉地向门外退，大仲马一把将他拦下，向他兴奋地说道："我的新作品绝对不亚于拉西内的创作，它太伟大了！"安徒生留在大仲马家吃饭，饭后，大仲马得到几张《巴黎的小秘密》的戏票，几天后，他同安徒生一起看戏，并把安徒生介绍给了法国著名的女演员雷切尔。大仲马还怂恿安徒生去圣马丁剧院，那里有一群年轻漂亮的芭蕾舞女演员，与各色男人应酬交际，这让安徒生感到不安，一度想要逃脱，却被大仲马拉了回来，大声说道："别着急离开，安徒生，到女孩这儿来，你得学会怜香惜玉。"

　　安徒生还特意去拜访了雨果。1833年他第一次拜访雨果时曾受到热情的款待，那时的情景令安徒生念念不忘。这一次拜访，他再一次见到了一如当初穿着晨衣怡然自得的雨果先生，安徒生与他共进午餐，参观了他贴满丘比特画像的美丽的居所，并邀雨果在大纪念册上题词。雨果写了一首优美的小诗："懂得爱人的人是幸福的！即使处于黑暗之中，只要有信心，爱仍然触手可及。

黎明来临之前，至少还有一盏灯亮着。让幸福溢满胸膛，去追逐爱吧，那应是你信念中的一部分。"

看起来，安徒生对自己在巴黎的经历十分满意，虽然身在国外想要融入当地人群十分不易，但安徒生并不气馁，反而充满信心，因为在他看来没有什么事情是顺其自然的。在写给一位丹麦女记者的信中，安徒生有意让她误会自己几乎每天都与海涅、巴尔扎克、雨果这样的名流在一起，这是他惯用的小计谋。实际上，在巴黎这段时间，他更多地跟丹麦人在一起，也常常坐在丹麦咖啡馆里，看丹麦报纸。

这次旅行，安徒生几乎乐不思蜀。回国后，他兴奋地向许多人讲述着在欧洲的所见所闻，但他们似乎都不甚在意，认为他只是肤浅地炫耀或是吹牛。爱德华·科林在书中指出，19世纪40年代的安徒生是否被虚荣心所蒙蔽尚不能轻易定论，但那时的他的确是有些沾沾自喜。在安徒生写给友人的信件中，每当提及欧洲之行，他的自豪感都溢于言表。1843年到1847年，他有近一半的时间在国外，大仲马、巴尔扎克、雨果、海涅、格林兄弟、弗朗兹·李斯特、狄更斯和门德尔松等都成为他的朋友，诸多王公大臣成为他的赞助人。这些经历都让安徒生十分志得意满。1840年7月，克里斯蒂安八世加冕礼上，新国王特意为他留了一个高等座位，安徒生戴着鲜花，望着仪式上的人山人海，喜不自禁。他享受于这样的荣誉，并且上瘾似的将其写在日记里。当他进行欧洲之行途经维也纳时，在路边的书店里看到自己的作品被陈列在橱窗里，他十分高兴地走进书店询问老板，是否还有这位作家的其他作品，老板找到了《即兴诗人》，但这本《即兴诗人》是个删节本只有第一部分，安徒生表示异议，但店老板坚持这是完本，并且表示自己曾经拜读过，安徒生当即表明自己就是那个作者，店老板惊得说不出话，向安徒生深深地鞠了一躬。

1844 年 6 月，安徒生到达魏玛，住在旅馆中，安顿下来他要做的第一件事就是参观歌德故居。只是此行多少有些不尽兴，因为只有花园和楼梯对外开放，其他地方都禁止入内。那时住在这座老房子里的是歌德的儿媳奥提莉·冯·珀斯维施，她与安徒生在门德尔松家中见过面，对于安徒生的这次拜访，她并未表现出几多热情，因此安徒生并没得到任何特权去其他地方参观。但那天他成功地参观了席勒的故居，也不算是无功而返。第二天，他到了埃特斯伯格堡，在那里遇到了年轻的世袭大公卡尔·亚历山大。安徒生在日记中回忆了与他的第一次见面："他是只有 26 岁的帅小伙儿。虽然我们素不相识，也从来没有人在我面前提起过他，但我能猜出他是谁。他亲切地与我交谈，向我问好。"的确，这次相识对安徒生和世袭大公本人都是有好处的，安徒生借着这次机会可以认识德国文化中心人物，而世袭大公则能借着安徒生的光芒复兴魏玛文化。世袭大公卡尔·亚历山大虽然已经于 1844 年结婚，并且很快有了自己的孩子，但他对男性之间的友谊十分珍视，他很喜爱普拉顿关于男性友谊的诗，如"我习惯了对女人只谈尊重，不谈爱，我也习惯了对男人只谈爱，而非尊敬"。卡尔·亚历山大与安徒生散步时曾向他透露过自己复兴魏玛文化的计划，他希望将魏玛打造成一个像莱比锡、柏林那样的文化之城，因此他需要像歌德一样能够照亮这座城市和整个时代的人物，安徒生也成为他的选择之一。安徒生对这个计划非常感兴趣，不仅因为对卡尔·亚历山大的欣赏，更因为他同样需要魏玛，如果亚历山大的计划成功，魏玛将成为文化名城，届时安徒生不仅能够拥有财富，还能拥有更多与欧洲名士结交的机会。

1844 年，安徒生在魏玛逗留了一周，期间，他参加了一场由亚历山大的父亲举办的宴会，在宴会上，他们谈论《哈姆雷特》，亚历山大的母亲十分欣赏安徒生，她对安徒生说，他是亚历山大的朋友，也是他实现魏玛复兴计划的重要伙伴。1844 年 6 月 28 日，安徒生与亚历山大最后一次前往埃特斯伯格堡，在那里，亚历山大为安徒生举办了一场文学聚会。聚会于傍晚 6 点钟开始，参与者围坐在茶几周围朗诵诗歌和散文，之后一起进餐、聊天。从此，文学聚会成为一种惯例，在 1844 年到 1852 年之间举办于埃特斯伯格堡，吸引了许多德国名人，有作家、音乐家、画家、语言学家、医生和法学家等，文学聚会后来请了专门秘书做记录，因此人们称聚会之夜为"日记之夜"，聚会记录被收入纪念册中得以保存，而参与这场文学聚会的人被统称为"埃特斯伯格堡圈"。

在这个圈子里有这样一群女人，她们不同于那些终日醉心于装扮与八卦的寻常妇人，而是有知识、敢辩论，且有着英雄气概的先进女性。安徒生在那里结识了阿玛莉·温特，她已婚并且育有四子，因丈夫与她表妹的婚外恋而丑闻缠身，但她也是一个极具个性的女作家，她认为婚姻离开爱情就会变成一种合法的性交易，这一点安徒生也无比赞同。从性格上说，阿玛莉·温特与安徒生十分相似，都具有独特的个性，而且这种个性大多时候不为世人所容。阿玛莉·温特对安徒生也印象深刻，她将安徒生形容为一个既像纽芬兰狗，又像小孩的男人。

1844 年 7 月 1 日，安徒生即将离开魏玛，在这一天的文学聚会上，他受亚历山大之邀朗读了《森林里的孤独》《豌豆上的公主》《皇帝的新装》《小伊达的花儿》，还忍着身体的不适，用德语讲了几个故事。离别终于来临，分别之时，亚历山大紧紧握着安徒生的手，特意叮嘱安徒生一定要时不时给自己写信，还折下一段椴树枝作为纪念，后来这截树枝变成了安徒生的护身符，还被他写进了《幸福之花》里。1844年8月29日，安徒生第一次给亚历山大写信，信中说道："我亲爱的大公！我身虽已远离，但心仍停留在给了我愉快回忆的魏玛。"自此之后，安徒生与亚历山大一直保持通信，除去1848年到1864年两人因战事中断通信外，直到1872年两人都保持联系，来往信件共170封。

1844年秋，安徒生收到了两封亚历山大的来信，这段友谊开始向着柏拉图式的精神恋爱发展。亚历山大对男子之间的敏感友谊有着自己的认识，他在信中对安徒生说："你将融入我的灵魂。"在这段友谊里，亚历山大扮演的是诱惑者的角色，通过书信抒发着他对男人之间的友谊强烈的需要，但他给这种需要披上了宗教的外衣，他将男人之间的这种友谊解释为一方放弃一半的灵魂，让另一方来填满。

1845年与1846年之交，安徒生于新年之后再次起程前往魏玛。一路辛苦非常，但压抑不住安徒生再见亚历山大的兴奋。两人的心情是一样的，当他们在宴会上重遇时，碍着场合只能控制情绪，但当安徒生去亚历山大家拜访时，两人深情相拥："他走过来将我抱住吻了好几次，感谢我的爱。我们在他的房间执手相谈甚久。"两个人在魏玛度过了一段短暂的快乐时光，不受任何人打扰。

1845年1月，在阿玛莉·温特的宴会上，安徒生朗读了自己的三部作品，其中《钟声》最受欢迎，亚历山大听后十分开心，他问安徒生故事里的国王之子是否是他，答案当然是肯定的，安徒生的作品就是为他而作。童话里，国王之子同穷小子在钟声的诱哄下深情相拥，暗指的就是安徒生与亚历山大，在这个故事里，只有男人与男人，根本容不下任何女人，事实上，在很长一段时间里，亚历山大的夫人消失在两人的关系和交往中，变成了一个幕后的旁观者。亚历山大不停地劝安徒生留在魏玛，不要再回那个令他不愉快的哥本哈根。他们手牵手散步，用握手和拥抱表达热情，虽然那时民风开放，但二人仍是有所顾忌，并未公开关系。这段温暖的特殊关系没能持续太久，很快一个人的出现打破了两人之间的亲密无间。

1846 年 1 月 22 日，詹妮·林德出现了，安徒生彻底并且毫无保留地陷落在她的魅力里不可自拔，而卡尔·亚历山大也是，两个人的友谊不可预期但也毫无意外地打了死结，这段感情纠葛后来被安徒生写进了童话《友谊的约定》里。这个故事以古希腊为基础，讲述了两个男人之间的关系，以及女性对这段关系的祝福。在日记中，安徒生写道："总是传说古希腊人惯于背信弃义，但他们之间也有动人的兄弟情义。当两个男人相互欣赏时，他们会成为兄弟，带一个纯净的女孩去教堂，让她在圣坛前为他们戴上围巾。然后，他们共同宣示不论生死永远忠于对方。随后，牧师开始为他们祷告。面对困难，他们相扶相持，并肩作战，面对生死，他们为了对方不惜以命相护。"詹妮·林德并没有真的如童话里的少女那样送给两人祝福，而是将这段关系推向毁灭边缘。嫉妒与崇拜的双重情绪反复折磨着安徒生，使他陷入极度的负面情绪里，他得到许多来自朋友的安慰，其中就有男爵卡尔·奥利维尔·冯·比尤雷·马科奈。"比尤雷跟我说他爱詹妮，还给我讲了他的故事，由此我联想到了自己的事情，情不自禁落了泪。"他费尽千辛万苦劝解安徒生，但效果远没有詹妮·林德的离开来得好。詹妮·林德离开魏玛一段时间后，安徒生慢慢将注意力转到卡尔·亚历山大和各种宴会上，他如众星捧月一般在宴会上招摇，许多人告诉他，他将被封为"白鹰骑士"。

1846 年 2 月 7 日，安徒生再次离开魏玛，与上一次一样充满不舍。早上八点，他与亚历山大告别，那时亚历山大只穿了一件衬衫，披了一件斗篷，看起来有点随意，但安徒生并不在意，因为两个人的关系早就超越了彼此寒暄的程度。亚历山大热情地与他拥抱、亲吻，对他说："此时此刻一如往昔，我们的友谊长存。"分别后，两人无时无刻不期待着再次相见，安徒生在日记中说道："分离后，我怅然若失，往日种种纷纷袭上心头。"很快两人又再次相见了，卡尔·亚历山大出现在耶拿，请安徒生帮他带信去奥地利，这次相见两个人都万分欣喜："我们在雪地相拥，忘我亲吻……我们一起去了城堡，在那里再次相拥。他跟我说夏天不要去意大利，到他那里去。我们拥抱、亲吻，这一次我没有哭。他真的太可爱了！"

结束了漫长的欧洲之旅，安徒生回到丹麦，但他的心仍停留在欧洲给予他的那份盛大的荣誉里。他兴奋地与他人讨论自己的所见所得，爱德华·科林却认为他太过自得，应当清醒："你在德国大获全胜，可你却被魏玛的人宠坏了。你在那里不分男女与之亲吻、拥抱，作为朋友，我不得不提醒你，这样做非常不好，在丹麦我是绝对不会接受男人与男人之间通过亲吻表达情感的。"一个月后，安徒生推出了喜剧《拉斯穆森先生》作为回应。这个故事聚焦于同性之间柏拉图式的爱情，大胆前卫，在通过剧院管理层审查时经历了一番周折，起初被剧院接受，于 1846 年 3 月 19

日进行首演，但首演之后就永远地被搁置在剧院档案中，再未重演。

　　这幕剧是失败的。爱德华·科林一家只看了两幕就败兴而归，在皇家剧院的记录上记载着，那晚首演之后，台下嘘声一片。忌惮于批评界的一片讨伐之声，安徒生在提交剧本时并未署名，饶是如此仍有人知道他就是剧作家。同海博格夫人拒演《摩尔少女》一样，这次也有三个演员拒绝出演弗里茨·贝珀这个角色，安徒生得知演员们的抵制情绪后大为恼火，他写信给爱德华·科林说："告诉我他们到底在干什么，为什么没有给他们安排角色？是尼尔森与尼尔森夫人的命令吗，还是因为菲斯特先生和海博格夫人呢……这些人是剧院的主子，所有人都得听他们的。与4700万演员相比，他们是极少数，却拥有十分重要的权力！我为此而充满怒火！"事实上，这部剧之所以受到观众否定的原因不是因为作者的写作问题，而是题材太过敏感。男人与男人站在舞台上相互追求在当时看来简直伤风败俗。那天看演出的观众里有一个叫英吉伯格·德鲁森的，她认为这部戏不仅糟糕而且令人难堪。她还专门写信给安徒生说道："爱德华早就定论《拉斯穆森先生》会失败。真令人难堪。我和路易斯本想早点离场，但是因为不想影响剧场演出，所以没走。可这部戏实在太无聊了，我无法忍受……"她还指出，这部戏行文拖沓，而且缺乏逻辑。

　　作为剧院审查顾问的海博格对这部剧的评价也不怎么好，他指出，尽管剧里不乏幽默之言，但有太多来自"私人圈子"生僻词语，令人费解。虽然海博格没有说明那个"私人圈子"是什么，但根据他以往对安徒生的评价看来，这个圈子应该不会太干净。安徒生这一次仍旧邀请过海博格夫人出演，但海博格夫人拒绝了，她同海博格一样并不看好这部剧,在写给乔纳斯·科林的信中,她说道:"请您不要让我出演《拉斯穆森先生》,我有无数个拒演的理由。"这一请求被乔纳斯·科林应允了,但海博格的意见并没有被采纳,这部剧依旧登上了剧院大舞台。正是因为这个原因,在观众席上观看了首演的爱德华·科林感到丢尽面子,因此中途离开。

《拉斯穆森先生》到底是一个怎样的故事,竟引起如此多的非议?这个故事的主角是拉斯穆森,一个一直梦想着成为舞蹈演员的年轻人,因为犯错,被剧院学校开除,为了糊口,他不得不去菲英庄园做家庭教师。在庄园散步时,他遇到了多年不见的老朋友——朱利叶斯·克里格,克里格住在护林官的小别墅里,遇到了自己心仪的姑娘,他向拉斯穆森倾诉对那个女孩的倾慕:"在菲英庄园,我与最纯洁高贵的感情相遇。虽然我出演过许多芭蕾剧、喜剧,但从未见过这样独特的女孩。遇到她,我何其幸福……我心中满是爱意,并且已经得到我想要的一切!"拉斯穆森也谈到自己的恋情,他也爱上了一个人,不过他是个男人。就在遇到克里格当天,他与自己的恋人有个约会,两个人站在相距 30 公里远的地方,互相干杯,称呼对方为 du。

这部戏饱受争议,最后被剧院撤下时,安徒生还在意大利,在那里他度过了最炎热的两个月,他身心俱疲,不得不放弃去西班牙的计划,启程去了魏玛。在卡尔·亚历山大的城堡里,他度过了自在的三个星期。在这段旅程中,安徒生开始着手撰写自己的第一本自传,他不得不暂时放下眼前的富足生活,到回忆里去挖掘那些已经离他远去的童年与故乡故事,借此他得以审视自己。人成熟的过程其实就是在不断地反思和审视中度过的,安徒生也

一样。他的人生散落在自己众多文学作品里，有的角色与他有着
相似的性格，有的角色与他有着相同的回忆，比如，拉斯穆森，
他恰恰将安徒生性格中敏感、神经质的一面暴露出来，这个故事
有象征意义地被安放在安徒生的人生经历里，不可否认其价值。

吾爱詹妮

　　1844 年到 1845 年，安徒生的事业进入高峰期，在丹麦他声名远播，深受新国王器重。那时他的书被译作德文、英文、俄文、瑞典文在国外出版发行，另外，他还有一本新的童话集也出版了，第一版就印了 2000 册。这在当时看来，是十分卓越的成绩，国王还为他支付了 1 年 600 银币的永久性作家薪金，许多出版商和翻译家都争相出版或翻译他的作品。志得意满的安徒生计划再进行一次欧洲之旅，而詹妮·林德的出现彻底打乱了他的计划。整个 10 月，她都在哥本哈根表演《诺玛》和《军团之女》，还举办了一场生日宴会。安徒生遇到了她就像遇到了一场绚烂的烟花，惊艳却遥不可及，每当安徒生被她吸引，不自觉地想要靠近时，她就以冷漠将他推拒千里之外。在她的告别宴上，她向所有宾客敬酒，宴会主办人起哄说，从今往后在座所有人都会是她的兄弟，詹妮·林德并没有领情，她只是说，我的兄弟只有一个。她问安徒生愿不愿意当她的兄长，安徒生当然不愿意，因为这样一来虽然挡住了詹妮·林德的许多追求者，但也间接地告诉安徒生她只能把他当作普通兄长，再无其他。这显而易见的拒绝之意让安徒生十分沮丧，那段时间，他常常陷在低落的情绪里，但一旦詹妮·林德出现，他又立马恢复活力对她大加赞美。在 1845 年 10 月 30 日写给卡尔·亚历山大的信中，安徒生说自己马上要去魏玛了，但他还是先去了詹妮·林德所在的柏林。

在圣诞节期间，安徒生与詹妮·林德有了进一步的接触，但这并没能令安徒生欢喜。詹妮·林德仍然十分冷淡，送给安徒生这位名义上的兄长的圣诞礼物只是一块香皂。安徒生后来回忆自己在柏林与她相见的过程，两个人只是坐在沙发上闲谈了一个小时的科林家族，连圣诞节她都没有露面，安徒生恍然在伤痛中明白自己对她或许不是爱，而是一种连他自己都未察觉的错觉。渐渐地，他有了一种被侮辱的感觉，在日记中他说道："她曾经占满我的心，可现在我却不再爱她，因为她在柏林深深地伤害了我，她说她无意于我，可是太奇怪了，她到底在想些什么？我是为她才去的柏林啊。"

虽然对詹妮·林德的爱慕无果，但此次柏林之行并非一无所获。在这里，安徒生再遇了女作家贝蒂纳·冯·阿尼姆和她的女儿。他们第一次见面时，贝蒂纳曾赞扬过安徒生的童话，她告诉他他的童话已经在欧洲流行开来，而她的女儿十分喜欢安徒生。另外，在柏林，安徒生还参加了一个文学沙龙——"咖啡协会"。这是一个由女性发起并组织的女权主义论坛，成立于 1843 年 3 月，她们邀请安徒生作为协会的名誉会员出席论坛，安徒生的到来让整个协会热闹起来，他成为大家目光的焦点。但安徒生表现得有点不耐烦，频繁地看表并表示自己因为剧院的事需要先行一步。但这并没有影响协会成员对他的印象，根据协会记录员和通讯编辑威廉·敏娜·巴德瓦在日记中所写，许多姑娘同她一样被安徒生吸引了，在他身上看不到一丝成名作家的傲气，倒是有种自然不做作的天真。她爱上了他："他很英俊，40岁左右的样子，整个人看起来很正直，就像他的作品一样。"但安徒生并没有对"咖啡协会"投注多少精力，真正吸引他的是柏林和波茨坦的普鲁士皇室。在两周时间里，安徒生7次受邀前往柏林和波茨坦的皇宫，亲自为亚历山大·冯·洪堡男爵、国王及王后陛下朗读自己的作品，并签名。这对安徒生来说是十分了不得的荣耀，在写给爱德华·科林的信中，他毫不保留地宣泄了心中的激动与兴奋："啊！我太开心了，开心的就要疯了！我是明星，是整个柏林的明星，我引领着世界的潮流。"这句"男人中的詹妮·林德"透露了安徒生对詹妮·林德深层次的感情，虽然他对这段关系绝望，但詹妮·林德对他的影响力不容小觑。在他内心深处对詹妮·林德还是有渴望的，这种渴望一直潜伏于他的意识，在很多年后仍然活跃。在安徒生年迈时居住的房间里，一角放着自己的半身像，而另一角则放着詹妮·林德的半身像，虽然从柏林之行之后，他再没有与她联系，但她的影子仍停留在他脑海之中。

安徒生对詹妮·林德的感情始终没有得到回应，一见钟情，再见倾心，安徒生念念不忘的不是詹妮·林德本人，而是她带给他的那种感觉。她就像是一个圣洁的缪斯女神，带给安徒生最极致的情感感受，"她的娇羞与活泼有着不可抗拒的吸引力……她浑身上下透着快乐和魅力。"这是安徒生与同样钟爱詹妮·林德的弗雷德里克·布莱默的共识。但不同的是，安徒生对詹妮·林德的渴求只停留在精神层面，这一点从安徒生的作品里看出，但凡涉及詹妮·林德的文字都是脱离于肉体之外的，没有任何情欲色彩，因为他真正爱慕的是她的灵魂。在安徒生结识詹妮·林德不久，他创作了一部独幕剧《做梦的国王》，故事讲述的是年轻的国王克里斯蒂安二世与情妇迪维克之间的爱情故事，年轻的国王为自己编织了一场纯净的爱情迷梦，他一生都从未与女子发生关系，即便是他深爱的迪维克，他爱的方式是手拉手与她同席而坐。在年轻国王对自己感情的反省中，我们可以看到安徒生自己的影子，那仿佛是对他与詹妮·林德这段一厢情愿的爱情悲剧的最好的注解："爱上她以后，她就占据了他一半的生命，爱她就等于爱自己！"

亲爱的丑小鸭，真实的我

　　喜欢旅行的安徒生像只没有脚的小鸟一样，每一次到达都是下一次出发的开始，他喜欢每一个陌生但又神秘的地方，因为那里可以安放他那颗充满好奇的心。"客人"是他另外一个名字，也是他所钟爱的一种生活方式。在哥本哈根，他流连于各种宴会、餐会，享受与朋友共饮畅谈；在欧洲也是如此，频繁的社交几乎占据了他大部分旅程。做客有一个好处就是衣食无忧，那时已经成名的安徒生在丹麦的庄园里是十分受欢迎的，因为他不仅可以让招待他的主人脸上有光，还可以担任一个妙趣横生的表演者和游戏组织者的角色，活跃整个宴会的气氛。同时他也是一个性情多变的人，虽然他享受表演，但偶尔还是会觉得自己像一个哗众取宠的"文化娱乐者"。当然，也正是因为庄园的环境实在太好，才让他流连忘返。因此，在19世纪40年代，丹麦的庄园几乎成了他第二个家。在那里，他享受到一个相对安逸舒适的生活环境，对外界的政治风云、批评谩骂置若罔闻。这种世外桃源般的生活是他创作的沃土，也正是在这段时间他创作了蜚声世界的《丑小

158

鸭》，并开始对自己的人生进行一些反思和追忆。

1842 年的夏天，安徒生在吉赛尔菲尔德与布莱根特韦德两座庄园之间往返，享受着纯净的大自然，以及好友的招待，灵感如泉涌一般充盈笔间。比如，吉赛尔菲尔德的一只还不会飞的鹳宝宝激发了他创作《丑小鸭》的灵感；在瓦洛，两棵被当地人称作"树精"的山楂树成为他的《树精》里的原型。1842 年的整个夏天他都在执着地做着一件事——创作《丑小鸭》。7 月初，他有了初步构想，7 月末，他在布莱根特韦德庄园开始创作，中途因为夏季之旅而暂时搁置，直至 1843 年 10 月才最终完成。起初他将这个故事命名为《小天鹅》，直到成书最后一刻他突发奇想地将其改为《丑小鸭》。直至今天，仍然没有人发现这本书的手稿，这在安徒生的创作生涯中并不多见。1843 年 11 月，这部童话出版并大获成功，连曾经磨刀霍霍的"铣刀协会"也不得不认可它的成功。评论界前所未有的一致看好却让已经百炼成钢的安徒生不适应起来，在 1843 年 12 月写给亨丽埃特·伍尔夫信中，安徒生说道："人们都认可了我是最杰出的童话家。这次，我对大家的反应十分满意！我非常开心，但我觉得我不能高兴得太早，更大的风浪还在后面，我即便避不过，但至少手里要握紧一块浮木。"

在 1843 年到 1847 年的欧洲之旅中，安徒生带上了《丑小鸭》，无论走到哪里他都不厌其烦地讲述着这个关于奋斗的故事，它通俗易懂，无论来自哪个阶层、多大年龄的人都可以在这个故事里找到自己的影子。很快，整个欧洲因为这本书彻底爱上了安徒生。其实，透过这部童话，我们还可以看到安徒生自己的影子，其貌不扬的丑小鸭生活在嘲笑和打击中，最后因为自己的天赋和上帝的眷顾长成了一只美丽的天鹅，曾经羡慕的成为自己所拥有的，再也没有比这更美好的事情了。这几乎与安徒生自己的经历一模一样，《丑小鸭》也因此成为安徒生自传的一部分，加上1847 年的《我的真实生活》和 1855 年的《我的童话人生》一起成为他人生的写照。

"我的生活就像童话一样丰富而快乐。"这句话写在《丑小鸭》里，也写在他的第一本自传里，并体现在许多与他有关的作品里——一是马尔米埃为他写的介绍文章，二是他写在德文版《只是一个提琴手》里的传记短文。在传记短文里，安徒生写道："每天每天，我不停地问自己我究竟可以获得多少赞许。我想在德国拥有同在国内一样家喻户晓的名气。我想在《只是一个提琴手》前面插入我的自传。我肯定，它会吸引许多德国杂志的注意，会影响外界舆论对我和我的作品的评价。我在自传里描绘了自己的童年，包括发疯的祖父、我曾打工的赫斯菲尔德工厂，以及曾经参过军的父亲。关于感情上的事我只是轻描淡写，因为我相信大家对我的两次恋爱经历并不感到陌生。"这篇小传后来成为马尔米埃介绍文章的材料来源，正如安徒生所愿，他的故事渐渐被人了解。后来的《丑小鸭》与《我的真实生活》让他被更多的人所熟知，却也增加了他的神秘感，因为他的童话与真实生活越来越多地融合在一起，几乎不分彼此。

《我的真实生活》德文版原名叫《我的没有诗歌的童话人生》，安徒生原本打算在 1846 年夏天优先出版德文版，但最后计划被搁置。1847 年 1 月，这本书终于正式在德国和英国同时出版，而直到 8 年后，才出现在丹麦。1846 年 2 月，安徒生在德国朋友的帮助下与德国出版商洽谈出版计划，最后敲定与卡尔·B. 洛克合作出版他的作品集，截稿日期约定为 1846 年的 5 月。在安徒生前往魏玛展开写作之前，他说服了爱德华·科林作为这本书的编辑和第一个读者。但计划赶不上变化，安徒生的出版计划因他频繁的旅行而被打乱，他的作品内容冗长且主题不明，他对文字和材料的运用也不如以前自如，书稿几经修改仍未达到出版要求。于是，安徒生将这份枯燥的工作交给了爱德华·科林，交由他全权负责书稿的修改，并直接与出版商联系敲定结稿。爱德华·科林对这本书的出版帮助很大，因此，1846年8月书稿写作完成之后安徒生还专门给爱德华写了一封感谢信，字里行间热情洋溢，但爱德华的回应却平平淡淡，他说他帮助安徒生不是为了要他的感谢，而是受不了他的书稿错误百出。确实，爱德华帮安徒生修正了书稿中许多错误，但也修改了安徒生真实的生活。他按照自己的标准，对书稿进行了很多删减和修改，削弱了安徒生强烈的个人风格，也删去了一些他认为危险的东西，这与他写《汉斯·克里斯蒂安·安徒生与科林一家》的作为如出一辙。虽然在编辑过程中他与安徒生讨论了每一处重大改动，但所有的删减都是他自行完成的。看起来他履行了与安徒生的约定，保持了书稿的干净，但此干净非彼干净，而是他所认同的干净。

　　而安徒生自己也没能按照原计划在1846年5月结稿，频繁的旅行与社交让他无暇专心写书。到最后交稿期限时，他竟只写到了1805年到1819年在欧登塞的童年时光。直到他到了那不勒斯，他才真正开始专注于写作，仅用了6周就完成了100多页著作，里面讲述了他从哥本哈根的艰难出道写到如今与卡尔·亚历山大等显贵的熟识。在书中，他回忆了一路走来的种种经历和诸位朋友。在漫长的追忆里，他以旁观者的身份洞若观火般重新观察了自己，重新认识了自己的路，以及路上的人。

在安徒生的自传里，童年是一个不常被提及的词语，很多时候他选择避而不谈，或是将它修饰一新。在他的自传里，他的童年是温馨快乐的，没有贫穷，也没有父母的疏离。他的父亲是一个手艺精湛的鞋匠，家里虽不富裕但温馨和睦，他与自己的妻子相爱不渝。在自传里，安徒生的妈妈比爸爸"大几岁"，可实际是整整 10 岁。1818 年，安徒生的父亲死后，她改嫁给鞋匠丹尔斯·热根森·冈德森。另外关于自己出生的实际情况，安徒生也并未提及。他的父母于 1805 年结婚，但那时安徒生的母亲已经怀孕，两人无家可归，1805 年 4 月 2 日安徒生已经出生，而他的父母 1806 年才在教堂行结婚礼。1807 年他们终于在蒙克莫尔斯特拉街角的一座小房子里定居，安徒生在那里度过了自己的童年。可是，关于他的出生地在哪至今都是一个谜。安徒生在晚年曾听到很多关于自己出生地的传闻，虽然他十分反感，但总有人乐此不疲进行考证。甚至有人推测说他可能出生在欧登塞的汉斯·让森斯大街，但安徒生从来没有承认过，并且非常讨厌这种推测，因为在那条街上出生的孩子有超过三分之一是私生子，安徒生痛恨私生子这个称呼。直至 1867 年，他被授予欧登塞市荣誉市民时，仍然声称自己出生地不详。就这样，童年的真相被安徒生在自传中隐藏起来，他就像《丑小鸭》里那只从养鸭场里走出的天鹅，一旦展翅高飞就不愿再回头。安徒生将美好写进了《我的真实生活》里，将痛苦与不堪写进了日记、信件与文学作品里。因此，安徒生的作品里才出现了那么多不正常的母亲、私生子。

童年的记忆到底留给了安徒生什么？在《只是一个提琴手》里，安徒生写道："水的甘甜在一段时间之后或许会被遗忘，但肮脏不会。"安徒生在欧登塞的童年接触到的恰恰都是这种"肮脏"。

1800 年左右的底层社会到处充满暴力与野蛮。在欧登塞聚集了许多孤儿、私生子、弃婴，有的孩子一生下来就被父母杀死，太多破碎的家庭，太多不正常的童年。安徒生也出生在一个不正常的家庭里，这些粗俗、残酷的记忆潜移默化地融进他的作品里，影响其一生。直到年老，安徒生才开始断断续续地与年轻人讲起自己的童年。在与爱德华·科林之子乔纳斯聊天时，安徒生向他讲述了一个自己小时候的故事：他随母亲在热闹的市场上遇到了一个占卜者，占卜者手里拿着一个盒子，说只要交钱就可以透过盒子看到自己的未来，安徒生的母亲看到的安徒生的未来是一个皮条客，直至老年，安徒生对这件事仍铭记不忘。

这样的故事不可能出现在安徒生的自传里，却出现在他早期的文学作品里。《即兴诗人》《O.T.》《只是一个提琴手》三部曲无一不透露着安徒生的真实经历，但安徒生有意地避开它们与自己的联系，字里行间充满掩饰。拿《只是一个提琴手》来说，它是安徒生即兴所作，其中情感的释放与表达几乎是下意识所为，超乎他的构想。也正是这次创作，让安徒生得以重新认识一些东西："经年已过，记忆对我来说本身就是一件好事。如今，我终于看清了自己和世界，比以往任何时候都清楚上帝到底赋予了我们什么，又为我们做了什么，我们没有理由不快乐。因此面对任何事情我都愿意乐观积极一些，这做起来并不难。一旦不好的念头出现，我就让自己的思想停留在游吟诗人的冰岛上，轻吟浅唱，将悲伤释放。因此我把所有伤痛都写进了小说。它会是一本很特别的作品，同其他著作一样成为我自己的镜子。"

身世的沼泽

　　在安徒生的作品中，沼泽通常被赋予了一种特殊的含义，它既是对安徒生不愿启齿的过往的隐喻，也是安徒生摆脱不了的身世与家庭阴影的象征。

　　在安徒生创作于 1858 的《沼泽王的女儿》中，作者向读者讲述了一个残酷的故事。埃及公主为寻找治病救父的良药身穿天鹅皮来到丹麦，在沼泽地里被沼泽王强暴，之后公主生下了女儿海格尔。海格尔长大后又回到了这片沼泽地，基督教神父告诉她："冲破沼泽表面，掘出你的生命之源和摇篮。"安徒生借助海格尔表现了遗传和环境的力量，这种力量有时是可见的，有时是无形的。沼泽也被他拿来同人的情欲联系起来，即使这种联系仅停留在精神层面。沼泽也成为一种另有所指的意义符号，出现在安徒生许多其他作品里，并与他自己真实的生活相连。

　　在《只是一个提琴手》中，有一个叫作斯蒂芬·卡里特的妓女，安徒生在与他人通信讨论这个角色时说，她是"一个不开心的沼泽肖像"。在这本书的第二部分，安徒生用到"污水坑"、"沼泽"、"罪恶的土地"等词暗指人性的堕落与道德的缺失。弗雷德里卡·布莱默——安徒生在1837年去瑞典时在轮渡上认识的朋友——在读完安徒生送予她的《只是一个提琴手》后说道,沼泽一词不仅与斯蒂芬·卡里特相关,更与安徒生自己的经历相关。它源于安徒生真实的生活,以一种显而易见的姿态暗含在文字之中,使虚构的故事与安徒生真实的生活紧密相连。结合安徒生的亲身经历再来阅读这部作品,便能发现作者隐藏在离奇情节背后的深意:"我很开心能在《只是一个提琴手》中看到令我如此难以忘怀的画面,艺术是一个多么神奇的炼金术士啊,他将生活所有不开心的事、卑鄙的事,以及那些令人反感的事——放入熔炉后炼化出最纯粹的黄金,原来那些令我们战栗的东西也变得令人愉快起来。"

小说的主人公克里斯蒂安在停靠于新港的船的船舱里遇到了斯蒂芬·卡里特,在黑暗里,他依靠着她睡觉,斯蒂芬·卡里特入了他的梦,变成一个温柔的天使,带给他鲜花和乐曲。而现实却是残酷的,克里斯蒂安在半梦半醒间意外地听到她与水手索伦的谈话,斯蒂芬·卡里特怀孕了,她请求索伦帮一帮她,与她结婚认下这个孩子,让她免于谴责与惩罚,婚后,她将倾尽所有报答于他。这残酷的话语将克里斯蒂安的美梦打碎,现实血淋淋地呈现于他眼前,他再一次陷入黑暗。正如弗雷德里卡·布莱默所说,这个故事源于安徒生的真实生活,从安徒生对斯蒂芬·卡里特的描述中可以推断出,这个角色原型或许是安徒生的姨妈克里斯蒂安娜。

当14岁的安徒生初到哥本哈根时,他投奔了他的姨妈克里斯蒂安娜,寄宿在那里一段时间之后,他发现了姨妈真实的身份——妓女。在《只是一个提琴手》中，安徒生试图借斯蒂芬·卡里特这个形象替姨妈克里斯蒂安娜解释其实她也是环境与遗传的牺牲品，"如果能出生在一个体面的家庭，她无疑会很幸福，但现实却不允许。"这句话将矛头直接指向了克里斯蒂安娜的家庭，暗示着家庭的不幸是她的堕落之源。

安徒生的外祖母——安妮·索伦斯达特，同三个男人生了三个孩子，可她一生从没结过婚，她是一家妓院的老板，也曾做过妓女。1773 年，她以通奸罪被关进监狱。之后克里斯蒂安娜也走上了她妈妈的老路，成为一个生活在堕落底层的妓女。安徒生的母亲曾责备过她，这让她大为恼火。1819 年，当 14 岁的安徒生跟随母亲突然出现在哥本哈根求助于她门前时，她报复性地说道："看啊，你以前对我那么无礼，如今你还带着孩子来麻烦我，还是个男孩，呵，要是个女孩还好点。"其实，幸亏安徒生是男孩，否则很有可能被她拖到那肮脏不堪的生活里。从 1832 年开始，安徒生彻底地将关于克里斯蒂安娜的记忆封存，在任何场合和信件里都不曾提及她。因为在他离开克里斯蒂安娜开始住在索格森夫人那里时，才终于明白了姨妈的职业，也意识到自己曾经生活在那样不堪又肮脏的环境里，对此，他万分反感。所有关于这个堕落家庭的信息都被他刨除在《我的真实人生》与《我的童话人生》两部自传之外，连对童年真相都讳莫如深。

1800 年左右的菲英岛聚集着一群特殊的女人，她们像安徒生的外祖母与母亲一样，承担着抚养私生子的重担。面对艰辛的生活，她们不得不选择以出卖肉体维持生计。1852 年，安徒生的小说《她是个坏女人》描述的就是这个群体的女人的生活状态。安徒生透过一个做洗衣工的单身母亲的经历反映了生活在社会最底层的堕落的女人们居无定所、毫无尊严、醉生梦死的生活。从这部小说里，我们可以看到安徒生童年生活的阴影，美好与丑陋同时出现在这个孩子的面前，父母之间的争吵让他过早地开始面对男女之间复杂的关系。他是一个敏感的观察者，这些隐藏在记忆里的点滴虽然模糊且细微，但仍然被他感知，化作笔端文字慢慢讲述。

在安徒生的作品中最常见的是关于生父的秘密，他创作了许多有私生子形象的作品，如《森林教堂》《克里斯蒂安二世的矮子》《O.T.》《只是一个提琴手》等。这些作品将人们的视线焦点转移到安徒生的身世之谜上。对于安徒生的出身有过许多猜测，其中一个是他的生身父母其实是克里斯蒂安四世和他的情妇。这个说法可以从安徒生的作品和来往信件中找寻一些依据，如1848年亨丽埃特写给他的一封信中有这样一句话："你应已有所觉，你是王室之后。"但这种说法很快就被证实并不属实，安徒生绝非什么王室之后。如果进一步对他的作品进行了解可以发现王室之后的说法其实更像是对他无与伦比的才华的称赞，而这也是当时非常流行的追捧方式。因此，安徒生并不是皇家之子，而是一个贫穷的工人之子，但是关于他亲生父亲的身份始终不为人知。这也成为安徒生一生的困惑所在。关于他出生之谜的种种猜测成为人们热议的话题，当安徒生1867年被欧登塞政府评为荣誉市民时，有报社对他进行了长篇的报道，其中就提出了关于他身世的谜题：为什么安徒生在1805年洗礼之后没有取姓，为什么他后来的姓氏与鞋匠父亲的家族姓氏无甚联系而与其母亲的姓氏更为接近呢？此报道引发了许多人对此事的调查，最后人们找出了一个颇有说服力的解释："圣汉斯教堂的司事非常热心地向我们认真阅读了教堂日志上的每一个字：1805 年 4 月 2 日，星期二，凌晨 1 点，汉斯·安徒生与安妮·玛丽·安德斯达特在此诞下一子，代牧师拉姆辛负责洗礼，给新生儿取名为汉斯·克里斯蒂安……从这份洗礼证明来看，安徒生这个名字并不是他洗礼上获得的。1814 年之前，人们很少在洗礼上赋姓，1814 年之后，人们大多让孩子沿用父亲的姓，或是从学校获得，到底用哪个完全是偶然的，而安徒生用的是父姓。"安徒生的姓氏问题既然已被证实，那么他的亲生父亲到底是不是那个名叫汉斯·安徒生的鞋匠呢？这一点其实无须妄加猜测，在许多可信的文献资料中可以看出，汉斯·安徒生确实是安徒生的合法父亲。

1816 年，安徒生的父亲去世，这个贫穷的鞋匠除了当兵时的旧账本和几件旧衣服外，并没能给孩子留下任何遗产。安徒生曾为父亲写过一篇小传："汉斯·安徒生，一位终其一生热爱并追求自由的鞋匠，生于 1782 年 12 月 14 日，死于 1816 年 4 月 26 日晚8 时，享年 33 岁。"这就是小传的全文，寥寥数语，虽然写错了父亲年纪，但其他日期均无丝毫差错。这对年幼的安徒生来说不是一件容易的事，可见其对父亲的尊敬。当然，这从另一个侧面证实了汉斯·安徒生确实是安徒生的父亲无疑。教堂的出生证明和这篇小传成为击破身世谣言的利器，安徒生可以坚信自己并非父亲不详的可怜人。他有父亲，而且是一位慈祥又善良，教会他追求自由的好父亲。

与对父亲坚定不移的爱相比，安徒生对自己母亲的态度则十分耐人寻味，一方面，他在作品中塑造了许多慈母的形象，对爱德华·科林也经常谈及他的母亲，但实际上，从 19 世纪 20 年代起，他对母亲几乎就不管不问了。在 1829 年到 1833 年，安徒生的母亲缠绵病榻。而当时安徒生的事业已经崭露头角，经济状况得到根本改善，但他仍然拒绝为母亲提供帮助。从 1822 年到 1833 年，安徒生的母亲共写给他 25 封求助信，时常央求安徒生给她寄钱，却很少在情感上给予关心。直到安徒生的母亲去世，安徒生从未向她提供过经济上的援助。在斯拉格尔斯求学期间，安徒生虽然接受国家援助，可大部分钱都进了米斯林的口袋，他给母亲的钱也只够买一些衣服。1824 年，他将祖父周转过的四分之一的财产转交给母亲，而在 1825 年之后，他与母亲的联系更少，隔好几个月才会给她回信。从这些作为来看，安徒生根本就没有像他写的那样履行了赡养母亲的责任。在安徒生母亲写给他求助信的这段岁月里，安徒生表现得更像是一个接受过高等教育的文化人，而他的母亲则像是一个目不识丁，连信都要找人代写的农村妇女。

1825 年，安徒生的母亲安妮被送到格拉布罗德一家收容贫困妇人的收容所里，终日酗酒，生活潦倒，而安徒生则越来越成功。这对母子最后一次见面是在 1832 年的夏天，安徒生住在菲英岛的陆军中校霍·古尔德伯格家里，来往于各种社交场合。而那时，他的母亲在收容所里度过了人生最后的时刻。在当时安徒生写给爱德华·科林的信里，他说自己回到了家乡，他请求爱德华·科林再给他 10 个银币，继续下一段旅程，而对自己的母亲他绝口不提。1833 年 11 月，安徒生的母亲去世了。同一年 2 月，她给安徒生寄了一封信，信中她感谢安徒生给了她一个银币，说这是他给予的最好的帮助。两周之后，安徒生收到公共基金会的邀请，得到每年 300 个银币的资助，并且开始筹划自己的意大利之行，此前他几乎完全遗忘了自己还有一个母亲。1833 年 12 月，安徒生终于收到母亲死前写的那封信，但并没有表现出多大的悲痛。直到 12 月 6 日，他收到爱德华·科林的来信，爱德华在信里告诉他母亲去世的消息，安徒生才恍然意识到自己最后一个亲人也走了。他写信给亨丽埃特·伍尔夫说："她的生活非常糟糕，但我却无法帮她什么。这令我十分难过，也令我难以启齿。如今，上帝将她带离了这个世界，除了内心沉痛，我还心怀感激。只是，如今我真的孤身一人了，这世上再没有一个亲人在我身边了。"

在 1833 年到 1834 年的日记和信件中，安徒生对母亲的态度表现得十分冷漠，这与他在《我的童话人生》里对母亲的哀伤怀念截然不同："听母亲的死讯，我的第一反应是——我终于解脱了。只要一想到我失去了唯一的亲人，我就悲从中来，可我也知道，这对她来说是最好的归宿。我怪自己无法在她临别之际免受病痛折磨，不过好在，我现在小有成就，这是唯一值得宽慰的事。"安徒生确实觉得母亲的离世是一种解脱，从那以后，他只有自己一个人，摆脱了欧登塞的过去，不再是一个鞋匠家的穷小子，他可以尽情地在哥本哈根重新开始建立新的家庭了。1834 年，安徒生的母亲去世不久，安徒生在《即兴诗人》中没有提及对母亲的思念，只写到了对新家的憧憬："我把科林和他的夫人视作父母，把他们的孩子视为兄弟姐妹，如今这个家是我最大的财富。"

在安徒生 1855 年和 1874 年的自传中提到了母亲之死，依据的是格拉布罗德教堂医院的记录："1833 年 10 月 7 日，博德医生病院病人、鞋匠汉斯·安徒生的遗孀玛丽·热根森死于精神失常，享年 66 岁。"19 世纪 70 年代，在与友人的谈话中，安徒生曾说过他母亲真实的死因是酗酒过度，酒精让她的晚年陷入癫狂。这或许是安徒生在 20 年代以后很少与母亲来往的原因，在他心里母亲越来越堕落，他曾在信中劝过母亲："远离橱柜里的酒瓶。每当我从朋友处听说你被人欺负的消息我都感觉非常难过。"但这样看似善意的言辞背后其实还有另外一层意思，安徒生不想因为母亲的言行在朋友面前失了颜面，若这些闲言碎语传到哥本哈根，将对他大大不利。

安徒生对母亲的疏离或许在某些程度上是考虑到维护自己名声的必要，但他对姐姐卡伦的不理不睬则是真的发自内心的厌恶与冷漠，甚至在成年后，他千方百计将这个姐姐的存在抹去，在他所有的文字中，从未提起过她。

安徒生的姐姐全名叫卡伦·玛丽·罗森文奇，1842年突然找到身在哥本哈根的安徒生，自称阿尼·考夫曼。她出生于1799年，比安徒生大6岁，是安徒生母亲安妮的私生女。虽然安徒生总是极力否认卡伦的存在，但卡伦却如影随形一般出现在他左右。1824年到1825年，安徒生在斯拉格尔斯文法学校读书时，在亨尼伯格夫人家中忽然觉得新校长的女佣就是卡伦，感觉像被人扼住喉咙一般难受，第二天，他证实了这个女佣不是卡伦时才松了一口气。1833年，他再次想到这个姐姐的存在，内心惶恐不安，他急忙给母亲写信追问卡伦的去向，安妮告诉他自从卡伦离开家乡便不知所踪了。1842年2月8日，卡伦像一个影子一般无声无息地出现在安徒生身边，她给安徒生写了一封信，这封信让安徒生十分不安，在当天的日历中，他如此标记："当我回到家看到她的来信时，我感受到了同奥托·索斯特鲁普（《O.T.》的主人公）一样的不安。这个夜晚如此恐怖，令我满心惶恐。"安徒生的惶恐从何而来，为什么他如此抗拒这个姐姐的存在？或许我们可以从《O.T.》中找到答案。

《O.T.》的主人公奥托·索斯特鲁普背负着耻辱的童年的烙印——O.T.生活，这两个字母代表的是他私生子的身份，即使日后他真的置身于上层社会，也没有人真的发现过他的身世，但那两个字就像一种魔咒始终缠绕并折磨着他，也时刻提醒他的出身多么卑贱。可是后来那个知道他身世的魔法师回来了，以奥托的身世为借口勒索钱财。这个故事并不是安徒生的凭空想象。1836年，在写给亨丽埃特·汉克的信中他曾提及这一主题的来源："这不是我凭空想象出来的故事，而是人性中本来就存在的东西。"其实奥托只不过是安徒生的一个影子，他们同样对自己的身世讳莫如深，担心姐姐的出现会影响自己的名声。只是奥托比安徒生洒脱，当他真的面对自己的姐姐伊娃时，没有闪躲也没有厌恶，而是亲切地说："我可怜的姐姐跟我一样有权利将自己的想法说出来。我害怕与她相见，那对我是一种折磨，但我必须放弃这个想法，这里的一切让我喘不过来气。我要去旅行，美丽的法国会帮我忘记这些想法……我要离开这里。"

在收到卡伦的来信后，安徒生三天后送去一张便条，第二天他的姐夫登门造访，他看上去为人忠厚，向安徒生倾诉生活的艰苦，安徒生给了他 4 枚银币。一个月后，他又来找安徒生要走了 2 个银币，9 月份，他再次前来索要资助，这一次安徒生只给了他一个银币。于是，安徒生的姐姐卡伦亲自来了。她那时已经 43岁，穿着亮眼，看起来很年轻，安徒生只给她一个银币就打发她走了。第二天，安徒生去了科林家求助他如何才能彻底摆脱卡伦。之后，安徒生又去找了阿道夫·德鲁森副总警长，请他调查卡伦是否真的结婚，是否从事卖淫。1843 年 2 月份，卡伦再次亲自登门造访，安徒生在日记中写道："今天一早我去了科林家，将事情和盘托出，我希望德鲁森能查出她到底有没有丈夫。"这可能是第一次也是最后一次安徒生毫无保留地向科林家提起有关卡伦的一切，他希望事情能够尽快解决，让卡伦从此成为一个被人遗忘的秘密。1843 年 10 月 30 日，卡伦再次登门，从这以后，即便是在安徒生的日记中，也再难找到关于她的只言片语。看起来，安徒生已经彻底将她从生命里面抹掉，但这其实更像是掩耳盗铃，因为不管他如何闪躲、如何否认，卡伦与他之间都有着无法逃离的血缘关系：他们有同一个母亲。

1805 年，当安徒生的父亲汉斯·安徒生在欧登塞申请做鞋匠时，在申请表上曾写道："我的妻子和两个孩子过着衣不蔽体食不果腹的生活，我们窘迫得连火柴都买不起。"由此可以推测，在安徒生出生那一年，他们家里不止有他一个孩子，他的姐姐卡伦很可能跟他们一起生活。在卡伦 8 岁时，她被送到其他地方去做女佣，从1807 年开始，几乎与安徒生一家断了联系。1814 年 10 月，卡伦在圣克努德教堂洗礼，登记的名字是卡伦·玛丽·罗森文奇，身份是私生女。此后，卡伦基本上音信全无，后来她在哥本哈根找到安徒生，那时她已不久于人世。1846 年 11 月，卡伦死于哥本哈根的红灯区，死因是肺病和性病。她去世之时，安徒生正与 H.C. 奥斯特共进晚餐，畅谈他与德国出版商合作出版自传的事宜。1846 年 11 月22 日，卡伦下葬，被葬在阿西斯顿斯公墓 9 排 125 号，享年 47 岁。此时安徒生则正在科林家做客，经营着他期望的新家庭。卡伦真的再未出现在安徒生的生活中，她的死对安徒生也没有任何影响，他继续着自己在哥本哈根的生活，乐此不疲地奔走在欧洲各国，享受着鲜花与掌声，而她的丈夫考夫曼也很快消失了。卡伦的一生匆忙又沉默地结束了，安徒生的精彩却还在继续。

再赴欧洲

　　走出 1846 年短暂的阴霾，安徒生在 1847 年 5 月又动身前往欧洲，进行他第五次欧洲之旅。三个月的旅行伴随着炎热的天气，安徒生深感疲惫，却也让他收获颇丰，因为在此期间他完成了 300 多页的著作。1847 年春天将近时，安徒生计划前往荷兰、英格兰和魏玛。3 月到 4 月，他的《我的真实人生》在德国赢得好评，其对童年的叙述美好且自然让许多德国评论家将他与卢梭相提并论。随后，欧洲掀起一片安徒生热，他的生活和工作被大范围地暴露在大众视野之下，却引起一片反驳之声。一些批评家说道，安徒生的童话是对他自己的神化。他是否真的那么神秘和与众不同，是否真的具备惊世绝艳的才华都成为争论焦点，当然也有安徒生坚定的拥护者称这些批评只不过就是暗含嫉妒的恶意攻击。这场争论被视作安徒生的海外效应，所谓树大招风，安徒生在德国文学界大红大紫的同时也必将面临更多审视的目光，迎来更多的反对之声。

　　在欧洲许多其他地区，安徒生还是一颗新星，但这颗新星所绽放的光芒已经令人惊艳，尤其是在伦敦。1847 年，当安徒生即将前往英格兰的消息传出后，伦敦的出版界和文学界万分期待。在旅英期间，安徒生出版了《我的真实人生——素描》，这是其德国自传的英文版，这个醒目的英文标题并不是安徒生关心的重点，他只在乎这本书能否在英国卖得出去。19 世纪 30 年代以来，安徒生有 3 部作品被译作英文引进英国，如《即兴诗人》和《讲给孩子听的童话故事》。书的成功只是安徒生愿望的一部分，他还有一个更迫切的愿望就是见到查尔斯·狄更斯。在 1846 年写给帮助他将作品引进英国的威廉·杰丹的信中，安徒生提道："我何其希望能与狄更斯握握手！每当读到他的文章时，我就想，有朝一日，我定要到他所在的地方去创作我自己的作品……因为那些可爱的作家，我爱上了英格兰，也有了压抑不住的冲动想要看看那个国度。"同样，查尔斯·狄更斯也很想见一见安徒生，他之前就读过安徒生的《卖火柴的小女孩》《即兴诗人》，他很好奇这样一个天马行空又童心未泯的作家到底是个怎样的人。事实上，有这样想法的不只狄更斯一人，当时英国许多出版商、翻译家、外交家及权贵大臣都对安徒生神往已久，这让安徒生十分开心，他在写给爱德华·科林的信中说道："说真的！我太开心了！我比所有人想象的更加有名。"

被外交大臣帕尔默斯顿、马洪勋爵，以及各种王公大臣包围的安徒生被荣誉和赞赏簇拥着，一方面他万分欣喜，另一方面他也感到了疲惫。他慢慢地适应着上层社会的生活，在到英国的一周之内，他出席了各种宴会、餐会。他用不太流利的英语反复表达自己的谢意："我不擅长英语，但我还是更希望能够通过文字来表达我的感谢！"当一位老妇激动地握住他的手，感谢他的作品为大家带来感动，这突然而至的感谢让安徒生迷糊地抓起那位老妇的手，吻了很多次。还有一次，他在宴会将一个自称是律师约翰·奥斯汀的女儿的女人错记为简·奥斯汀之女。这些趣闻都被狄更斯听了去，更是激发了他对安徒生的兴趣，他对其他人说，安徒生这古怪的性格正是英国文学沙龙里缺少的。

威廉·阿林厄姆、利·亨特，以及苏格兰作家伊丽莎白·里格都曾慕名拜访过安徒生，他们认为安徒生那瘦长但笑容灿烂的脸像极了天使，他的善良、睿智、天真、自然让其他所有人都相形失色。1847 年 7 月 16 日，狄更斯也与安徒生见面了。那一天安徒生受邀前往布莱辛顿夫人所在的戈尔会馆，见到了声名狼藉的布莱辛顿夫人和她的继子兼情人多尔塞伯爵，也见到了他期待已久的狄更斯。在《我的童话人生》里，安徒生细致地回忆了那一天发生的一切。

那天安徒生穿着浅色裤子和双排扣长礼服，戴了一顶丝绸质地的高顶帽，而狄更斯则穿着黑色的天鹅绒上衣，两个人的装扮成为那晚宴会的焦点。他们都喜欢钻石别针、金链子怀表和巴黎手套。在《我的真实人生》里，安徒生回忆了那一晚初见狄更斯时的情景："我们凝望对方的眼睛，执手相谈，谈着谈着就走到了阳台上，我激动得落泪。在餐桌上，我们同多尔塞伯爵和惠灵顿男爵干杯。饭后，狄更斯向我发出邀请，约我 8 月 1 日去他家做客。"然而 8 月 1 日的会面并未成行，两个人都因行程繁忙而取消了约会。期间安徒生还与几位画家、雕刻家见了面，其中包括曾为他塑像的约瑟夫·德拉姆，他还同丹麦的银行家约瑟夫·汉布罗一起去苏格兰游玩，但与狄更斯始终没有机会再见面，后来狄更斯为了表达歉意直接给安徒生寄去了 12 本著作并留言："送给汉斯·克里斯蒂安·安徒生，来自朋友、仰慕者——查尔斯·狄更斯。"安徒生看到之后十分高兴，立即就做了回复。结束苏格兰之行的归程后，安徒生计划去狄更斯家中拜访，但在写信向狄更斯约见时遇到麻烦，只因为他的英语实在糟糕，反复修改了信才得以寄出："我最最亲爱的狄更斯，明天我将要回到拉姆斯盖特，请您在第二天早上之前把贵府的地址留在皇家橡树饭店，之后我将要坐船前往奥斯坦德。因为我必须向你当面表达谢意，这是我旅行结束之前最后一个愿望。"

1847 年的伦敦之行无疑是十分成功的，安徒生受到英国文学界的接纳和追捧，他的名气已经席卷整个欧洲。虽然安徒生身在异国他乡、语言不通，但没有什么可以阻挡他的才华。每次出行之前，安徒生都会做一些准备，但他大多时候都是随性的，在旅行途中，他创作了很多只有他自己才明白的口语、手势，这也成为他与外国人沟通的利器，在安徒生看来，语言跟诗歌一样重要的是情感表达，因此即使造句十分生疏，但安徒生的语调却十分优雅。即使他的语言通常属于丹麦语、德语、英语、法语的大杂烩，但也不是十分难懂，何况也没有人会在意，毕竟他是一个那么有才情、有魅力的大作家。

1847 年 8 月底，安徒生终于如愿拜访了狄更斯。狄更斯一家住在海边的小屋里，隔窗可以遥望到英吉利海峡。安徒生到访的那一天，狄更斯同他的妻儿正围坐在桌子旁边，一看到安徒生就热情地把他招呼进来，挨个的亲吻他的脸颊。狄更斯风度翩翩地向安徒生走来，他看起来年轻帅气，两人相谈甚欢还约定以后要经常联系。第二天早上，狄更斯亲自送安徒生前往拉姆斯盖特码头，"船渐渐驶离海港，狄更斯的身影越来越远，他一直挥舞着手里的帽子向我告别。我担心以后是否能再相见？"事实上，安徒生的这种担心是多余的，两人自这次见面后一直维持通信，持续了 10 年，在信里，狄更斯对安徒生大加赞赏，并提到他的孩子都很喜欢安徒生。他还催促安徒生一定要再来英国，到他家小住。10 年之后安徒生真的去了，只是那时光景已大不如前。

1847 年，安徒生在魏玛逗留一周之后回到哥本哈根，但他却受到前所未有的打击，这一次不光是那些一贯对他喊打喊杀的批评家们，甚至他的朋友也加入了批评的行列。如此冷遇，让安徒生再一次对丹麦失望。在他旅行期间，一家名叫《科萨伦》的杂志刊登了一篇名为《名人安徒生》的文章，对安徒生的欧洲之行极尽嘲讽。甚至有人发表评论说，安徒生不过就是一个三流作家。安徒生回国后，批评之声愈演愈烈。9 月，《科萨伦》继续刊登对安徒生的批评文章。12 月，安徒生出版了新书《亚哈随鲁》，更是遭到前所未有的抨击。

《亚哈随鲁》在安徒生看来讲的是人类反驳上帝，追求真理的完美之作，可事实上，它不仅杂乱难懂，而且怪诞非常。安徒生曾邀请爱德华·科林为他誊抄手稿，爱德华看了他的作品后却认为，这部作品不仅内容混乱，而且还有许多戏剧形式和押韵上的错误。即使它日后永垂不朽，但除了安徒生以外没有任何人会读它。亚当·奥伦施拉格读了这部作品之后也持反对态度，因为安徒生荒诞至极地将内斯特这个伟大的历史人物塑造成了侏儒、燕子、夜莺、美人鱼的形象，因此奥伦施拉格说："作者对这部作品有过多自信，最后却没得到相应的结果。"而以往给予安徒生最多支持的英吉曼也批评了这部作品，这让安徒生大受打击，他得出一个结论，丹麦让他不快乐。

1848 年是动荡的一年，克里斯蒂安八世去世，巴黎的二月革命爆发，共和国成立，法国国王退位，起义浪潮席卷奥地利和德国。3 月，哥本哈根也爆发起义，和平革命开始，君主政体摇摇欲坠，丹麦处于战争的威胁之中。这并不是安徒生愿意看到的，他对这一切变动感到焦虑。虽然他从国王奥斯卡一世那里获得了瑞典 – 挪威"北极星勋章"，也从魏玛大公那儿得到了特别荣誉称号，但这种焦虑并没有平息。在写给亨丽埃特·伍尔夫的信中，他说，"战争将我们同上帝的距离越拉越大"，"一个民族之间相互理解多么重要……可我们什么时候才能做到呢？"面对这一场动荡，安徒生的许多朋友都选择了投身战争，而安徒生却选择收拾行装前往菲英岛避世。在格洛鲁普，安徒生过着不问世事、与世隔绝的日子，那里没有纷扰、没有硝烟，安徒生仍然过着田园般的生活。在写给身在前线的亨丽埃特·伍尔夫的信中，安徒生说道："如果不是因为我这个样子，我也会去参军的，可我知道我不适合。别笑！虽然我内心充满恐惧，但我保证我不会临阵脱逃。恐惧并不等于懦弱，因为恐惧你无法控制，而懦弱却取决于你的意志。"

投身战争不是救国的唯一形式，1848 年 4 月，安徒生选择了更为平和的方式面对国家的危机。那时的丹麦政府非常需要一个有国际声望，并且可以代表国家说话的和平化身。安徒生成为最佳人选，他也接受了这次外交挑战，向欧洲其他国家发出了和平信。信的开头称呼都是"亲爱的朋友"，因为这本是一封写给《文学报》编辑的私人信件，安徒生想借编辑之手将这封信发表在报纸杂志上。信中安徒生的措辞十分平和，却不乏爱国热情，语气也一改他天马行空的风格，变得十分节制、大气，他称自己为欧洲人，而非丹麦人。他在信里充分表达了自己对欧洲达成共识的支持："为了整个国家的利益，为了更好地解决问题，整个欧洲必须达成共识，唯有如此我们才能看到前进的希望。诚实善良的德国人一定能够理解丹麦的困境，只有这样，才能将痛苦转变成伟大的友谊！"

寄出这封信后，安徒生去格洛鲁普，一周之后，在写给亨丽埃特·伍尔夫的信中，他说道："我孤身一人在此逗留了一周，我想我习惯了孤单。"孤身一人的生活也让安徒生远离世事烦扰，从哥本哈根的风云变幻中解脱出来。英吉曼十分羡慕安徒生的生活，说他即使在战争动荡中，仍能寻一处安宁之地专心写作。确实，虽然安徒生作为和平使者确实为丹麦带来了一定的平和安定，但政治并非他所喜欢的领域，他始终坚持创作，并且永远不会从政。

战争带来动荡，也让安徒生见识到一个前所未有的世界。安徒生开始关注战争的苦难，在日记中描写了战争中一位优秀画家中弹身亡的场面——"枪声一响，他就倒在了地上，子弹打穿了他的下巴，血肉飞溅，嘴巴一片血肉模糊。他痛苦地呻吟，眼看着丹麦国旗倒在地上。"1848年夏天，安徒生在自己的日记中说道：他想近距离观察战争的残酷。他就像一个怀有赤子之心的孩子，对外界环境总是充满好奇，无畏无惧，曾经的贫苦生活让他学会忍受，而后曲折的成名之路让他学会乐观，即使身在战争风云之下，他仍然能用一双赤诚的眼睛，冷静地审视这一切。

1848年以后，受到战争的影响，德国对丹麦处于敌对状态，安徒生担心自己的德国之行受影响，就写信问张伯伦勋爵，若他再次来魏玛访问，他会不会一如从前欢迎他，张伯伦勋爵的回答是："你应当做一个远离政治、受人尊敬的诗人，所以，我希望你能放弃来魏玛与那些皇宫贵族接触。"这让安徒生十分不悦，因此，1851 年夏天，安徒生没有去魏玛，而是绕道而行，选择直接到德累斯顿。

随着丹麦新时代、新观念的到来，人们对安徒生作品的认识也发生了新的改变，安徒生开始备受推崇，没有人敢再对他妄加非议。《在瑞典》的推出验证了他的成功，外界一致好评。于是，安徒生也将它带到了德累斯顿，希望这部作品能够在易北河畔开花。与安徒生同行的还有英吉伯格·科林同 A.L. 鲁德森的儿子维戈，他已长成一位自信满满的少年。这次德累斯顿之行，安徒生还看到了他一直心心念念的拉斐尔的名画《圣母玛利亚》，每一次来德累斯顿，他都专程前来观赏。

安徒生来德累斯顿通常会将住宿安排在施塔特·罗姆饭店或贝尔维尤饭店，因为在那里透过窗户可以遥望庄严肃穆的易北河、克罗南大桥、皇室宫殿和大教堂。但这次，他更多时间都住在城外的马克森庄园。1844 年，安徒生第一次来马克森庄园，那时他对它的印象是："它看起来像领主住的地方，直角塔楼伫立在庄园之内，站在上面可以鸟瞰整个花园及山谷，景色美不胜收。"1851 年 8 月，当他再次光临这座美丽的庄园，再次被它的美景俘虏，他感叹道，如果再加两座尖塔，这里俨然就是一座土耳其小镇。在这里，安徒生结识了庄园的主人弗雷德里克·塞尔勋爵及其夫人。

这对夫妇早在 1819 年就建造了这座庄园，他们一个是法理学家兼政府官员，一个是富商大贾的女儿。他们乐善好施，信仰上帝，将大部分积蓄都投入到了庄园的建造和经营，也造福了马克森当地的住户。塞尔夫妇十分敬重艺术家，他们时常邀请欧洲名人前来做客，同时他们也非常乐意为那些四处奔波参加文学沙龙的艺术家们提供食宿。因此许多音乐家、画家、雕塑家汇聚于此，其中就包括伯特尔·索瓦尔德森，他以丘比特为题所创作的浮雕一直留在马克森庄园，1851 年，安徒生造访时，这件伟大的艺术品就屹立在庄园之中。同样曾在马克森留宿的艺术家还有门德尔松、韦伯、李斯特、舒曼夫妇、J.C. 达尔、沃格尔·冯·沃格尔斯坦等。每年冬天，塞尔夫妇都会在庄园里举办隆重的宴会，他们不仅为客人提供住宿，还准备了马车接送，安徒生就时常出现在往返于德累斯顿与马克森庄园之间的马车上。客人们在美丽的马克森庄园散步闲谈、唱歌跳舞。当时流行的各种魔术、小游戏经常出现在宴会上。1854 年 5 月，安徒生也在此小住，在宴会上，他见到了一个特殊的人——卡尔·古斯塔夫·卡勒斯，他是画家，也是作家，还是一位妇产科和脑科教授，他在宴会上最大的兴趣就是研究各位客人的头骨和性格。他观察了安徒生的头骨后说道，安徒生的头骨偏小，脑子也不大，但想象与情感中心却非常发达，如果不是安徒生有强大的意志支撑，他可能会被如此巨大的精神负担逼疯。

塞尔夫人毕生最大的愿望是扩大马克森庄园的声势，使之成为世界文化领域内不可忽视的一方沃土。因此，对当时蜚声国际的安徒生，塞尔夫妇友好且亲切。1844 年，当安徒生与塞尔夫人一同散步时，在树林里发现了一棵长在岩脊上的落叶松，塞尔夫人将其命名为"安徒生"。从此之后，她对这颗小树悉心照料，并在旁为它立了路牌。1855 年，安徒生再次造访马克森，在与塞尔夫人散步时为塞尔夫人朗读了《天鹅巢》，塞尔夫人被这个故事深深打动了，第二天便命人为安徒生树碑，并写上："致丹麦天鹅，1855年7月11日。"这块碑被立在每次马克森庄园举办酒会的地方，每一个到访的客人都能看到。安徒生大为感动，亲眼看着工匠刻上他的名字，在碑前种上了车叶草和金丝桃。

在马克森，大部分人对安徒生都是尊敬并且友好的，除了卡尔·古茨科。他是一名作家兼记者，因愤世嫉俗而闻名，曾因诽谤罪被判入狱，他对安徒生当时的盛名颇有微词，见到安徒生在马克森庄园如此受推崇，他决定给安徒生一次下马威。在一次晚宴上，卡尔·古茨科在言语上对安徒生一再挑衅，安徒生一忍再忍，卡尔古茨科却仍不见收敛，最后他用侮辱性的话问安徒生："您都快成半个德国人了，怎么还是对德国文化一窍不通？"安徒生对此大为恼火。他虽不屑于将精力花费在那些名不见经传的小作者身上，但对德国经典文学是十分熟悉的，多次的德国之旅再加上他与德国友人的交好，安徒生怎会对德国文化一无所知呢？随后，卡尔·古茨科对安徒生的作品和个人生活大加指责，他说刚刚在宴会上安徒生为大家朗读的童话《柳树下的梦》根本一无是处，而且会混淆人的性别观念，他还说安徒生根本就不了解孩子，最后他还对安徒生的性取向大肆嘲讽。如此过分的言谈让在座宾客面面相觑，塞尔夫人哭了，客人一个一个回了房间。安徒生也大受打击，但他到底怎样反击了卡尔·古茨科的挑衅我们不得而知，多数时候，安徒生是不会当面回击任何人的不善言论的，他会把不满情绪发泄在日记里："他太不会聊天了，居然问我有没有谈过恋爱，为什么我从来不描写爱情，其实，我只不过用童话代替了爱情。"几天之后，宴会的不快渐渐消散，塞尔夫人带着客人在安徒生的纪念碑上放了一个花环，来纪念安徒生受辱的日子。

一次午餐，塞尔夫人试图劝解安徒生与卡尔·古茨科两人和解，让他们以两人名义即兴创作一首和解诗。

快乐与烦恼从来都是双生儿，它们总是一起出现在安徒生的生活里。他的成名引发各界追捧，其中当然少不了女人。在马克森庄园的宴会上，最不缺少的就是女人。安徒生在那里遇到了作家佐尔纳夫人和普凡南施密特。佐尔纳夫人为安徒生写了一本书——《克里斯蒂安·沃尔格穆特》，受到安徒生的赞赏："她记录了我所有的故事和生活。"而普凡南施密特却没那么讨喜了。安徒生曾读过她的作品，觉得文如其人华而不实。更令安徒生反感的是，一次，安徒生为马克森的客人读完童话之后，普凡南施密特走上前给了他深深一吻，安徒生几乎窒息，随后的日子里，普凡南施密特如影随形，除非安徒生外出去观光。安徒生在日记中曾写道，一次普凡南施密特跟他们去爬山，但刚走没多会儿就头晕目眩，最后让人扶了回去。他还在日记里对她大加斥责："昨晚雷声阵阵，冰雹天气光临了德累斯顿，今早天色灰暗，细雨霏霏。在雨中普凡南施密特夫人感叹道：'大自然何其美丽，何其伟大！'她简直做作到家了！她的做作和跟屁虫一样的行径实在让我受不了，就拿昨天来说吧，我还在厕所，她就追着问我在哪里。"在19世纪50年代，安徒生身边围绕着太多让他厌烦的女人，诚如他在1860年写给爱德华·科林的信中所说："她们蜂拥而至，像苍蝇一样聒噪。天哪！她们喋喋不休不停恭维我，听起来实在虚伪！她们把我的签字笔都用光了，昨天居然还有一个老女人说：'就用你一滴墨水吧。'"

马克森庄园并没能成为安徒生在德国永远的乐园，1860年，德国与丹麦再次交恶，安徒生的德国之行受阻。1863年塞尔勋爵去世，塞尔夫人形单影只，一人勉力维系马克森庄园，但风光不再。1869 年，安徒生终于再次来到马克森，但一切都变了，庄园的建筑变得斑驳，塞尔夫人也年华老去，再也无力拥抱安徒生这只"丹麦的天鹅"了。

生存与毁灭

　　1851 年 3 月 9 日对安徒生来说是一个悲痛的日子，这一天，他失去了重要的朋友、尊敬的老师——H.C. 奥斯特。73 岁的奥斯特在生命即将走到尽头时已经饱受病痛折磨，但他仍然坚信自己会好起来。那时，安徒生时常被邀请去奥斯特家吃饭，饭后他总要给奥斯特朗诵一些文学作品。而奥斯特仍然在身体允许的情况下继续写着新作《从自然通往上帝之路》，直到弥留之际，安徒生匆匆赶到他的床前，安徒生都不敢相信奥斯特真的离开了。安徒生在奥斯特空荡荡的房间里走来走去，一点点回忆两个人一起读书、剪纸和讨论的时光，焦虑和恐惧填满内心。死神从来无情，奥斯特不是唯一一个被它带走的人，几乎同一时间，作曲家 J.P.E. 哈特曼的妻子也去世了，哈特曼 5 岁的小女儿玛丽也在母亲下葬那一天因脑膜炎去世。安徒生在很长一段时间里都陷在被死亡包围的悲伤中，他穿着丧服来往于奥斯特和哈特曼家，拜访亲属，安慰遗孤。接连好几个星期，安徒生都精神恍惚。1851 年 3 月 18 日，奥斯特的葬礼在圣母教堂举行，安徒生遇到以前访问日德兰半岛时认识的一位老者，安徒生满怀伤痛地告诉他自己失去了一位父亲一般的长者，从此就只剩下乔纳斯·科林了。可当时安徒生还没有意识到，奥斯特对于他不仅是一个慈父一般的存在，他是真的尊重他并呵护他的人。安徒生与他的相处从来都愉快且自然，奥斯特称自己为大汉斯·克里斯蒂安，安徒生为小汉斯·克里斯蒂安，可见二人之亲密。从奥斯特身上安徒生不仅获得了友谊，更收获了源源不断的灵感。19世纪五六十年代，安徒生总是不由自主地想起自己这位老朋友，在自传中，奥斯特被他描述为："一位在我思维混乱、经历挑战时对我帮助最大的朋友。"奥斯特在安徒生心目中的地位是独一无二的，连乔纳斯·科林都无法与之相提并论。

1851年是令人悲伤的，连三年战争结束带来的和平局面都没能令安徒生感到一丝喜悦。1848年开始，君主制的旧观念受到动摇，阶级矛盾愈发突出，站在资产阶级的视角，安徒生也感知到了危机来临，因此不安而惶恐，他决定着力挖掘自己内心的东西，于是，他又开始了新的创作。第一本是关于1849年夏天的瑞典之行，名为《在瑞典》，成书于奥斯特去世之后。19世纪40年代，在奥斯特的强烈要求下，安徒生每隔一段时间就会写一篇关于童话的议论文章，这些文章后来被收入《在瑞典》中，章节题目为"自然的启示"。这部分内容并非写成于瑞典之行中，而是完成于哥本哈根格洛鲁普处，他尝试着将这个时代涌现的新的科学发明融入诗歌之中，表现诗歌之美。这很大程度上受到 H.C. 奥斯特《自然中的神灵》的影响。《自然中的神灵》是奥斯特的遗世之作，对安徒生影响很大。创作《在瑞典》时，他正沉浸在《自然中的神灵》中，受到许多启发："它是清可见底的溪流，透过它仿佛可以看到我自己的观点，这让我何其兴奋，我的想法通过它的文字被一一表达出来……你的书总能令我身心愉悦，它深入浅出，读起来并不吃力，仿佛那些观点早就在我脑海，令我对自己充满信心。当我读这本书时，我可大声说：这本就是我想说的话。书中的道理深深影响了我，并成为我人格的一部分。"

安徒生与奥斯特相识于 1820 年前后，两人的友谊维持了 30 多年。奥斯特不仅学识渊博，在物理学上颇有造诣，而且兴趣广泛，对艺术、哲学等都十分感兴趣。他从安徒生主动叩开家门那一刻起，就看到了这个小男孩身上的与众不同，他欣赏他的天真烂漫，以及如璞玉一般未经雕琢但已初绽光芒的才华。他常常邀请安徒生去他家里吃饭，给他一两个铜板或几本书。安徒生接受皇家基金会的资助接受学校教育之后，回到哥本哈根，两个人的友谊迅速发展起来。

1849 年到 1850 年，奥斯特的《自然中的神灵》正式出版，在书中他阐明了自己的观点：自然法则与人类思维方式之间存在相似之处。安徒生很大程度上赞同奥斯特在书中阐述的教义，奥斯特很赏识他所创作的童话，因为这些童话有助于在科学和艺术、信仰与知识之间建立起一座沟通的桥梁。1857 年，安徒生出版了一本名为《生存还是毁灭》的书，仍可看到奥斯特对安徒生经久不衰的影响力："我相信在我们的时代，在机器飞转、蒸汽轰鸣的喧哗中，一位全新的文学英雄将诞生在科学大地。"

奥斯特是第一个预言安徒生将光耀整个丹麦乃至整个时代的人。1835 年 3 月，安徒生的第一本童话故事集即将出版，一天晚上结束演讲之后，奥斯特对安徒生说，虽然《即兴诗人》很成功，但远不及他的童话，安徒生的童话将让他名垂千古。奥斯特对安徒生的画也大加赞赏，当他看到安徒生在意大利之旅中画的画时，他说如果安徒生没有成为作家，则有可能成为一个画家。即使在19世纪30年代，安徒生陷在各种批评与抨击中，但在奥斯特心里安徒生是难得的"自然之子"，他纯净自然、不染世俗，懂得如何借着文字去挖掘隐藏在一草一木、一沙一石中的人的永恒的精神形象。他督促安徒生一定要写一篇关于童话美学的论文，去解开他人对他的作品的误解，另一方面奥斯特还建议安徒生一定要去旅行，不管在什么时候都不要放弃对世界的探索、对自然的感知。这一点，安徒生践行得很好，他热衷于旅行，常常奔走在丹麦与欧洲之间，即使在经济困难之时，向人借款或寻求资助都没有放弃过任何一个走出国门的机会。

在奥斯特身上，安徒生获得的启发远不止于此。通过奥斯特，安徒生接触到了浪漫主义时期的科学及各项发明背后的原理及精神意义，其中最重要的是奥斯特在1820年证明电流磁场效应的实验。当时，奥斯特获得了国家提供的少量设备支持，致力于研究电力与磁力的相互作用，希望从中发现自然统一的关键所在。早在1806年，在奥斯特力排众议当上物理教授时，他就提出自然界所有现象都来源于一个统一的规律，这个规律的形式千变万化且难以理解。"自然是看得见的灵魂，灵魂是看不见的自然"是奥斯特所坚持的浪漫主义观，这个观念同样影响了安徒生，在《我的童话人生》里，安徒生不止一次地阐述着这个观点。

1820年，奥斯特证实发表了关于发现电磁学的论文，这篇论文很快在世界范围内引起轰动，以它为标志，一个新的时代即将来临。但当时更多的人并没有把目光放在电磁学背后的精神意义上，而是只关注了它带来的利益。电磁学带来了科学技术的发展，科学技术的发展改变了人们的生活，更新了人们对于速度和力量的认识。1830 年以后，蒸汽船和蒸汽火车成为新的交通工具，在 19 世纪 40 年代，安徒生进行欧洲之旅时，铁轨已经随处可见。1846 年 4 月，在意大利的安徒生写信给身在哥本哈根的奥斯特，劝他带着家人走出家门感受整个世界的变化："所有的铁路会在两年之内修建完成，从哥本哈根到那不勒斯只要一周，所有人都会觉得这是稀松平常的事情。这些新的发明大大丰富了生活，人们仅用几年时间就可以做到以往要穷尽一生才能做完的事。这个时代就像一首充满想象力的诗歌：理性孕育鲜艳的花朵，而理性之花又属于诗歌，真、善、美紧紧相依，而真理只是其中之一。由此我联想到了你在我相册上的留言：'理性中的理性是真；理性加意志是善；理性加想象是美。'"

1856 年 8 月，安徒生结束第五次欧洲之旅后开始着手创作新作品——《生存还是毁灭》。那时他几乎每天都待在格洛鲁普庄园，写书之余还读了许多哲学和神学方面的著作，其中包括弗雷德里克·法布里的《反唯物主义信件》。安徒生认为这本书对他的启发特别大，但也存在一些不足："对我唯物主义认知的否定并不彻底，我经历了很多东西，对精神和物质的认识相差无几，但两种无形的东西在我心里翻来覆去。"在创作《生存还是毁灭》的过程中，安徒生陷入对鬼魂的恐惧中，半睡半醒间他总是分不清哪些是幻想，哪些是现实。存在的到底是什么，存在是否就比不存在的更真实，信仰与知识之间到底是怎样一种关系，生命是否存在永恒，灵魂是否会随生命体的毁灭而毁灭，是安徒生这段时间最苦恼的问题，也是《存在还是毁灭》

中讨论的主要问题，这个问题在 1857 年 5 月这本书正式出版后被摆上台面，引起广泛的思考和重视，人们对艺术与科学的关系的看法也发生了转变。这一点，安徒生在《在瑞典》中就有所阐述："科学之光终将照亮作家的双眼，使他明白大小两极之间隐藏的真理。这会使他的智慧和想象力更纯粹、更丰富，令他感受到凌驾这些话之上的新形式，即使只是一个人的小发现，但不妨碍他展开一场探索之旅。将世界置于显微镜下，一切都宛若童话一般。电磁学将占领新喜剧和小说的主线，更多诙谐故事将会发生，就像生活在地球之上的渺小又自以为是的人类穿越银河系到另一个星系探索宇宙。"

在奥斯特去世之后，安徒生如他所愿一直在行走中增长见闻，他开始投入更多的时间去思考，也正因如此，他对奥斯特的《自然中的神灵》有了新的认识。安徒生开始用批判的眼光重新对"自然神灵"进行解读。在写给英吉曼的信中他说道，上帝赐给人判断力，人们通过这种判断力认识和评价上帝，正如他在《生存还是毁灭》中所说："创造信仰的是上帝而非思考。"

从文学美学上看，《生存还是毁灭》这本小说仍然存在缺点，安徒生想要表达的观点混成一团，虽然他经过一番深刻的思索提出了复杂的哲学问题，但没能自圆其说地给出答案。尽管如此，不可否认的是这本书中蕴含了最多的帮助我们了解安徒生文学理论体系的信息。15 年之后，评论家乔治·布兰迪斯通过对安徒生作品的潜心研究提出，安徒生这些哲学问题的提出其实是超越自身、参与社会的表现，他引起了一场以人本身为讨论对象的论辩。

《生存还是毁灭》讲述的是这样一个故事：尼尔斯·布莱德本

是哥本哈根圆城守卫的儿子，出身贫寒，他的父母相继离他而去，变成孤儿后，牧师杰普特斯·莫勒鲁普成为他的监护人，将他收容在家。牧师女儿鲍迪欧对尼尔斯充满好感。尼尔斯的理想是成为一名牧师，因此到神学学校求学，很快他接触到了无神论。尼尔斯开始投身于对单细胞生物的研究中，科学更新了他看待生命和世界的眼光。尼尔斯又回到了牧师家中，他的新思想将他变成了异教徒，当他声称自己不想成为一名牧师而想成为一名医生时更坐实了这个罪名。他与犹太人埃丝特订婚，埃丝特的思想与他相悖，她坚信灵魂不朽。后来尼尔斯投身战场，几次与死神擦肩而过的经验让他更加坚信自己的信仰。他退伍回家之后，埃丝特得了不治之症，在她临终之前，尼尔斯在她的灵床前看到了圣光，尼尔斯最后又重新信仰上帝与永恒，彻底放弃了无神论。《存在还是毁灭》的结局看起来有点突兀，尼尔斯在信仰上突然发生了转变，虽然与前半部分相比稍显突然，但仍体现了尼尔斯思想现代化的过程："人类的一切情绪随血液流动而生，因此我笃定我们控制情绪的能力并不比动物优秀多少。"信仰与科学在尼尔斯心里已不再是矛盾的焦点，脱离实际的信仰是盲目的，现代人类孤立的知识只是"无穷尽的探索，脱离时代，其唯一的依凭是上帝"。这一观点，安徒生在信中对亨丽埃特·伍尔夫也曾提及："这个伪系统已经被推到极致，但它只是一个系统罢了，对我而言，它意味着绝望。人类于所有造物而言仅仅成为一颗螺丝钉一样的存在，神、上帝都消失了，太可怕了！这个世界不应如此！……神的启示被科学——阐释……我一直执着追求和谐。"

安徒生超越了奥斯特的"自然中的神灵"的概念，将自然中无法解释的力量称为"上帝"。19世纪50年代，安徒生身边的许多长辈相继离世，安徒生对生与死进行一番深刻且彻底的思考。他已跳脱出信仰与科学的矛盾，将两者兼容并包、同时接受，这也意味着他对传统信念和现代理性主义的双重信仰。通过《生存还是毁灭》，安徒生树立了一种新的务实的生命观，从容面对生，从容面对死，无畏无惧、无喜无忧。

朋友！朋友！

朋友对于安徒生而言具有非同一般的意义，他对友情的定义其实十分模糊，有时甚至分不清楚亲情、友情与爱情的距离。他的足迹遍布欧洲，也因此交友甚广，而真正在他生命中留下痕迹的友情却不多，有的随着有人的早逝而变为悲痛回忆，有的则因最后的决裂而变成安徒生永远的遗憾。

音乐之于安徒生是良师益友一般的存在。他的一生都与音乐有着不解之缘，他热爱音乐，也曾执着地追求过音乐理想，直到晚年，安徒生饱受病痛折磨，无法再去剧院看戏时，他在信中写道："让我现在离开音乐无异于一种折磨。"

在丹麦，安徒生是音乐协会的一员，他花大量的时间参与歌手和音乐家的聚会，即便在旅途之中也是如此。在他记录旅行见闻和友人祝福的《纪念册》中就有许多音乐家的名字，比如魏兹、哈特曼、李斯特、门德尔松、贾科莫·梅耶贝尔、西吉斯蒙德·撒尔伯格、克拉拉、舒曼夫妇、阿道夫·汉塞尔特等。这些作曲家把他们写曲子的小纸片和个人肖像或干花放在一起送给安徒生，并附上签名和问候，因此在安徒生的《纪念册》里收藏了许多知名音乐家的珍贵手稿。

安徒生除了简单的手鼓基本不会演奏乐器，但他非常喜欢唱歌，有着优美清脆的男高音，在欧登塞时，他被赞为"菲英岛的小夜莺"。但好声音在他 15 岁那年因变声期而永远的离他而去了，但这并不构成他放弃唱歌的理由，事实上，没有什么可以阻挡他对歌唱的热爱。在许多家庭聚会中，安徒生歌唱的愿望被表露无遗，到了晚年，他偶尔会放开歌喉为宾客们高歌一曲。1856 年的一个夏夜，他在巴斯纳斯别墅为吉利科·鲍曼和他的太太演唱了意大利歌曲，而那对幸运的夫妇伴着安徒生的悠扬歌声起舞。这种对音乐的热爱还表现在安徒生许多作品里。在他的戏剧中，音乐就像天生的装饰一样是不可或缺的一部分。安徒生常常会创作一些民谣和歌曲，在创作过程中，总是会情不自禁地自己也哼唱一段，在他的小说《幸运的佩尔》中，他将这种充满音乐性的创作过程描述了出来："在一首曲子里，有时有歌词，音符上扬，与歌曲完美契合、不可分割。如此，无数小诗诞生了，它们充满节奏感和感染力。用朦胧含糊的声音将这些音符吟唱出来让人不禁感到羞涩，仿佛担心别人听到，又好像是一个人在孤独的流浪。"

安徒生几乎每天都要听音乐，剧院成为他欣赏音乐的主要场所，无论是在丹麦还是在旅途之中，他不放过任何一个享受音乐的机会。在音乐的世界里，安徒生可以尽情发挥自己的想象力，为自己构建一个超越现实的所在，在那里随音乐家的音符而舞蹈。安徒生倾听的从来不是单纯的乐曲，而是音乐之后那些充满魔力的艺术元素。他将音乐家称作"暴风雨精灵"，被他们的魔力感染。安徒生对音乐的理解完全出于感性，无任何理性可言，甚至他判断一首曲子好坏的标准仅是自己感觉，一种自然而然普普通通的感觉。19世纪安徒生对李斯特的音乐曾经有过多次指责，原因是他认为李斯特对瓦尔纳的演绎太过理性、不够自然。事实上，瓦尔纳的音乐本身就是这样一种特色，连哈特曼也说瓦尔纳的音乐更倾向于与心灵的沟通，而缺乏想象力。但安徒生对瓦尔纳音乐的认识其实是不那么清晰的，他对现代音乐根本不感兴趣，在《幸运的佩尔》中，安徒生将瓦尔纳的音乐作为争议的论点说"猜测不能作为音乐的素材"，"它有极其丰沛的感情，这种感情高于音调，也高于歌词"。安徒生喜爱的是下意识的音乐，那种隐藏在大脑深处不经意间流泻而出的真诚之作，因此，他理解的音乐应当具有反映人性至美、遏制人性丑恶的功能。

在音乐上，李斯特是安徒生的挑战者。1840年在汉堡，安徒生第一次听李斯特的演奏，当最后一个音符在他指尖飞出，李斯特的身子情不自禁地向后仰着，仿佛在寻找一道彩虹，诚如安徒生在《影子》中对这一感觉的描述："音调就像一座彩虹桥，一头是天堂，一头是现实。色彩、音调，以及思想相互作用。色彩反映现实，而音调反映色彩，它能将深藏在心底的音符挖掘出来，从而释放我们的思想。"这次与李斯特的邂逅给安徒生带来深刻的震撼，那个身穿黑色燕尾服、眉目清秀的音乐家形象，以及他纤细修长的手指都给安徒生留下深刻的印象："我与李斯特面对面，而后感觉，这些名人其实跟山一样需远观而非亲临。远观时他们的身体仿佛笼罩着光环，看起来高大修长，充满神奇的魔力。每当看到李斯特坐在钢琴旁时，他苍白的脸色掩饰不住洋溢的热情，我总感觉他像是魔鬼，在试图解放所有的灵魂，每个音符仿佛来自他的灵魂深处，让我有种错觉，他好像一直在忍受着某种痛苦……但当他演奏时，他面色红润起来，他像是来自魔界的圣灵，指间流动的音符如同叮咚流水，在场所有女士的眼睛都闪闪发亮。音乐会结束，他被无数花环簇拥。"后来，安徒生还听过多场李斯特的音乐会，但他对李斯特的演奏是如此评价的："他是音乐的精灵，是音乐的魔术师。他的音乐令我啧啧称奇，却无法打动我的内心。"

1852 年，在魏玛，安徒生被介绍与李斯特相识。那时，与李斯特同行的还有卡罗琳·维特根斯坦公主。这位公主曾带着 15 岁的女儿与一位俄罗斯的贵族私奔，如今，她与李斯特结合，共同生活在魏玛。在魏玛，李斯特是十分成功的皇家乐队指挥和编剧，为卡尔·亚历山大大公复兴魏玛文化提供了强大助力。19 世纪 50 年代，当安徒生因为战争阔别魏玛三年，再次回到这个地方时，李斯特正因他的才华，以及与卡罗琳·维特根斯坦公主的绯闻而名噪魏玛。尽管安徒生已经见惯了各种思想解放的女人，但对于李斯特夫妇他仍然不能接受："他和这位公主就是被烈火焚身的精灵。他们可以温暖你，但你一旦靠近就会被他们灼伤，但我还是觉得与他们相遇，听说他们的故事，了解他们的激情于我而言是万分的幸运。"

1852 年 5 月，安徒生受邀与李斯特夫妇共进晚餐，在餐桌上他朗读了《夜莺》和《丑小鸭》。这两部作品总是很快地让他成为所有人的焦点。餐会结束后，安徒生被邀请到起居室喝咖啡，在那里看到了李斯特钟爱的钢琴和音乐书库。屋子里到处都是巴赫、海顿、瓦格纳和舒曼的手稿，以及画像，钢琴上方挂着贝多芬像。安徒生坐在维特根斯坦公主的身边，她穿着绿外套，一边抽着雪茄，一边与安徒生聊犹太法典和黑格尔。

1855年和1856年安徒生与李斯特夫妇再次碰面，李斯特对他的《科尔斯顿》赞不绝口，但安徒生对这对夫妇却越来越讨厌了。因为在这段时间，李斯特被各种丑闻缠身，维特根斯坦公主的女儿离家出走了，李斯特又与瓦格纳的妻子暧昧不明，安徒生实在受不了这个圈子的混乱不堪，连对李斯特都疏远起来。1857年，安徒生彻底冷落了李斯特，他不但没有参加魏玛的宴会，也没有观看李斯特的庆祝演出，对安徒生来说，李斯特的音乐听一次就足够了。

慕尼黑是安徒生最喜欢的欧洲城市之一，19世纪50年代，他常常往返于魏玛与此之间，在这里他结识了吉尔特医生，以及画家威廉·冯·考尔巴克。

考尔巴克与安徒生相识于19世纪40年代，两人一见如故，从此建立了亲密的友谊。安徒生常常拜访巴尔考克位于英格里花园附近的宅邸和工作室，据考尔巴克女儿回忆，安徒生那时跟燕子一样勤快。1860年，考尔巴克为安徒生的《天使》绘制了一幅插图，对这个迷人的童话故事进行了很好的阐释，也成为日后安徒生检验自己名气的一个指标。那时，在欧洲许多城市街道上的橱窗里都可以看到《天使》这幅画的复制品和小卡片，虽然安徒生的名字并没有印在上面，但他仍然觉得那是他的作品、他的思想。1860年的夏天，安徒生再次到访，考尔巴克告诉他在维也纳有很多印刷商用铜蚀刻版印了许多《天使》的复制品，还以此赚了许多钱，连考尔巴克自己都时常收到《天使》的油画订单，因此他总是在工作室里放上几件备用。

安徒生之所以十分频繁拜访考尔巴克的家，除了与考尔巴克相见之外，更喜欢的是考尔巴克家中的温馨融洽。考尔巴克有三个女儿和一个儿子，他们总是会到门口去迎接安徒生，兴奋地大喊："安徒生来啦！"考尔巴克的女儿约瑟夫很多年后仍然记得那个时常出现她家中聚会的安徒生，她十分喜欢安徒生用蹩脚德语讲的童话故事。考尔巴克的侄女对安徒生也记忆犹新。19世纪60年代，所有的孩子都已经长大成人，在一次晚宴后，安徒生将所有女士聚在一起，一边讲他的童话一边剪纸。还有一次，考尔巴克的侄女带着女儿来到考尔巴克家中做客，小女孩很友善地将她最喜欢的跳娃娃交给了安徒生，安徒生像变魔术一样让这个娃娃在草地上跳来跳去，孩子玩得很开心，当要告别时，安徒生给了跳娃娃一个吻别，告诉小女孩的母亲："等她长大，到可以独立读懂我的童话故事时，我怕早已不在人世了吧。若是那个时候，请你一定要告诉她安徒生是谁，告诉她我们曾开心地在一起玩耍，我还吻过她的娃娃和亲爱的妈妈……"他对着跳娃娃说："请你将我的吻留给长大后的她好吗？"

在慕尼黑，安徒生的好友除了考尔巴克还有巴伐利亚王室的马克斯国王。1852年，安徒生受邀前往慕尼黑南部施塔恩贝格湖附近的王室狩猎城堡，去参加马克斯国王的宴会。马克斯国王曾在柏林和阿根廷求学，也曾去意大利和希腊游历，他不但有学识更有见识，而且对丹麦文化非常感兴趣。第一次见到安徒生，马克斯国王就说自己一直都非常想去哥本哈根海湾泡一泡盐水浴。他对安徒生的作品十分熟悉，《即兴诗人》《小人鱼》《伊甸园》都是他喜欢的作品。这些都是在去罗森尼塞尔岛的路上，马克斯国王告诉安徒生的，安徒生为他朗读了《丑小鸭》，国王殿下用一朵小野花作为答谢。从这一刻起，两个人的友谊开始了："我和国王在长凳上闲坐，他跟我聊上帝，聊人类，我对他说，如果是我，我不会选择做一国之主，因为我实在无法承担那么沉重的责任。他说，上帝得先赋予你力量，你才能去做想做的事情。我们的交流热切而私密。回去的路上，我再次朗读了《一个母亲的故事》《亚麻》和《缝衣针》。湖水清清，远山微蓝，雪色皑皑，我们仿佛置身童话世界。喷泉水花激荡，国王与我道别，我见到了两位小王子并吻了他们。"这两个年少的王子就是 7 岁的路德维格王子和 4 岁的奥托王子，他们听安徒生讲了许多童话故事，安徒生还为他们做了许多剪纸。路德维格王子后来继位成为路德维格二世，在 1886 年英年早逝。这位国王的名声不算太好，是个建筑狂，一生建造了许多童话城堡，鹳和天鹅成为其中最主要的装饰。

1854 年 6 月，安徒生拜访了霍恩施万高城堡，在马克斯国王及王后和两位小王子的陪伴下度过了愉快的三天。那时，安徒生几乎不想离开慕尼黑，他脸上长了疖疮，嗓子发了炎，无论去哪都敷着药围着围巾。他辗转到了奥格斯堡，而后乘马车去了福森，稍事休整后被皇家马车接去了皇家旧天鹅堡，他暂时落脚在那儿。男仆将他带到了自己的房间，随后，他又随马克斯国王一起去了奥地利蒂罗尔。在途中，两人畅谈了安徒生的故事和创作，马克斯国王告诉安徒生，他从 1847 年就读了他的德文版自传，对他的才情充满崇敬之意，他说他敬佩安徒生穿越重重险阻执着于童话创作的决心，并说这一切或许源于安徒生坚定的信仰。安徒生在日记中记录了这充满意义的一天："这是个温馨安逸的夏日傍晚。国王挥手帮我赶走了一只正准备叮我脸的蚊子。我们一边喝茶一边读《柳树下的梦》和《完全是真的》。国王提前离开，王后留下陪着我，她送给在座的每位女士一朵杜鹃，送给我一朵开在阿尔卑斯山的花。国王打的野味和王后抓的鱼是我们大家的晚餐。

王后聪明美丽，我们一直聊天，聊得很愉快。"安徒生摘了一束野花，放在装饰着天鹅剪纸的礼盒里送给了美丽温柔的王后。安徒生在告别之前许诺，来年他会再来并且为圣诞节写一部以天鹅城堡为背景的童话。虽然后来安徒生的承诺并没有实现，但他与马克斯国王和王后成了很好的朋友，彼此一直保持通信，还经常会在一些公众场合碰面。这段友谊一直持续到安徒生去世，1895年，安徒生被德国巴伐利亚王室授予"马克西米利安科学与艺术奖章"，成为第一个获此殊荣的丹麦人。

1856 年夏，安徒生收到一封信，信的称呼是这样写的："我亲爱的、尊敬的汉斯。"在安徒生还是个孩子的时候，关系亲密的人会叫他汉斯·克里斯蒂安，但从没有人如此亲密的称他为"汉斯"，这个称呼跟 du 一样令安徒生充满惊喜。写这封信的人是查尔斯·狄更斯。从 1847 年，安徒生第一次在伦敦与他相遇，狄更斯就一直与他保持通信。这封亲切的来信一方面是向安徒生表达歉意，因为在伦敦时，有一位丹麦人曾拿着安徒生的介绍信找到他，但他没能挤出时间与他相见，另一方面，狄更斯向安徒生发出了诚恳的邀请："我的朋友，你何时才能再来？自我们上次相聚已经过去 9 年了。这 9 年并没能让英国对你有一丝一毫的淡忘，相反，更多的人知道了你并爱上了你……亲爱的安徒生，你的再次来信让我激动不已。我保证，虽然为此我已花去许多纸张，但我对你的尊敬已经远非语言所能表达。永远爱你的查尔斯·狄更斯。" 1857 年 4 月，狄更斯再次向安徒生发出邀请，这次他是以全家的名义："我的两个小女儿如今已经长大，我的大儿子也已经20 岁了，我和我的妻子，以及我的孩子们都非常喜欢你，如果你能来，你会发现我们大家对你都充满崇拜和喜爱。现在你可以考虑放弃去瑞典的想法了，来我们这里吧。"在信里，狄更斯承诺将接待安徒生去他在肯特州的新居——盖茨山庄做客，将住宿安排在伦敦布鲁姆斯伯里的房子里，六七月份他将完成他的新书《小多里特》，因此有更多空闲时间与安徒生一起享受各种户外活动。

如此的邀请和安排对安徒生来说是无法拒绝的诱惑，他欣然接受。1857 年夏天，带着新出版的《生存还是毁灭》的丹麦语、英语，以及德语版本，安徒生展开新的欧洲之旅。但这次旅途有些辛苦，安徒生再次受到晕船的困扰。当他到达肯特，脚踩在踏实的土地上时，狄更斯派信号员来接安徒生，带着安徒生的行李将他引到了盖茨山庄。这一次，狄更斯并没有给安徒生安排专门的接送马车，与当初安徒生离开伦敦狄更斯亲自送行时的情况不太一样，但安徒生并未在意。直到安徒生入住盖茨山庄，发现第二天他的脏衣服没有人来帮他洗，狄更斯的大儿子拒绝为他刮脸，小儿子更是对他毫不客气地嚷嚷"我要把你从家里丢出去"，他才发现原来事情并不像狄更斯在信中描述的那样美好。从他到访的第一天起，狄更斯的家人对他似乎就充满敌意，狄更斯的女儿常常抱怨为什么安徒生还不走。安徒生离开时，狄更斯自己在壁炉的外墙下贴了小标记："汉斯·安徒生再次短住 5 周，我们觉得度日如年！"

其实，安徒生来得十分不凑巧，狄更斯刚刚失去了重要的朋友道格拉斯·杰罗德，正忙于料理他的身后事、照顾他的遗孤。为了纪念老友，狄更斯安排了几场戏剧表演，自己亲自参与演出，安徒生也受邀出现在观众席上。而此时，狄更斯正面临家庭危机。虽然他的家看起来仍然温馨可爱，但他与妻子的感情已经被各种绯闻闹得分崩离析。而安徒生的出现，对这个家庭来说仿佛不是一件好事。安徒生在结束欧洲之行之后，有一次与英吉曼和英吉曼的妻子露西共进午餐时谈到了狄更斯愈演愈烈的绯闻，英吉曼开玩笑说，也许盖茨山庄的变动是因安徒生而起："虽然我不想认同这些说法，但安徒生来之前，狄更斯夫妇还算和谐。安徒生来之后，情况就发生了变化，狄更斯的妻子离家出走了。安徒生看上去充满善意，但他会给女人带来麻烦，只要他还在狄更斯家，我就担心终有一天狄更斯夫人会跟他走。"

英吉曼的推测或许并不可信，但安徒生确实在狄更斯婚姻破裂中扮演着重要角色，自此之后，他彻底失去了与狄更斯的友谊，狄更斯杜绝了与他的一切往来。安徒生感到伤心，却没有自省，因为他完全没有意识到自己到底做了什么。

1857 年，安徒生住在盖茨庄园时，表现得确实有些难以相处。让人把他的脏衣服清洗干净，让狄更斯的长子为他刮面，这些要求都有些无礼。而且，安徒生的英语较十年前更差劲了，与人交流起来十分费劲，正如狄更斯在写给威廉·杰登的信中所说："他那些令人费解的话实在滑稽。他像个疯子一样说着法语或意大利语，每当他讲英语，我都觉得他像聋哑学院的学生。我的大儿子坚定地认为他说的德语就是天书，没人能懂，而安徒生的翻译则对本特利说，安徒生连丹麦语都不会！"不仅如此，安徒生有些时候的言行太过情绪化，令人感到不适。比如，一日，安徒生看到一份英国报纸上刊登的对《存在还是毁灭》的批评文章，他痛哭倒地，像个孩子一样毫无形象。到伯蒂特－考茨小姐家拜访时，安徒生的表现更加失礼。他怕钱、手表、剪刀被偷走就把它们藏在靴筒里，他不敢自己去找仆人拿枕头就径自去找女伯爵伯蒂特－考茨要。在盖茨山庄，安徒生还得罪了狄更斯的客人威尔基·柯林斯。安徒生将他的剪纸和花束放在了威尔基·柯林斯的礼帽上，威尔基·柯林斯发现之后十分不满。1863年，柯林斯专门写了一篇小故事来讽刺安徒生，在故事里，他把安徒生称为冯·穆夫，把招待安徒生的狄更斯称为约翰先生："冯·穆夫就是个小人……而约翰先生实在吃了太多苦，因为冯·穆夫先生一直试图吻他。"在盖茨山庄，没有几个人喜欢被安徒生亲吻，除了狄更斯的儿子爱德华·狄更斯。爱德华与安徒生接触之后，慢慢改变了一开始想把他扔出窗外的态度，他与安徒生成了很好的朋友，并且创造了一种独特的语言和沟通方式，但这段友谊被狄更斯中途喊停。

1860年，英国杂志刊登了一篇安徒生的游记《拜访查尔斯·狄更斯》。这篇游记收录在新书《来自内心与世界》里，记录了安徒生在盖茨山庄拜访狄更斯时发生的故事，文中毫不避讳地介绍了狄更斯家庭，但出版之前他没有与狄更斯做任何沟通，完全按照自己意愿把狄更斯的家庭、感情和隐私暴露给大众，引起狄更斯强烈的不满。但安徒生本人却不觉得这有什么不妥，也没有想到自己的这篇文章对当时绯闻缠身的狄更斯来说是雪上加霜，他尽情炫耀与狄更斯的交情，完全没有顾忌狄更斯的感受。狄更斯认为安徒生在游记中对他家庭情况的描述是对个人隐私和家庭事务的干涉与冒犯，安徒生对他太太的溢美之词更是不切实际，他之所以离婚很大一部分理由就是因为他太太对孩子的不管不顾，而安徒生却将她描述为一个贤妻良母。

很快，安徒生的这篇游记在英国引起一阵轰动。英国公众对大作家的生活本就充满好奇，加上那段时间狄更斯与年轻女演员相恋并且面临婚姻危机的传言正传得沸沸扬扬，安徒生的这篇文章简直就是一石激起千层浪。《本特利杂记》8 月号随后也刊登了安徒生的新书，并且针对安徒生的这篇游记和狄更斯做出批评，因为安徒生对盖茨山庄事无巨细的描写侵犯了私人生活。很快，安徒生塑造的美满家庭分崩离析了，狄更斯与一个名叫内利·特南的恋情彻底曝光，安徒生在文中书写的各种美好描述都变成了一种讽刺。至此，与狄更斯的友情也彻底告一段落，他再也没有见过狄更斯，与他断了联系，甚至连狄更斯去世的消息也是在报纸上看到的。

1860 年，安徒生结束了瑞士与德国的行程归国，在巴斯纳斯庄园度过了圣诞节，在此期间，他翻译了梅耶贝尔的《普罗迈尔的宽恕》，还起草了《12 封邮件》《雪人》和《屎壳郎》。这段时间安徒生陷入了沮丧与痛苦里，与狄更斯的决裂、友人的相继去世、对生死的拷问萦绕心头，他开始担心自己，"我的思想正在老去，生命之花也日渐萎靡"，同时他对温暖和重燃生命激情的渴望变得愈发强烈。

移情小乔纳斯

1861 年 4 月 2 日，安徒生度过了自己的 56 岁生日。但与以往不同的是，这次生日在盛大的生日宴会和告别酒会中进行，科林一家、德鲁森和万舍的家人都成为座上宾。宴会上歌声四起、灯火辉煌、欢声笑语、觥筹交错，安徒生有些不适应，相比这些他更喜欢一个人坐在剧院里享受片刻宁静。但他曾在作品之中说过的话又回响在脑海："尽情享受生活，不要事后后悔自己没有及时行乐。"于是他释然了，安然自若地享受整个生日宴会。可他不知道这次宴会是一个转折点，从此之后，科林家族将再难有如此的团聚时刻。

这一年，安徒生与小乔纳斯·科林从意大利回来之后，老乔纳斯·科林去世了，这个家族的鼎盛时期已经过去，温馨团结的家庭生活难以为继。正如老乔纳斯·科林的曾孙女里格莫尔·斯丹普所说，维系这个家庭的精神领袖已经不在了，而他的子女没有一人继承了他卓越的社交能力和博爱无私的胸怀。整个科林家族随着老乔纳斯·科林的离世而发生剧变，每个人的性格多多少少都出现了变化。这一点从科林家收集聚会诗歌的集子的变化就可以看出。这部集子收录的是 1832 年到 1876 年科林一家在庆典或家庭聚会上所做的诗歌，相当于一部家族史诗，其中记录的还有安徒生与爱德华·科林，以及科林一家的关系变化。这部诗歌集子是不对外公开的，仅为家人所有。安徒生经常被邀请参与科林家的宴会，他与爱德华之间的诗歌竞赛持续多年，但安徒生毕竟不是科林家族的一员，他的诗歌并没有出现在其中，而是更多地被他自己保留，或是收录在爱德华的私人收藏里。这个习惯一直被科林家族作为维系家庭关系的纽带，直到小乔纳斯·科林结婚时，已经担任大家长的爱德华·科林用简短的几句祝词代替了诗歌。从此这个被科林家重视的传统也终止了。

1861 年，老乔纳斯·科林去世后，爱德华·科林与安徒生日渐疏远，但只要安徒生愿意用一如从前的热情去与爱德华沟通，爱德华对他不会不理不睬，甚至这段关系有可能恢复如初。事实上，安徒生做到了，而且遇到了转机。1872 年，爱德华因癌症手术要被切去一部分下巴，他对安徒生突然变得和善起来，安徒生激动不已，并且热切希望爱德华不要走在自己前面，这样的和善能再持久一点。当安徒生的健康也变得岌岌可危，离去世只有一年的时候，他曾写信给爱德华说："我们可以在一起的日子不会太多了，在剩下的日子里我们握手言和吧，我不想失去你！"

确实，安徒生离不开爱德华，无论是在情感上，还是在经济上。爱德华 45 年来一直担任安徒生的财务顾问，帮他打理钱财，保管资产。每年清算账目时，安徒生总是先在问询信中询问爱德华的健康状况，再问及金钱事宜。爱德华总是回复得正式且严谨。安徒生将所有钱财和奖章都存放在老乔纳斯·科林创建的银行里，爱德华后来接任了行长的职位，保管着安徒生的安全箱的钥匙。1871年夏，安徒生有一次想要从安全箱里取些钱出来，但爱德华却带着他的钥匙去度假了。安徒生马上写信给爱德华询问钥匙的情况，爱德华依旧傲慢又简洁的回复他："是的，你说的很对。难道我会把钥匙留在钥匙孔里吗，我在保管的是很贵重的物品！"

1872年爱德华从癌症手术中恢复以后，对安徒生的态度出现缓和，回信也不像以前那样简短且语气不善，言辞间多了些许温柔。这让安徒生很是欣慰，但并不代表两个人的关系得到根本性修缮。他们的矛盾分歧仍然根深蒂固，因为截然不同的性格决定了两个人南辕北辙的处事态度。每当安徒生在信件中表现得过于固执和情绪化时，爱德华总是能机敏且不失礼貌地应对，始终与安徒生保持安全距离。1860年到1870年，安徒生与爱德华的关系一直处于你追我赶、你推我拉之中，每当安徒生想要拉近一些两人的距离，爱德华总是固执且坚决地推开。

1864年的圣诞节，安徒生在收到爱德华的信后做了一个离奇的梦："昨晚我做梦了，梦里我一直跟在爱德华·科林的身后，直到他消失不见。后来，我看到了米斯林，我不想再做他的学生。然后，我又梦到我和沙夫、埃卡德一起旅行。"这个梦到底预示着什么？安徒生真的只能追随在爱德华身后，永远得不到他的温柔吗？在安徒生与爱德华之子小乔纳斯·科林罗马之旅归来后，两人的关系又将有怎样的变化呢？小乔纳斯在这十年中到底扮演着什么样的角色？安徒生最终将收获什么，又将失去什么？

爱德华之子小乔纳斯·科林与年轻时期的爱德华十分相似，一样的青年才俊，一样的意气风发。因此，在安徒生心中他们是二位一体的，这一点可以从安徒生写于1864年春天的一篇日记里得到印证。那天，结束与爱德华父子的晚餐后，安徒生在日记中写道："从腓特烈七世起，爱德华就变成一个狭隘的官僚。虽然他对我更加友善、尊敬，但仍然没有放弃对我的成见。现在，我只要看见乔纳斯就很生气，即使我内心里是喜爱他的，我仍然能感觉到自己对这个骄傲的家伙有些厌恶，但我并不想否认，某些时候我常常回忆我曾经对他的迷恋，可他总是冷冰冰。"在这里"他"指代的是爱德华父子两人，可见安徒生在潜意识里认为两人已经融合为一体，因此，很多时候，他对爱德华的感情转移到小乔纳斯身上。

安徒生与小乔纳斯之间爱恨参半，两人的友谊从争吵开始，一路充满曲折，在老乔纳斯去世后，爱德华与安徒生愈发疏远之时，小乔纳斯成为安徒生心中的替补，他作为同伴与安徒生同游罗马，但这不是两人唯一一次旅行，越来越多的接触之后，小乔纳斯的魅力得以展现，后来，他直接取代了爱德华的地位，成为安徒生敏感友谊的对象。

小乔纳斯与安徒生的关系以冲突开始。1861 年到 1863 年，小乔纳斯成为安徒生的旅伴，同赴意大利和西班牙。在旅途之中，两人之间发生了争吵，这让安徒生想到了 19 世纪 30 年代，同爱德华·科林之间的那次激烈的争吵，在小乔纳斯身上，安徒生看到更多爱德华的影子。两次旅行，让安徒生不由自主地被这个少年吸引，他开始对他产生好感，甚至萌生爱意。两人保持了长时间的通信，直到安徒生走向生命的最后一刻。

"我们心心相印"是安徒生在信中反复提及的话，同时，它还出现在他许多作品里，比如，1864 年的《在郎吉罗》："第一次见到她，我就下定决心要同她在一起。我们心心相印。"安徒生之所以如此定义他同小乔纳斯的关系，主要在于小乔纳斯在两人从罗马回丹麦的路上做出了让步，"傍晚，我做了一件一直想要做的事，我跟他说我们以 du 相称吧，他很惊讶，但很快给了我肯定的答复。后来，当我要上床休息时，他来到我的房间，握着我的手反复说谢谢，真诚无比。我十分感动。他亲吻我的额头，我太幸福了。"这样的事绝不会发生在爱德华身上，仅是 du 这个称呼就被他拒绝了近 30 年，小乔纳斯的态度无疑会给他带来更大的惊喜，直到多年以后，他仍乐此不疲地讲述着这个动人的时刻。但小乔纳斯的说法却与他的截然不同。小乔纳斯回忆道，那天晚上安徒生穿着睡衣冲进了他的房间，对他又搂又抱，请求他用 du 来称呼他，乔纳斯一开始拒绝了，但安徒生言辞切切不容拒绝，他甚至说："你父亲曾拒绝过我，那简直令我肝肠寸断。"1906 年，小乔纳斯出版了安徒生晚年的日记，在序中，他说道："我当时并不知情，所以才决定跟他以 du 相称。"这件事发生后的第二天早上，安徒生与小乔纳斯出发前往弗兰斯伯格，安徒生为小乔纳斯写了一首充满感情的小诗，悄悄放在乔纳斯的护照里："你如此年轻，你拥有一切美好，去收藏更多宝藏吧。看看这首诗，你会读到我的心里那更美的诗。H.C. 安徒生，汉堡，1861 年 8 月 22 日。"

当安徒生结束与小乔纳斯的意大利之旅回到丹麦后，他给爱德华写了一封信来解释他与小乔纳斯的关系："因为离别，我不禁落泪，这 4 个多月，我们朝夕相处，彼此了解对方的优点和缺点。我相信乔纳斯已经开始喜欢我，我也慢慢地喜欢上了他。我视其如子，而非手足。"在 1870 年写给小乔纳斯的信中，安徒生用了同样的措辞："你就像我的孩子一样可爱，但我更喜欢叫你弟弟。"自此，安徒生牢固地扎根在爱德华与小乔纳斯之间，爱德华对此到底是什么态度我们不得而知，当时正值老乔纳斯·科林去世前夕，爱德华忙于各种家庭事宜，根本无暇顾及其他，对于安徒生的信件从未给过任何回复。

1862 年到 1863 年，安徒生与小乔纳斯开始了一场长达 8 个月的西班牙之旅，两人之间的关系得到巩固，安徒生试着真正地进入到这位年轻人的内心，两个人在旅途中相处得分外愉快轻松，沿途风光和异域风情更是令人陶醉。在巴塞罗那，安徒生第一次看到一对男女跳热辣的舞蹈，他穿上"西班牙浴衣"，与乔纳斯一同在地中海畅游。1862 年 9 月 12 日和 13 日的日记中，安徒生写道："我心跳飞快，就像跳着西班牙舞步……我的血液好像在燃烧……我的血液开始沸腾。"西班牙的热情感染着安徒生，让他不自觉陷入小乔纳斯的魅力里，他开始不安于内心涌动的欲望。

离开巴塞罗那，安徒生和小乔纳斯又游览了卡特吉娜，后来又到了安达卢西亚，在那里安徒生写作的热情被激发出来，随之而来的还有更强烈的感情和欲望。接下来的几个月，两个人一直向南到了莫勒哥的丹尼尔斯，沐浴在非洲的月光下，安徒生觉得周围的一切都如诗如画，他创作了一首名叫《可爱的西班牙女郎》的赞诗，透过西班牙女郎的脸他看到的其实是年轻迷人的小乔纳斯。与小乔纳斯走在西班牙的大街上，安徒生见到许多充满风情的女人，她们性感美丽，像一朵朵妖艳的大丽花，盛开在安徒生的诗歌里："除了响板的节奏再没有其他音乐伴奏，他们翩翩起舞，用目光彼此交流，如美酒一般令人心醉。他们和着节拍旋转，像酒神的女祭司一般。那些美好永久地留在了人们心中。"安徒生非常喜欢弗朗明哥舞，他将响板比作"情感的爆竹"，强烈的节奏、纠缠的男女，在安徒生看来都是欲望的象征："高贵的石榴树、柠檬树是制作响板的原料。响板轻叩，你能听到树的声音和热血喷流在血管里的轻响。声音的波动在耳边萦绕。响板嗒嗒作响。你能理解这些爆竹正在讲述的情感吗？你能解释这声音传达的语言吗？这些问题的答案都在你的心里，'石榴花闪闪发光，柠檬树将你点燃。我们倾情相拥，感受身体的愉悦，它让我们再次燃烧，而后，你化为灰烬，我消失无踪。'"隐藏在这些文字背后的依然是他对小乔纳斯的渴望。

安徒生在旅途中写下的这些充满情欲的诗于 1863 年结集出版，引起一片惊怒，连他的朋友都感到惊讶。安徒生的这部诗集承载了太多的西班牙的激情，与他之前的所有作品都大相径庭。阿道夫·鲁德森为此在参加科林家的宴会时对小乔纳斯·科林和爱德华·科林开起了玩笑，他说让一个未经人事的小伙子随安徒生出行，难道不怕他遇到危险的女人吗？对于这个问题，安徒生慎重地在日记中做出回应："对于他们的想法我只能一笑置之。我对乔纳斯和我自己说，他们的知识太匮乏了。"显然，小乔纳斯知道安徒生这些诗中的情欲与女人无关，所以外界的指责其实并不成立。

安徒生在与小乔纳斯越来越亲密的同时，也没有忘记爱德华。爱德华越来越多地出现在他的梦里，但他对安徒生依然冷漠。有一次，在科林家的公寓里，安徒生在饭后打算为大家朗读他的新作，还未张口，科林全家就站起来离开了房间。这让安徒生很是受伤，但是与小乔纳斯的旅程还未结束。1862 年 9 月，安徒生与小乔纳斯动身前往伊比利亚半岛，一个月后到达了格拉纳达，在那里游玩了两个星期。但这次并不像以前一样愉快，安徒生与小乔纳斯之间发生了激烈的争吵，两个人各执一词、傲慢无比，而且都十分愤怒。这场争吵持续了很长时间才结束，小乔纳斯像爱德华一样固执己见，指责安徒生自私懦弱，只为自己舒服完全不顾别人的感受，安徒生很生气，但仍对他持有长辈的温情，他在日记里写道："我非常愤怒，但为了继续我们的友情，我保持沉默。他的所作所为说明他根本没有考虑我的感受，要是我能一直平心静气多好，可这太难了，我一直希望自己能像兄长一样给他关爱。"自此之后，两人的旅程摩擦不断，终于在 1863 年 3 月下旬分道扬镳。乔纳斯返回哥本哈根，而安徒生则继续向日德兰半岛进发。

接下来的 7 年时间，安徒生与小乔纳斯的关系并未有多大起色，两人之间仿佛隔着跨不过的鸿沟，之前的亲密友谊也摇摇欲坠了。1863 年 12 月，安徒生与小乔纳斯又大吵一架，争执的焦点是西班牙之旅时乔纳斯对安徒生的无情指责，虽然之后两人达成协议不再争吵，但是，安徒生开始对乔纳斯的骄横感到失望了，他在日记中说："出奇的是，乔纳斯一直处在怒火之中，就像大火吞没房屋而墙体依旧燃烧一样。悲伤的不是我的心，而是我的大脑。他的恶言相向实在令人失望。"安徒生的悲伤事出有因，他确实对小乔纳斯投入了许多感情。19 世纪 60 年代，小乔纳斯痴迷于动物学，在 1866 年取得了硕士学位。安徒生对他的学习提供了许多帮助，从 1862 年起，他就开始为小乔纳斯收集各种标本送给他做收藏、研究。几乎每次他给小乔纳斯寄信都随附几个箱子，里面是他在参观大庄园时收集的昆虫、鸟蛋、贝壳等，1866 年，他在葡萄牙看到了几只小蝙蝠，就立即将它们做成标本保存起来，打算送给小乔纳斯。科林一家对安徒生对小乔纳斯的关心和帮助十分惊讶。1861 年他们开始罗马之旅之前，爱德华·科林曾对安徒生表示感谢，因为他知道小乔纳斯的缺点——年轻气盛、固执骄傲。小乔纳斯的叔叔西奥多·科林也说他无法理解安徒生对小乔纳斯为什么那么有耐心，因为没人能降伏得了冷酷又顽固的小乔纳斯。

1870 年，安徒生与小乔纳斯之间的关系得到缓和。那时的安徒生已经感觉到自己的衰老，他无法再忍受孤独的折磨，于是圣诞节，安徒生对小乔纳斯发出邀请，希望他能来尼斯与他相见："我感到前所未有的孤独和压抑……突然之间，我的头发变得花白，牙齿开始松动，总有一天它们会掉光。这次旅行并没有令我感到愉悦。"在写这封邀请信时，安徒生还在一个人的旅行之中，他邀请小乔纳斯来与他同行，并且愿意拿出 500 银币负责全部的旅费。其实他的慷慨背后还有另外一层深意：弥补以前旅途上的不快。小乔纳斯收到安徒生的邀请之后十分开心，回信说："你再也不用担心我过于年轻了。这些年，我感觉自己好像一下子老了 10 岁，可能你见了我会觉得我不是太年轻而是太老了。无论如何，感谢你，我的朋友！"显然，两人之间的冲突已经被时间消磨殆尽。其实早在 1863 年，安徒生就曾写信给小乔纳斯，分析了他俩之间的矛盾所在："尽管我们很多方面南辕北辙，尽管我们中间有巨大的年龄鸿沟，但我们仍能成为好朋友。你比你的实际年龄要成熟，而我比实际年龄要年轻。"而乔纳斯直到 7 年后才明白这个道理。

1870 年 1 月 28 日，安徒生与小乔纳斯终于在尼斯重聚了，之前的所有不愉快都随风而逝，两人之间的友谊经过岁月打磨也变得愈发纯粹。为了更好地维系这段来之不易的友谊，安徒生提出，两个人要彼此尊重也要互相忍让。这一次，两个人的旅行持续了两个月，畅游了法国的尼斯、摩纳哥、戛纳、里昂、阿尔勒、巴黎。小乔纳斯仍像以前一样充满活力，有一天，他送给安徒生一只烟斗，安徒生很是开心，立即写了一首诗作为答谢。安徒生仍像慈父一般对待小乔纳斯，甚至有时有些溺爱。两个人的法国之行十分愉快，在回丹麦的路上，安徒生曾写信给亨丽埃特·科林说："我们两个都是亲善的人，我们应被授予'团结友爱'的勋章。"

从此之后，安徒生与小乔纳斯之间变得无话不谈，小乔纳斯成为安徒生重视的朋友。后来小乔纳斯被聘为丹麦国家农业部的顾问，需要长居日德兰半岛。因此，安徒生在1872年和1873年的旅行中不得不与其他年轻人同行，虽然他仍然很想与小乔纳斯一起。1875年，安徒生的身体每况愈下，但他还在计划着与小乔纳斯一同出行，直到他去世前两周，他还在给小乔纳斯写邀请信。小乔纳斯跟他的父亲一样有些刻板，不喜欢随意地回信，与他通信最多的是安徒生。但与他父亲不同的是，小乔纳斯在安徒生在世时，并未因结婚的事儿让这个敏感的老朋友受伤。安徒生去世一年之后，小乔纳斯才与本妮迪克特·克努特森结婚。对于婚姻的威胁安徒生一直十分在意。小乔纳斯年轻有为，同他的父亲一样有着卓越的社会地位，总有一天要走进婚姻殿堂，安徒生担心婚姻会让友谊变得脆弱易折。1868年，他曾给小乔纳斯写过一封信，恳求小乔纳斯保持单身，只有这样他们的世界才能永葆青春："我收到的所有信里都离不开某某订婚的消息！连弗里茨·哈德曼也如此。亲爱的乔纳斯，我们两个可以把婚姻再放一放：人一生只能年轻一回，当婚礼主持对你说'阿门'的时候，你一夕之间成为一家之主，这对你，对你的青蛙和蜗牛都是不公平的。"只要没有陷入男女爱情和婚姻里，就意味着小乔纳斯的灵魂还处在年轻状态，他的精神依然是充满天真活力的，那么他与安徒生的友谊就依然能保持原态。

沙夫之憾

1857 年，安徒生在巴黎收获了一份弥足珍贵的友谊，在那里他遇见了生命中两个重要的朋友——28 岁的丹麦演员劳里兹·埃卡德和 21 岁的芭蕾舞者哈罗德·沙夫。一年之后，安徒生进入他们两个人的世界，融入他们的和谐关系，在他看来，这两个年轻人的友谊十分难得。1860 年夏，安徒生与他们两个在慕尼黑开心地玩了 10 天，从此以后，三人一直保护通信。

劳里兹·埃卡德和哈罗德·沙夫在哥本哈根十分有名，小乔纳斯也与他们相识。但小乔纳斯并不喜欢他们，把他们称为"密友帮"。"密友帮"曾力邀小乔纳斯加入，被乔纳斯拒绝了，他要求安徒生也尽量远离他们。在写给安徒生的信中，他会向他说一些"密友帮"发生的事，那时安徒生已经深深地被哈罗德·沙夫迷住了，并且认为沙夫也迷上了他。1861 年安徒生在霍尔斯坦堡庄园过完圣诞节后，在新年回到哥本哈根，在日记中他写道，沙夫在热情地欢迎他回家。接下来的几个月，两个人形影不离，有时埃卡德会加入他们，在安徒生的公寓里、在剧院或是在饭店。

从安徒生的日记里可以看出，那段时间两人的相处十分愉快，沙夫对安徒生真诚相待，安徒生也非常喜欢这位年轻的朋友，一有机会就会去剧院看他的演出。沙夫是皇家剧院的首席独舞演员，被剧评家评价为"一位潇洒的少年才俊"。1862年2月，安徒生在日记中写道，沙夫与他越来越亲密，两人几乎无话不谈。

安徒生再次坠入爱河了，但科林家对此极力反对。1862年，西奥多·科林提醒安徒生说，他不应该那么毫无顾忌地公开他对沙夫的感情，因为很多人对此感到荒诞可笑。安徒生听取了科林家的建议，有一段时间对沙夫有意疏远，但仍没能抵抗沙夫的魅力，不久之后两人重修旧好。1862年3月，安徒生在梦中看到沙夫为他翩翩起舞，在日记中他写下了自己快要压抑不住的激动："我感到脆弱和慌张，沙夫每天都来做客，即使暴风雨来临也不例外，他向我诉说他信里的秘密，每天每天我都在期盼他的到来。"

好景不长，1863年，安徒生与沙夫的感情遇到危机。沙夫开始把注意力更多地放在埃卡德身上，从而越来越疏远安徒生。1863年，安徒生在夏天造访了克里斯蒂安兰德和巴斯纳斯、霍尔斯坦堡、格洛鲁普庄园，8月回到哥本哈根后，他去拜访了埃卡德和他新婚的妻子约瑟芬。在那次会面中，安徒生意识到了他与沙夫的危机。沙夫明显对安徒生不再热情，安徒生在日记中写道："在埃卡德家吃饭时，我感到沙夫对我的冷淡。'英雄的眼睛被其他东西吸引了'。对此我不感到伤心，因为我已经经历过同样的失望。"在接下来的几年，两个人仍然偶有会面，安徒生仍会去看沙夫的演出。他还曾向沙夫示好，试图挽回这段感情。1864年，安徒生邀请沙夫去赫尔辛格丹，两人一起洗澡、一起远足、一起在旅馆过夜，但沙夫拒绝了与安徒生同房的要求。

如今，两人在 1860 年到 1870 年之间的通信全部被销毁了，但是在安徒生大量的日记中，沙夫这个名字被提及了 300 多次，显然，在安徒生这十年的生活中，沙夫扮演着重要角色。1864 年到 1865 年，安徒生为了沙夫重回戏剧舞台，将《在郎吉罗》《乌鸦》《他不是生出来的》《当西班牙人在这里》搬上皇家剧院的舞台。这四部剧中有三部讲的是兄弟之情、朋友之谊。拿《乌鸦》来说，这部剧曾在 1832 年上演过，如今被安徒生重新改编再次搬上舞台，沙夫扮演剧中的一只吸血鬼。这部剧最后没能把安徒生和沙夫重聚在一起，1865 年，两人的友谊彻底结束，但安徒生仍然没有放弃为沙夫的演艺事业推波助澜，甚至无意中还参加了沙夫的最后一次演出。

那是 1871 年，布门维尔将安徒生的几部童话加以改编，创作了三幕芭蕾舞剧《图画中的童话》，将沙夫选作男主角。安徒生听说后，给小乔纳斯·科林写信说："布门维尔正在把我的《坚定的锡兵》改编为芭蕾舞剧。沙夫将扮演锡兵，肖尔小姐将扮演舞蹈家。不过故事的背景改为苏格兰，锡兵改为用脚跳舞。"但是事情进展得并不顺利。1871 年 11 月，沙夫在演出《行吟诗人》时意外摔下舞台，摔碎了膝盖骨，不得不放弃了布门维尔的戏剧，同时也放弃了自己的舞蹈事业。这颗闪亮的艺术家之星在意外中陨落了，安徒生为他感到万分痛心和惋惜。可悲惨的事还在后面——沙夫于 1874 年迎娶了芭蕾舞剧团的首席女演员爱勒维尔达·莫勒，几年之后，她不告而别，沙夫在事业的毁灭、妻子的离弃中悲痛欲绝，最后精神失常，1912 年死在精神病院中。安徒生对此深表遗憾，但也无能为力。

旅行的意义

　　1851 年到 1862 年，安徒生 7 次出国旅行，邀请过 5 个和科林家渊源颇深的年轻人同行。安徒生为他们支付所有旅费，而他们则需帮安徒生拎行李，并且照顾他，必要的时候还要提供消遣娱乐。安徒生之所以每次都选择与科林家有关的年轻人是因为感念于科林一家对他的帮助，无论是在金钱上，还是在感情上，这都是一种很好的偿还方式。除此之外，安徒生还有另外一个目的。旅行虽然令人身心愉悦，可也会使人疲惫，而充满活力和青春气息的年轻人可以给旅途注入清新活力，为安徒生提供动力。在1857 年，安徒生写给马蒂尔德·奥斯特的一封信中，他说道，对于他来说最重要的是在旅行中寻回青春活力。这一观点在他为罗伯特·沃特的《走遍欧洲》作的序中也有所体现："阳光将旅行二字写在娇艳的玫瑰花瓣上，对一个年迈的人而言，这无异于一场精神洗礼，促使他重拾青春，你马上就能看到，他曾经平凡的生活绽放出别样光芒。"

　　在挑选同行的年轻人时，安徒生偏爱年龄在 18 岁到 22 岁之间的未婚男性。这主要是因为已经进入晚年的安徒生突然感到衰老的无奈和恐惧，在 1864 年 3 月的日记中，他写道："我感受到自己的老去，但内心里我仍然觉得自己年轻……我必须找回青春，否则我会一直痛苦下去。"在旅途之中，与年轻人的频繁接触会让安徒生有一种重回青春的感觉，看着他们鲜活的面容他仿佛回到自己年轻之时，像孩子一样天真无忌。但同时，安徒生也在试图通过建立另外一层更亲密也更敏感的类似于爱情的关系来寻求青春的慰藉，因此柏拉图式的爱情再一次成为他的追求。

"人会一点点地老去。我的心理年龄只有 16 岁，但我不能真像 16 岁的孩子一样去为人处世。"这种生理年龄与心理年龄的差距激发了安徒生对青春的追寻，他不甘老去，仍想象一个任性的孩子，肆意追逐，纵情享受。他享受旅行，渴望自己能通过不停地行走使灵魂永葆青春；他享受爱，渴望与年轻人亲近，去爱他们并得到他们的爱。安徒生所言的爱是纯粹的更具有精神内涵的柏拉图式的爱。它超脱欲望而存在。

在对年轻人爱的方式上，安徒生与古希腊人的主张十分相似。希腊人主张在"柏拉图－苏格拉底式"的爱情关系中教化年轻人，安徒生无意识地在践行着这一主张。在旅行过程中，他扮演着师长的角色，教育他们、引导他们、鼓励他们。另外一方面，安徒生也无意识地认同了古希腊人认为男性最美的观点，他对美少年的赞美在作品中随处可见。如《只是一个提琴手》中他对拉迪斯劳斯的描写："拉迪斯劳斯来了，一身红色锦缎，华贵非常，像极了古希腊人。他的脸上写满骄傲、自信，与头上的高帽配合得天衣无缝。他黑珍珠般的眼睛在黑色鞭痕下熠熠生辉。他嘴上挂着轻笑，透着古典美，这种美只属于他一个人，竞技场上所有角斗士都难以望其项背。"再如《亚哈随鲁》,"这个场景何其震撼!几百个年轻人光裸着强壮的身体团结在一起向前走,他们都有着棕色皮肤、结实的肌肉、宽阔的胸膛和黑亮的眼睛。"

对于这些同行的年轻人,安徒生有时表现得过于迷恋,但他并没有超越精神的层面对他们产生任何不纯洁的欲望,他像是一个"柏拉图 – 苏格拉底式"的恋人,细心地照顾并教导着这些年轻人。对于年轻人来说,安徒生也是不可缺少的,他们信任并尊重着他。安徒生通过与青春旅伴之间的敏感友谊,脱离了时间的束缚,他借此找到了灵魂的栖息之地,也寻到了永恒,因此无谓青春,也无畏老去。

1864 年到 1865 年,丹麦与德国再次爆发战争,经历了漫长又艰难的等待后,1866 年,安徒生开始了葡萄牙之旅,企图寻找一个远离战火、平静安逸之地。这次他身边没有带任何一个年轻人作陪。作为一个旅行者,安徒生比任何一个同时期的作家都具有勇气。亚当·奥伦施拉格也曾旅行,但他厌恶漫长的旅程;亨里克·赫兹和 H.P. 霍尔蒂特也曾同安徒生一样有环游世界的愿望,但最后他们没能成行;英吉曼更喜欢待在索洛;克尔恺郭尔更喜欢书桌……只有安徒生是真正地"读万卷书,行万里路"。从 25 岁到 68 岁,安徒生从未放弃过用双脚丈量世界的宽度,直到他生命的最后一刻,他仍在计划着与小乔纳斯的出游。

1866 年,安徒生接受丹麦驻里斯本领事奥尼尔家族三兄弟卡洛斯、何塞、乔治的邀请,前往他们位于葡萄牙的家中做客。1866 年的葡萄牙之旅给安徒生带来了无尽的愉悦,他不用奔波于各种宴会、会议之间,而是完全自由地支配自己的时间和精力去做想做的事。葡萄牙处于欧洲的边缘,是"陆地的尽头,海洋的开始",那里还没有被德国的战争波及，一片和平安详。7月，安徒生在何塞位于辛特拉的家中度过两个星期，何塞建议他一定要尽情领略希特拉风光，但安徒生并不想象个普通游客那样走来走去，他更喜欢一个人静静地行走，每天他都会一个人沿着陡坡走到矗立在山顶上放射着五彩光芒的童话城堡——佩纳宫。"费尔南多国王的夏宫美轮美奂，据说它曾是个修道院，建立在半山坡上，沿途长满了仙人掌、栗树、悬铃树、桦树和冷杉。小路弯弯曲曲，铺满卵石。从这里你可以远眺塔霍河对岸的山和一望无际的海。"何塞并不理解安徒生此举的目的，一直追问除了城堡他有没有看到其他的东西，如果别人也问起这个问题他将如何作答。安徒生十分不耐，回答说没有了。为了让何塞闭嘴，安徒生给他讲了一个故事：以前有个英国人，已经站在布朗克峰峰顶却还硬要站在导游的肩膀上，目的是让自己比任何一个游客站得都要高。这明显充满了讽刺之意。

安徒生的旅行不是普通意义上的游玩，而是冒险。他喜欢发掘刺激的新事物，因此总是乐此不疲地进行着未知的旅途，超越德国、法国、瑞士、意大利，去那些充满浪漫主义色彩的地方——葡萄牙、苏格兰、黑海、巴尔干、丹吉尔，还有他从未成行的美国，虽然他一直惧怕自己会像朋友一样在那里溺水。在丹麦，他是第一个畅游丹麦全境的作家，并将阿马格岛、斯卡根、弗尔岛、法尔斯特岛的风光写进作品里；他第一个发现瑞典这个既有史前风光又有现代文明特色的地方；也曾尝试出海，领略大海的神奇。

旅行，很多时候对安徒生来说，是一种逃离，逃离丹麦一成不变的生活，也逃离那些无聊的是非。每次旅行之前，他都会为自己制订计划，表面上的和内在的。比如，他常常画的圆形路线图，起点、终点都在丹麦境内，如果将这些圆放在地图上会发现，安徒生的足迹已遍布欧洲。但旅行不是一件简单的事，要实现安徒生那样宏伟的旅行计划需要勇气，更需要头脑。从安徒生的信件和日记，以及他的各位旅伴和友人那里可以了解到，安徒生是一个对旅行非常有计划和想法的人，每次出行前，他都会考虑好此行的目的、时间，以及行程。但他是一个自由的思想者，再详细的计划都不会影响他的随心所欲。

旅行激发了他的灵感，在意大利、法国、西班牙、葡萄牙，他领略到独特的北欧风情，也获得源源不断的创作源泉。因此，他的旅行其实更像是一场精神旅行，这也是安徒生毕生追求的目标。在他 31 岁时写给 H.C. 奥斯特的一封信中，他提到了自己的这个目标，还提到自己在意大利所经历的一切。他说 1833 年到 1834 年的意大利之行让他度过了"一个精神学年"，他且行且歌，并伴随着思想的激荡。他的目的是通过所见所闻提高自我，因此，旅行的过程也是学习的过程。在他的信件和日记中，记载了他旅行途中的所见所闻，还有他经过观察和体验之后获得的知识。旅行之中，有很多困难是不可避免的，比如，安徒生曾在作品或信件、日记中提到的他的病痛、难吃的饭菜，以及态度极差的车夫。但是，这些对沉醉于写作的安徒生而言都算不了什么。每当他执笔凝思，构想各种故事情节时，眼中看到的是如朝阳一般美丽的希望。他渴望走遍世界，寻求自然的边界。1833 年 12 月，当安徒生结束第一次意大利之旅，他给 H.C. 奥斯特写了一封长信，信中说道："在这里我每天都在接触外面的世界，我发现自己对这个世界了解甚少，人生苦短，学习不止！"

学习让安徒生吸收到许多跨越国界的思想和文化，他兼容并包地吸收着不同的宗教思想和政治体系。所谓"海纳百川，有容乃大"，安徒生同 H.C. 奥斯特一样认为，一个民族自身的知识应当服务于全人类的共性，这种共性是非个人的，是能把整个世界联系在一起的。在浪漫主义年代和丹麦的黄金时期（1800—1850），旅行成为一种特色和风尚，许多艺术家、科学家、政治家和商人都热衷于此，他们走出国门，接触到许多不同的文化和生活方式，他们的思想不可能再限制于方寸之地，而是打破界限，实现精神与自然的统一。这一思想在安徒生创作于 1871 年的《大海蛇》中有所体现：一条大电缆意外沉入海底，被海底生物视作一条"大海蛇"，几百万年后，语言融合，海底的鱼类聚集在一起学习如何相处，以及如何同"大海蛇"沟通，起初，大多数海底生物认为这条"大海蛇"没什么作用，但是一条小鱼却认为这条大海蛇是海底最神奇的生物。这个故事表明了一种对待特殊事物的态度：不必畏惧那些与众不同的事物，而应坚信自然的统一精神，兼容并包与其和谐相处。这种思想在安徒生的其他作品中也可看到，比如，《影子》和《即兴诗人》。它们都阐述了安徒生的世界主义思想：在统一的文化和语言的基础上，跳出狭隘的国界限制及地区的政治利益，树立一种统一精神，与整个欧洲和谐相处。

在安徒生写于 1835 年的《即兴诗人》中有这样一个场景，一位智者劝解年轻的男主角安东尼奥不要被利己主义所误导，要不断超越自己，让精神之光照耀全世界。这也正是安徒生毕生所求。为了更愉悦的生活，为了更广博的爱，为了更广泛的学习，为了与自然更和谐的相处，也为了实现生命的意义，旅行成为必需。诚如安徒生在 1831 年的第一本游记中所说："'旅行是快乐的命运，这就是旅行的原因，宇宙万物都在旅行！再贫穷的人也有思想的翅膀，当他老了，即便缠绵病榻，未来不久也会在死神的指引下开始另一段旅行……'的确，宇宙万物都爱旅行，但与宇宙相比，人类还是孩子；我们迫不及待想要参与伟大的自然之旅。"

1866 年 8 月 14 日，安徒生乘"纳瓦若"号离开葡萄牙。在葡萄牙的三个月里，安徒生的创作量锐减，只写了几首诗和两部简单的童话。但他带回了许多珍贵的记忆和纪念品，他为科林夫人带来了特洛伊岛罗马遗迹中的碎瓷片、苜蓿和软木橡树的树皮、酸橙和花种，为小乔纳斯带了各种浸泡在酒精中防腐的蜗牛。但比这更珍贵的是他在葡萄牙的"记忆财富"，这次旅行他没有拜访任何权贵，也没有参加任何沙龙，而是选择了安静又孤独的形式享受了一个人的旅行，在那里，他感受着宁静又神奇的"自然中的神灵"，填补了自己所有的空虚。

在从葡萄牙回丹麦途中，他路过法国，在巴黎逗留了整整一天，买了奖章的带子，刮了脸，还拜访了大仲马。最后，去了一家妓院。那天晚上，他在法国皇宫喝了酒，借着酒劲去了那个让他既向往又害怕的地方。在日记中他写道："旅行一开始我就想要包房一位妓女。就算旅途劳累，我还是想要去拜访一位。于是，我走进了一间房子。一个老鸨带来了 4 个妓女。她说她们最小的只有 18 岁。我叫她留下。她只穿了一件内衣。我为她难过。我给了老鸨 5 法郎，也给了小女孩 5 法郎。我们什么也没有做，我只是静静地看着她。她十分惊讶，因为我什么都没有做。"第二天，安徒生继续自己的归途。

其实，在葡萄牙时，乔治·奥尼尔就曾多次劝说安徒生尝试一下里斯本的妓院里的乐趣。在安徒生刚刚到葡萄牙之时，乔治就向他暗示："我想你可能也想找个年轻女人跟她睡一觉……我认识那样的女人。"安徒生拒绝了。几天之后，乔治再次提议，安徒生虽再次拒绝，可也坦诚了自己的真实想法："我一五一十地对他说了我不敢言明的欲望。这次谈话让我十分失望。如果晚上我的房间里有盆冷水多好，或许我可以浇熄这一腔热血。"这意味着安徒生向乔治坦白了自己的"好色"，对这一点，他从来选择直接面对。在 1833 年到 1834 年在那不勒斯之时，他的信中一直环绕着这样一个疑问，到底要怎么做才能成为其他男人也认可的真正的男人。那时他与亨里克·赫兹同行，亨里克·赫兹对自己的欲望从来直言不讳，甚至有时有些口不择言。他总是明示暗示地诱惑安徒生与他一起沉沦性欲，但安徒生坚持做一个"有节制的人"，但这并不代表他没有欲望。

在 1866 年的这次巴黎之行中，安徒生决定直面自己的欲望，但他基本上是无功而返。因此他打算更进一步的研究它，于是，1867 年到 1868 年间他前后三次重来巴黎的妓院。1867 年，他与罗伯特·沃特同行："饭后，我感受到自己压抑不住的欲望，于是，我找了一家妓院……我没有对她做任何不堪的事，我只是在头脑里想象了一下。她却对我说，我是个绅士。我出来时感到格外的轻松和开心。许多人觉得我胆小。那天晚上我漫步街头，看着浓妆艳抹的妓女坐在咖啡厅里打牌、喝酒，我想难道我真的胆小吗？"后来两次巴黎之行安徒生都是临时起意要去的，他去了同一家妓院，每次与那些妓女见面他都在仔细研究她们的言行举止，却无其他进一步行为。那些妓女尝试着诱惑他，但没有成功。因为，安徒生像《生存还是毁灭》中的尼尔斯一样，一面尝试着做邪恶的事，一面却又感到不安，并试图用文字控制冲动："尼尔斯·布莱德承认某种邪恶的东西在心中滋生，但是他没有逃避，他选择倾听，并与之辩论。人应当有勇气面对自己内心真实的想法，也应当有能力管住它们，并发现它的源起。尽管它可能并不光彩，你还是要了解它。是的，你必须了解！一个人除了了解自己好的一面，还要了解自己的缺点和罪恶。"安徒生四次造访妓女的行为被他归为对邪恶的好奇，但他将自己及时的控制看作一种美德。

当然，研究自己的欲望并不是安徒生唯一的目的，他还关心着那些堕落的女孩们。也许她们的故事让他想起了母亲的家庭，他的外祖母和姨妈也曾沦落至此。虽然他一直对自己母亲不太光彩的家族历史闭口不谈，但在《沼泽王的女儿》《林中仙子》《只是一个提琴手》《她是个没用的人》中多多少少都可以看到这些事情对他的影响。在1867年的巴黎之行之后，他尝试着将这些巴黎妓女的故事写下来，讲述她们是如何将自己的肉体和灵魂献祭给这个繁华又无情的大都市。

这几次巴黎之行，让安徒生发现了很多东西。旅途之中接触到的人和事都可以为他带来感悟和故事素材，透过他们的经历他看到世界中许多不为人知的角落，这些角落为他拼凑出一个更广阔的的世界，那里充满未知。他将这些角落里的故事写出来，形成自己的作品，比如，《牙痛的姑妈》里，他将自己变身成为一个杂货店男孩，喜欢收集各种写满字的废纸，通过那些文字，他读到各种人的故事，从这些故事里他看到了人类不可捉摸又千变万化的本性。

安徒生享受旅行，因为旅行让他逃离丹麦，忘却所有痛苦。19世纪的丹麦始终无法接受安徒生的与众不同，也不可能张开双臂欢迎外来事物。安徒生接触到的那些上层人士更是如此，他们有时保守得就像卫道士，总能从他的作品中挑出各种关于他容貌、行为、性征及艺术的毛病，这样的指责让安徒生感觉怒火中烧。他将自己面临的这种指责反映在许多作品里，如1857年的《生存还是毁灭》、1870年的《幸运的佩尔》，以及早期创作的许多教育小说。

因此，安徒生选择逃离，到异国他乡寻找无可指摘的自由。在丹麦以外的地方，安徒生不用应付那些想把他从自然之子改造为男子汉的人，相对而言，他是自由的。在巴黎、罗马、伦敦、柏林、魏玛、德累斯顿、汉堡、佛罗伦萨、阿姆斯特丹和那不勒斯，安徒生看到不同的人，又从他们身上看到自己。在林荫大道、运动场看台、海滨广场各种人群聚集的地方，行人成为他眼中的风景，而他也成为别人的风景。他喜欢在摄政街、布吕尔庭院、爱丽舍宫散步，也经常光顾各种商店、饭店和咖啡厅，还有剧院。总之，欧洲对他来说就意味着自由。

在更自由的天地里他发现了更广阔的人生舞台，丹麦并不像多数丹麦人认为的那样完美无缺，世界那么大，总有一个地方有你不曾领略的美景，不曾见识的人、事、物。在安徒生1868年的《在韦图里纳》中，他就讽刺了丹麦人的这种自闭思想，他想成为一个开放的、包容的、先进的丹麦人，因此他需要全新的视角和更广阔的见识。虽然经历了启蒙运动和浪漫主义的熏陶，人们关于宗教、艺术、科学和人类的意识正在觉醒，但经历了战争和政局的动荡，安徒生认为，个人自由是不可动摇的追求之一。因此，一个小小的丹麦是容不下安徒生的。他不仅是一个狂热的旅行家，更是一个理想主义者，一个对世界充满好奇，对各种不同的生活方式充满渴望的人。

天才在人间

1873 年到 1874 年冬天，安徒生为了纪念对他有过重大意义的人和物，把关于的他们的图片剪贴在一张巨大的屏风上，它由八大部分组成，高 1.53 米、宽 0.625 米、可翻转、可折叠的巨大屏风被视为安徒生视觉艺术的杰作。这张屏风除了装饰房间之外，还为了遮掩安徒生那张华丽的大床，它就是一张可移动的墙壁，上面记录着他的曾经的足迹和所有的回忆。八块屏风按一定次序放在床边，一块一个主题，安徒生将它们命名为"童年"、"剧院"、"丹麦"、"瑞典"、"挪威"、"德国"、"法国"、"英格兰"、"东方"。整张屏风就像一个巨大的专栏，展示着不同地区的不同风光和文化。每一块面板的组成都有一条垂直的轴线，设计独到而考究，充满层次感和艺术气息，俨然一件价值不菲的艺术品，绝非寻常百姓家中可以收藏。天空、国王、巨大的建筑和纪念碑等作为屏风背景，下面点缀着硕果累累的葡萄藤，象征安徒生多年积累的成果。屏风上贴满了各种图片，大多来自安徒生相交多年的名人、贵族，以及挚友，最底部是穷人、醉汉和罪犯出入的海边石穴。这个屏风既有精细的手艺和设计，又有看似粗糙的拼贴剪切，工艺繁复精美。他被安徒生视作对自己一生所得的展示，"你们看到的几块屏风记录着我的灵感之源，它是开启我的童话世界的钥匙。"

这张巨大的屏风是安徒生拼贴艺术的极致表现。随着年龄的增长，以及风湿病的折磨，安徒生能够伏案创作的时间越来越少，剪刀代替笔成为他创作的工具。他用剪纸或从报纸杂志上剪下的图片拼贴出一个个生动有趣的人物，赋予他们生命，以及故事。

19世纪三四十年代，安徒生主要通过绘画来记录故事，现存的他的画作有300多幅，这些画在他的旅行之中相当于一部照相机，为了留下美丽的风景和当时触动人心的瞬间，安徒生习惯了随身携带一个素描本，如詹斯·阿道夫·杰里乔所说："旅行时，安徒生买不起那些宗教画，于是就随身带着纸笔。只要船一靠岸，他马上就开始画画。"之后，随着印刷技术的发展，各种肖像画、风景画等以印刷品的形式遍布欧洲，为安徒生提供了大量的拼贴素材，这也是他那巨大屏风中许多图片的来源，也是他创作于19世纪五六十年代的图画书中的素材。

安徒生创作了许多以拼贴画为主、文字为辅的图画书，现存16本，每一本都是为了孩子而作。他用火车票、报纸标题、广告、明信片或地图等生活中随处可见的素材拼贴出一幅幅鲜活的画作，放置在图画书里。在完工之前，安徒生还会加上一点水彩或颜色鲜艳的纸条，让整个画面充满童趣与感染力。他通过一个词语就能把拼贴画串联起来讲出一个完整的故事，不认字的小孩看图片就能理解故事大意，可以识字的孩子则可以通过图片旁边的注解加深对图片的理解。

安徒生并不是唯一的创作者，他也鼓励孩子们参与。事实上，他还有一个合作者——阿道夫·德鲁森。阿道夫·德鲁森与安徒生相识多年，是老乔纳斯·科林的大女儿英吉伯格·科林的丈夫，也是斯丹普家族三个小孙女的爷爷。阿道夫与安徒生一样，对大自然、孩子和拼贴艺术有着极大的热忱，因此两人的相处与合作是愉快的。阿道夫自称是安徒生最忠实的"粉丝"，虚心向安徒生请教拼贴技巧。

安徒生称自己的图画书为"阿格尼特文学"，它始于19世纪50年代为路易丝·科林创作的第一批图画书。后来，他不停地为不同的孩子制作图画书，直到生命的最后一程。通常情况下，阿道夫会帮助他一起搜集素材，但在为阿格尼特·林德制作图画书时，安徒生全部工作都是亲力亲为的，而且每本书上都标明"由汉斯·克里斯蒂安·安徒生收集剪贴"。安徒生尽量让自己的拼贴画看起来简单易懂，并鼓励阿格尼特参与到图画书中去，去寻找书中的乐趣，享受阅读的过程。

幽默是安徒生图画书的特色之一。他希望带给孩子快乐的阅读，因此每当内容涉及悲伤成分时，他都以幽默的手法加以改造，让它看起来颇有喜剧色彩。如他为阿斯特里德·斯丹普所做的图画书中有一幅画着手持拐杖面色阴郁的男人的画，他用文字解释道："这是个有些郁闷的男人，拿着一把折叠伞，走在通往城镇的小路上。"再如在他送给阿格尼特的图画书中有一幅名为"源自狗的生活"的拼贴画中，狗穿着人的衣服模仿人类的动作，他在图画下面写道："这就是狗的生活——不错吧，很人性化！"

娱乐性是安徒生创作的图画书的又一特色。他不喜欢在给孩子的书中添加任何说教的成分，他认为情感与理智同样重要，因此，在他的图画书中可以看到许多情感上的表达。孩子通过阅读，可以不自觉了解到许多动植物、宗教或地理方面的知识，这些都不是特意之举，完全靠孩子的自发习得，因此既可以增长见闻又不失乐趣。安徒生还将诗歌的魅力放置在图画书中，有许多拼贴画中都有他对丹麦诗歌的评论，比如，阿格尼特的图画书的书皮上就写着："诗无处不在，这些不是草稿，而是插图。"

从安徒生为孩子制作的图画书中可以看出安徒生的教育思想。他希望借助自己的眼睛和剪刀为孩子们打开一个广阔而多彩的世界，他们不应当被放在封闭的温室里，而应该走出家门，去外面的世界，见识大自然的魅力，见识世界的千奇百怪和千变万化。如此，才能带来真正的成长。另外，他所制作的每一本图画书都是因人而异的，这体现了他因材施教的思想。他主张依据孩子的个性选取教育方法，并且意识到自己的书在孩子的成长中扮演的角色和意义，他需要承担责任，知道哪些内容应该给孩子看，哪些应该适可而止，哪些应该完全规避。作为讲故事的人，图画书依然需要逻辑，他不是随心所欲的信手拈来，而是考虑到孩子的理解能力，以图片为主，并附上文字注解，说明主旨大意。

事实上，"拼贴画"并不是安徒生的原创，它发明于20世纪初的立体画艺术家之手，但安徒生却早于他们50多年就在使用。安徒生对拼贴画的创作始于启发，一是1873年3月，伯爵夫人万达·达尼斯基奥尔德－萨姆索到纳哈文去拜访他时送的礼物——一个手工的镶嵌在橡树框里的小型屏风；二是1867年到1868年的巴黎之行中他看到的一件大型拼贴画——《拿破仑三世的宫廷》。他喜欢这种将图片排列组合的形式，将它们视为一种创作，他在日记中说道："彩图一组，黑白图一组，我把他们剪下来粘贴到一起，形成一幅新的图画；无数图画组合成一个新奇的梦，我用自己的品位和想象将它们排列组合。"无论是屏风，还是为孩子们做的图画书，其中的拼贴画都体现着安徒生一个坚定的创作理念——一切形式的故事，无论是书面的，还是口头的，或是剪贴的，都可以在瞬间涌现。

除此之外，安徒生的拼贴艺术还体现在他的文学作品中，他所创作的故事本身就很像一幅拼贴画，比如，《牙痛姑妈》。安徒生有着奇怪的"阅读癖"，他喜欢将各种喜欢的文章、书信、便笺、剪报等收集在自己的文稿中，并将自己的这些收藏和发现换个形式加入到文学作品里。在他的剧本、童话、诗歌中随处可见蒙太奇手法的运用，他像一个剪辑师，把各种有趣的镜头拼贴在一起构建一个属于自己的全新的故事。人物、场景，甚至是时空在他的剪辑拼贴中不断转变切换，令人眼花缭乱，但也十分过瘾。变幻的时空、错综复杂的结构为读者创造出一个装满神奇抽屉的世界，你永远无法预知下一个打开的抽屉里会跳出来什么样的惊喜，也无法预知作者究竟要为你打开哪些抽屉。这种随性又诗意的拼贴手法在他的《徒步之旅》《开门的钥匙》《雪女王》《跛子》《梦神》等作品中均有体现。

在安徒生的拼贴画中时常出现一抹亮色——剪纸，它为他的拼贴艺术拓宽了广度，也增加了深度。安徒生热爱来自民间的古老诗歌，剪刀成为他讲述的工具，每一个剪纸背后都有一个来自遥远时代的故事作为依托。"安徒生是个天才！他的天分、才华完全体现在剪纸上！"安徒生曾这样评价自己的剪纸。在剪纸中，安徒生创作了许多人物，每次动动剪刀就会带来新的事物和思路，一个个生动的故事由此诞生，讲述着欢乐或忧伤。

安徒生剪纸最初的意图并不是服务于文学作品，而是作为游戏的一部分在拼贴画中变换位置。安徒生将这种剪纸游戏称为"偶然得到的诗"。他尝试着将这些散落的偶然之作联系起来："安徒生的诗同剪纸一样，只需一把剪刀就能生出万千锦绣。"因此，在看待安徒生这些散落在书中各处的剪纸时，不应以鼓励的视角，而应当将它放在作品中去解读。但是这并不等于将剪纸归为简单的插图，作为文字的点缀而出现，它们扎根于安徒生强大的想象力中，有自己所代表的世界。

安徒生对剪纸的热爱绝不亚于对写作的爱。他总是随身带着剪刀和笔，在空闲之中作为消遣，或是在旅途中与同行之人逗趣聊天的媒介。但剪刀毕竟不安全，有时会带来意外。1836年夏天，在去奥登塞的途中就发生了一次惨烈的意外："车厢狭窄，根本没有地方放我的手提箱，我只能把它放在车厢后面。我顺手从箱子里拿一些要用的东西，车厢里人多拥挤，我慌里慌张地没有注意到剪刀从我屁股口袋里竖了起来。车一动，剪刀就滑了出来。途径一个小酒馆，我出去买了几瓶蜂蜜酒，回来后，我没注意到剪刀已经转了方向，一屁股坐下去，剪刀刺到肉里，伤口足有一寸深，顿时血流不止。我急忙到里面去止血，用水和醋清洗伤口，保利帮我倒水，福尔索姆帮我挤伤口，这个场面实在万分惨烈啊！"但这毕竟是意外，大多时候，剪刀带给安徒生的是快乐。折叠再折叠，然后沿着水平或垂直的轴线剪下去，然后翻转角度，变换轴线，深深浅浅，来来回回，一个个鲜活的人物、实物模型、风景就诞生了。

安徒生非常喜欢带着剪刀和纸去拜访哥本哈根的达官显贵或是自己的好友，给他们的孩子演示自己剪刀下的艺术，然后根据剪纸，给孩子们讲各种有趣的童话故事，他就像拍电影一样，随时变化镜头重新变更造型，加入新的想法、新的人物和新的情节，孩子们爱极了他那充满想象力的故事，也爱极了他用剪刀剪出的玩具——胖墩墩的纸娃娃或是笨拙的"风车人"。安徒生还会用剪刀剪出一个个不同的布景，有时甚至是整座剧院，窗帘、交响乐队、舞女都在其中；他还会剪带着尖顶的宫殿，窗户和门都是活动的，孩子们可以自己动手打开，然后想想自己是故事里的人物，进到宫殿里面，休息或是玩闹。

安徒生剪纸的素材大多来自遥远的过去，有些来源于他的童年，有些来源于民间传说和诗歌。因此，他的剪纸的人物造型有些具备了非常原始的状态。那些凭借想象创作出的剪纸人物中，有精灵、天使、天鹅、侏儒、心脏，还有巫婆、土地神、仙女、人鱼，以及各种奇怪的生物。它们有的是半人半兽，有的是半男半女，且都来自原始的对巨大物体的野蛮崇拜，只有回溯历史深处才能找到它们的原型。当然，这些造型还受到安徒生祖父的那些奇形怪状的雕塑的影响。另外，在安徒生的剪纸中还有一种常见的人物形象——异域人。它们看起来像因纽特人的面具或其他物什，也与非洲或波利尼亚民族的风格有些相似，体现的是万物有灵的观念。同时，安徒生还创作了一些看似与欧洲祖先刻在木头上的神十分相像的剪纸，如魔鬼面具。通过剪纸，我们还可以发现安徒生受意大利戏剧、古希腊罗马的宗教文化，以及丹麦中世纪的粉笔画的影响很深，剪纸中既有诙谐幽默的一面，也有阴暗神秘的一面。

如果将这 800 多幅剪纸进行分类，可以分为两类。一类是依据童话人物或神话传说创作的看起来颇有艺术性的剪纸，如天使、天鹅、精灵等。它们制作精巧，多用于展示。第二类是形象阴暗的简单原始的剪纸，如土地神、女巫、人鱼等。这类剪纸制作粗糙，有些是直接手撕的。从这些剪纸中或许可以发掘出安徒生的童话之源。正如爱德华·莱曼所说："正因为安徒生的大脑具有一般的巴布亚血统，他才能够将童话发扬光大。童话和神话一样都根植于大地，在安徒生笔下，它们重新生根萌芽。它们以如此自然的姿态在安徒生手里诞生。安徒生做了一件前无古人的事——创造了童话。这是他的伟大所在，也是他倾尽一切执着一生的事业。"

你好，意大利

意大利对安徒生来说一个特殊的存在，它带给他灵感，指引他苦苦追寻，但在安徒生作为人生旅程记录的大屏风上却没有看到关于意大利的蛛丝马迹。一次又一次，安徒生在意大利留下足迹，28岁、35岁、41岁、47岁、49岁、67岁和68岁，8次意大利之旅累加起来，安徒生有一年半的时间是在意大利度过的。

第一次去意大利，安徒生感叹道："德国和法国已经基本上没什么特别的景色了，只有跨过阿尔卑斯山，才能看到一个崭新的世界！"之后每一次，安徒生都尝试着用不同的交通工具以不同的角度去观察和感受意大利的魅力。意大利的魅力是有两面性的，一面是优雅美丽，一面是色情诱惑。安徒生对此心怀警惕，他不得不反复压抑和约束自己。1833年到1834年的第一次意大利之旅，安徒生沉迷于意大利的美丽，渴望看到更多的风景，同时也为那里男女之间对爱直接的表达所惊叹。在《我的童话人生》中，安徒生谈及他结束第一次意大利之旅时的感受："对意大利，我心向往之，我迷失在这个天堂里，再也回不去了……意大利的自然风光和民俗风情充满我的灵魂，引我无限遐思。它仿佛已经同我成为一体。突然，一个新故事涌现在我脑海，越来越丰富，越来越成熟，最后，我只能把它记录下来……"

安徒生初到意大利，被它的美丽风景和大量古典艺术宝藏深深吸引，承受着不可抵抗的诱惑，但吸引他的还有意大利男女那狂野的激情。1834 年初，第一次到意大利那不勒斯的安徒生一边为海边的风景而沉醉，一边也不自觉地被激情吸引。黄昏时分，安徒生遇到了不断向他抛出各种美艳诱饵的皮条客，他拒绝了，在日记中，他写道："我的血液被这里的气候影响，产生了狂热的情欲，但我抑制住了。"纯洁对于安徒生来说十分重要，因为它是他灵感的基础，情欲对安徒生来说无异于自取灭亡。但安徒生并没有因为惧怕而停止或调整意大利之旅，他依然会去各种大街小巷四处走动，行走在肮脏的街道上，观察这个充满诱惑的城市。那不勒斯是危险的，这一点安徒生有深刻的认识："它远比巴黎危险，在巴黎时，我的血液是平静的，而在这里，它是沸腾的。"

多年以来，安徒生一直在研究意大利式激情。1834 年，安徒生曾去意大利国家博物馆参观，在那里他看到了一场别开生面的色情艺术展，在日记中他写道："石膏上刻着许多令人难以启齿的画面，展现了各种各样的欲望。一座大理石雕像雕的是淫荡的农牧神教年轻人吹笛子。墓碑上雕刻着牧师、山羊……这些形象令人费解。展览上还有不少孕妇坐在上面的男性生殖神形象。"1846 年的意大利之旅，安徒生不由自主再次来到博物馆。意大利俨然被安徒生视作一座色情博物馆，他一方面不自觉被吸引，另一方面也惧怕这种诱惑，随着时间的推移，他变成孤僻又冷静的旅行家，像极了他创作于 1868 年的《在四轮马车上》中的英国作家。

那位英国作家对窗外的一切都感兴趣，但意大利不包括在内。当马车途经意大利时，他一直躲在里面睡觉，他说："我对意大利的喜欢只存在于思想，而非现实。"这句话也是对安徒生矛盾心理的写照，他被意大利吸引，但又意识到这样的吸引是一种危险，于是他把自己封闭起来，假装不在意，可其实心早已不受控制。

因为这种矛盾，安徒生在1872年到1873年最后两次去意大利时不停地被禁欲主义折磨，他后悔来到了意大利，觉得自己快要受不了它的诱惑放弃纯洁。在这种绝望中，安徒生结束了对意大利的探索。"你好，你好，你好，你好！来意大利吧！"安徒生初到意大利时的欢呼仿佛还回荡在耳边，而他已经彻底地结束了对意大利的留恋，甚至在大屏风上也没有留下任何怀念的蛛丝马迹。

再见，安徒生

"现在，我感觉自己脑袋里像是有一阵飓风刮过，我仿佛置身于空荡荡的蜗牛壳里，思绪飘飘荡荡，像个不良于行的病秧子"，这是安徒生在一篇小说中对一位风烛残年的老人的描写。1873年到1874年，同样的事情也发生在他的身上，身体的衰老带来了病痛——风湿、痉挛、便秘和黄疸病，同时也给他的精神带来巨大的颠覆，他变得暴躁、粗鲁，一些令人作呕的想法突然出现在他的头脑里："所有东西都被撕裂了，动物的头从裂缝中伸了出来，有的人身体里伸出的是狞笑的猩猩，有的人身体里伸出的是恶心的山羊和阴冷的蛇，还有的人伸出的是笨头笨脑的鱼。"安徒生明显地感觉到自己的天性渐渐在远离自己，他心里充满了不甘，并且毫不回避地表现在文字里："人都有兽性，因为它是我们的一部分，它叫嚣着，仿佛随时要跳出来。"他在日记里写道："我在房间里呆坐了一整天，各种稀奇古怪的想法充斥在我的脑海里，像萎黄的落叶，这让我感觉很不舒服。"1873年圣诞节，在写给爱德华·科林的信中，他还说道："如果这就是衰老到来的方式，那

240

么太可怕了。"

没错，衰老对于安徒生来说是十分可怕的，任何人在衰老面前都优雅不起来，安徒生也不例外。他在照镜子的时候觉得自己与已经去世多年的祖父几乎一模一样，他想着那位老人疯癫的样子，仿佛也看到自己的失常，这种担心和焦虑时刻煎熬着他。他还频繁地梦到曾经爱慕过的女人。一向注意仪容的安徒生在垂暮之年也变得颓废起来。他长时间待在家里不问世事，即使偶尔出门，要么忘了戴假牙，要么就带着脏帽子。在国外的饭店或旅馆的餐桌上，很多人会认出这位著名的丹麦作家，那么他们不可避免地也注意到安徒生的无礼和不洁，每当服务生来收拾碗碟的时候，安徒生总是大声吵嚷着自己还要在碗里清洗假牙。

利己主义在此时也成为安徒生的人格标签。1874 年，最后一批去纳哈文看望安徒生的外国客人说道："他对别人的快乐不屑一顾。"还有人在他死后写道："他只想到自己。他口口声声扬言要与别人分享快乐，但他的弱点注定了他做不到。"在哥本哈根的宴会上，偶尔会有安徒生的身影，他总是带上耀眼的徽章不停地炫耀。他或许感觉到了他人的不满，曾问过一位英国女士英国人对他的印象如何，结果让他大受打击。

他的生活陷入忧郁、沉闷的自我主义中。晚年病痛让他渐渐对吗啡上瘾，每天都像一场生死大战，敌人是死神和病魔。安徒生对这场战争的态度是悲观的，却还天真地以为上帝会解救自己，他会康复，并且获得不朽的生命。因此他总是在绝望和希望之间徘徊，喜怒无常且不可理喻。阴天的早上，他可能因为阴沉的天气和无力的身体而绝望，然后想到自杀，可下一刻，当阳光出来，他觉得自己恢复力气时，又开始新的买房计划，或是与小乔纳斯的再次旅行。

从 1874 年 7 月底到 1875 年 8 月，安徒生大多时间都闭门不出，但他还是会常常拜访梅尔基奥尔。在那里，安徒生得到很好的照顾和优待，但风湿痛无时无刻不在折磨着他。他试过许多治疗方法，镇定剂、酒精、放血、海浴，甚至在脖子上放荔枝、吞西班牙苍蝇、在腕关节放芥末等，但除了吗啡，什么都帮不到他。西奥多·科林曾为他想过一个办法——理发或剃须。这种做法虽然不能缓解痛苦，但能让安徒生看起来精神一些。19 世纪六七十年代，梅尔基奥尔给予安徒生最多的照顾和家人般的温暖。这个家族的每个人都对安徒生充满敬意，而安徒生也心怀感激。1872年，他将《老约翰娜说了什么》《跛子》《房间的钥匙》《牙痛的姑妈》赠予这个家庭，并在遗嘱中说明将那个记载他一生所得的巨大屏风留给他们。

安徒生一生中最后一个圣诞节是同梅尔基奥尔家一起度过的。这个节日在安徒生心中一直占据重要地位，因为这是即兴诗人的节日。在哥本哈根许多大家族里，每逢圣诞节都会组织聚会并设置舞台举办各种朗诵、游戏、歌剧表演。安徒生一直是舞台上的活跃分子。他热衷于在各种圣诞礼物上题词，写上一首特别的短诗附在礼物上，比如在他的童话集的封面上，他会写："我可以提示你一下，现在你手里已经有了一把可以开启他的王国和鲜花大门的钥匙。"若是童话集的主人不爱惜书，他则会恶作剧一般开个玩笑："书上的污渍如果令你感到羞愧，你要明白，这本书落在你手里才是最大的羞愧！"

圣诞节既是一年的结束又是新一年的开始。春天带来希望，令人身心愉悦。但 1874 年的圣诞节却没能给安徒生带来愉快：

"天空一片灰暗，当你注意到时，已经是中午 12 点了。下午天气愈发阴沉，不到 3 点，天就全黑了。"或许是心境影响环境，那时在安徒生眼中看到的是一片挥不去也散不开的灰色雾霾。1874 年的平安夜，本在梅尔基奥尔家中等待圣诞树点亮的安徒生突然要求回家，在家中他安静地度过了整个平安夜，将礼物一一打开：玫瑰树、罐子、肖像画、写作工具与葡萄酒。在接下来的日子里，他接见访客，并且细细地计算自己的财产。那时的安徒生已经小有资产，每年年末他都会清算一下财产，平时也十分节俭。在圣诞节期间寄出的一封信中，安徒生也说到了自己的节俭，他说自己只关心四件事：礼物、健康、书和国王花园里的雕像。那时雕像还未完工，而安徒生陷入对健康的忧虑中，担心自己或许无法亲自见证它的竣工。衰老和病痛成为安徒生生命中最大的威胁，1874 年走向终点的时候，他的生命也即将走向结束，他无法再继续写作和阅读，而是被困在死亡的恐惧中。1875 年 4 月 24 日，一位德裔丹麦作家带着女儿拜访这位年迈的著名作家，他嗅到了死亡的气息："在安徒生前面的房间里有个平台，上面铺满鲜花，安徒生头戴桂冠的石膏像伫立在那，周围堆满了各种各样的礼物……房间里弥漫着恭维的气氛和讽刺的味道，一切的一切都彰显着安徒生对自己的崇拜，这令我感觉很不舒服。"

1875 年 5 月，安徒生最后一次坐在皇家剧院的包厢中观看演出，中途他睡着了，没能看到《阿科纳》的结局。几个月后，在音乐家哈特曼 70 岁生日时，安徒生送给他一套昂贵的茶具作为礼物。几天后，他与小乔纳斯·科林见面了，两人在动物园游玩时谈起了计划已久的蒙特勒克斯和门顿之旅，在那里，他们计划度过整个冬季。1875 年 6 月 11 日，安徒生改变去拜访弗德雷里克伯爵的计划，临时去了罗莱德·梅尔基奥尔家。在那里，他可以得到很好的照顾，并且看到久违的美丽风景。罗莱德的花园像一个微缩的城堡，坐落在一片开阔的田野之中，有宽敞的餐厅和起居室，还有漂亮的温室和回廊，房顶上有几架望远镜。安徒生跟梅尔基奥尔不一样，他不喜欢站在望远镜前遥望远方，而是喜欢站在阳台上眺望花园里的风光。花园里有他喜爱的植物，他常常编一些花束用来装饰餐桌，梅尔基奥尔家的餐厅常常因他的到来而充满花香。1875 年的 7 月，花园的风光仍在，只是安徒生已经衰弱到无力欣赏。他不能再站在阳台上问候花园里的树与花，但他仍能闻到花香，听到鸟语。

1875 年 7 月 25 日，安徒生大部分时间只能待在房间里静养，在屋外的活动时间只维持了 3 个小时。第二天，他几乎在阳台上坐了整日，但明显已经超出他的能力范围，7 月 27 日，安徒生虚弱到无法下床。梅尔基奥尔夫人为他带来了花园的白玫瑰，在安徒生身体衰弱的这段时间，她几乎每天都会为他带来花园的鲜花，安徒生十分感激她，一边亲吻鲜花，一边对她说谢谢，然后便陷入昏睡。那时的安徒生正以不可挽回的速度衰弱下去，深陷的双颊令他看起来像是一只木乃伊。梅尔基奥尔夫人时常陪在他的床边，但那时与人交流对安徒生来说已经变得十分吃力，他常常自言自语，梅尔基奥尔夫人待得时间一长，安徒生就会劝她离开，让自己静一静。8 月 2 日，安徒生突然变得有活力起来，早上，他居然下了床，一边与仆人詹斯握手，一边开心地打招呼。后来，他还问候了梅尔基奥尔夫人并问她是否还记得与自己的约定——若哪天发现他的尸体，一定要剖开他的胸腔确定心脏真的停止了跳动，他不想在还没有彻底离开这个世界的时候就被活活闷死在棺木里。安徒生的这种恐惧并非毫无缘由，那时在丹麦，将死之人常常在还有知觉时就被误判死亡，然后被活活钉死在棺木里然后活埋。

1875 年 8 月 4 日上午十一点，安徒生离开了，被梅尔基奥尔家的仆人发现时，他已经永远地陷入沉睡，手里还端着未喝完的粥。梅尔基奥尔夫人为安徒生进行了简单的梳洗和整理后通知了所有人，伟大的作家安徒生在这一天与世长辞了。除了悲伤，她感受更多的是为安徒生终得解脱而欣慰："一声轻轻的叹息，他走了，这或许对他而言是一种快乐，因为他走得安详，并没有感觉到死亡的痛苦……他没有死在陌生的地方，而是死在我的身边，这对我而言也是一种莫大的幸福和解脱。从此以后，我将不再悲伤，也不再彷徨，我将听从人们的建议，将他从这里送走。在他临去的几天里，他是快乐的，对过往一切，他是感激的……我们所有人都视他为挚友，一生缅怀。愿他安息！"

1875 年 8 月 11 日，在哥本哈根的圣母教堂里，人们向安徒生做最后的告别。12 点之后，国王克里斯蒂安九世和其他皇室成员来了，内阁秘书、议员、大法官、科林家族，以及奥斯特家族等也来了，伯爵、市长，以及艺术和文学领域所有举足轻重的人物都来了。教堂被装饰得庄严肃穆，神职人员穿着白领黑袍，看起来严肃且庄重。教堂外，整个城市都装饰一新。那天清晨，所有建筑和船只都降半旗以示哀悼。葬礼开始前的几个小时，教堂前的广场就已经聚满人群，人们都赶来为这位带给他们欢乐的作家送别。教堂里也挤满了人，除了哥本哈根市民，还有许多来自欧登塞，甚至是英国、美国、芬兰、瑞典、德国、挪威的人，他们为安徒生带来挽歌——"你没有死去：尽管你将长眠不醒，但在孩子们心中，你永远活着。"

安徒生静静地沉睡在棺木里，披盖着花环，被层层烛台环绕其中。他在世时曾说，在这个送别的日子，他希望自己的棺木上能有一个可以让他看到外面的孔，他想看着整个送别过程，看谁来了，谁没有来。哈特曼在葬礼上为安徒生演奏了一首优美的乐曲，并为他献上赞诗。教堂的副主教罗思为安徒生布道，并念起安徒生写过的话："如今我成为这样的人全部依凭神的垂青，他赐予我的恩惠并不是徒然的。"

爱德华·科林也参加了安徒生的葬礼。他那时也进入垂暮之年，坐在前排的长椅上，神情凝重。他依照安徒生遗嘱的内容继承了他所有的财产，虽然两个人的关系因为各种原因而变得疏远，但安徒生对他的爱始终未变。在即将离去的日子里，安徒生反复修改遗嘱，最后立定莫里茨·G.梅尔基奥尔为遗嘱执行人，爱德华·科林为遗产继承人。那时蜚声海内外的安徒生已经十分富有，他爱惜钱财，自己过得十分节俭，但对友人却很慷慨。他曾无息借给亨里克·斯丹普1000银币，也曾借钱给爱德华·科林，直至离世，都未要求他归还。而爱德华·科林作为安徒生寄存钱财的银行的总裁，对安徒生的财政状况十分了解，对安徒生的遗嘱也有过猜想。1875年6月，安徒生写信催问本应在去年年末就应给他1874年的财务报告为何至今还未交到他的手上，爱德华回信写道："首先，我并不赞同你的说法——我没有将收支明细表在1874年12月底交给你。这种行为就像一位商人不经考虑就做出决定，更像一位作家不管外界对他的评价一意孤行。另外，你应该知道，你的账目不在我这，在银行的保险库里，关于你的财务状况我不会向其他人透露一句。在这里我不会引用梅瑟斯拉的话，因为他是神话。但即使你如德拉肯伯格一样，你也还有 50 年光阴，我可以拿埃利基尔德庄园和我的财产向你保证，即使你每年都去旅行也不用担心钱的问题。你永远的老朋友，爱德华·科林。"在这封信中，爱德华的署名"你永远的老朋友"多少让人觉得欣慰，虽然两人之间的友谊历经坎坷，但始终并未真的破碎，在彼此心中，对方都是不可缺少的存在，特别是在安徒生心中，爱德华始终是他忘不了也放不下的老朋友、兄长、爱人。

1875 年 7 月中旬，安徒生曾让梅尔基奥尔夫人代笔给爱德华的妻子写了一封信，信中提到他与小乔纳斯·科林计划已久的蒙特勒克斯和门顿之行，并叮嘱她让小乔纳斯带上一名随行仆人。最终，这项计划没能实现。1875 年 8 月 4 日，安徒生走完人生的最后一程，带着遗憾或许还有未完的梦。

1875 年 8 月 11 日，《索瓦尔德森葬礼进行曲》响彻圣母教堂，所有人高喊着"安息吧"为安徒生送行。灵柩被抬出教堂，被庞大的送葬队伍簇拥着缓慢地向阿西斯顿斯墓地前进。教堂的钟声沉重地敲在每个送行者的心头，一声一声像是叹息，更似追忆。这位伟大的丹麦作家从欧登塞河涉水而来，带着炙热的梦想和义无反顾的决心，在哥本哈根寻找自己的位置。他的惊世之才曾为他带来多少质疑，如今便为他带来多少赞誉。漫长的送葬队伍，漫长的思念，安徒生在最后一程并不孤单。"永别了，鲜艳的红玫瑰！永别了，我的挚爱！伟大的死神，带我离开吧，尽管人间如此美丽！主啊，对于您的恩赐，我感念于怀，对于即将到来的命运，我同样心怀感激！飞翔吧，死神，穿越时光之海，飞向那年的永恒之夏！"

　　汉斯·克里斯蒂安·安徒生用最后的激情和无畏的坦然向这个世界做了最后的告别，但他不曾真的离去，他的故事一如他的音容笑貌以永恒之姿烙印在人们脑海之中，至今在丹麦海边，仍有一尾美丽的小美人鱼将大海牢牢守望，她是记忆，是故事的延续，更是人们对安徒生最深沉的思念。